集人文社科之思 刊专业学术之声

集 刊 名：中国社会心理学评论
主　　编：杨宜音
主办单位：中国社会科学院社会学研究所

(Vol.19) Chinese Social Psychological Review

编辑部

联系电话：86-10-85195562
电子邮箱：ChineseSPR@126.com
通信地址：北京市东城区建国门内大街5号中国社会科学院社会学研究所

第19辑

集刊序列号：PIJ-2005-005
中国集刊网：www.jikan.com.cn
集刊投约稿平台：www.iedol.cn

中国社会心理学评论

第19辑

Chinese Social Psychological Review (Vol.19)

○ 杨宜音 / 主编
应小萍/ 本辑特约主编

社会科学文献出版社 SOCIAL SCIENCES ACADEMIC PRESS (CHINA)

主编简介

杨宜音　博士，中国社会科学院社会学研究所社会心理学研究中心研究员、博士生导师，中国社会心理学会会长（2010～2014年）。2016年起任哈尔滨工程大学人文社会科学学院教授、博士生导师，中国传媒大学传播心理研究所教授、博士生导师。主要研究领域为社会心理学，包括人际关系、群己关系与群际关系、社会心态、价值观及其变迁等。在学术期刊发表论文130余篇。代表作有：《自己人：一项有关中国人关系分类的个案研究》[（台北）《本土心理学研究》2001年总第13期]、《个人与宏观社会的心理联系：社会心态概念的界定》（《社会学研究》2006年第4期）、《关系化还是类别化：中国人"我们"概念形成的社会心理机制探讨》（《中国社会科学》2008年第4期）。主编 *Social Mentality in Contemporary China*（Singapore：Springer Singapore，2019）。

电子信箱：cassyiyinyang@126.com。

本辑特约主编简介

应小萍 中国社会科学院社会学研究所副研究员、社会心理学专业硕士生导师，中国社会心理学会第八、第九届理事，北京市社会心理学会第十届理事。研究兴趣为创新、创业和文化，道德心理机制和社会变迁，以及代际变迁规律。近年来专注于从社会心态角度研究大事件对民众社会心理的影响。在《心理学前沿》《中国科学》等国内外核心期刊发表多篇论文。

中国社会心理学评论　第19辑
创新与文化　2020年10月出版

《中国社会心理学评论》 第19辑
第1~11页

社会心理学视野下的创新与文化研究及现实意义

（代卷首语）

应小萍[*]

摘　要：关于文化和创新这两大主题之间的关系，社会心理学研究因兼具个人与社会、微观与宏观、思辨与实证、理论与实践的综合视野而有可能提供独特的思考和探索。本辑收录11篇文章，各个研究围绕文化与创新、创业与创新、创新及影响因素等方面展开探索，揭示了多元文化以及多层次的文化要素及经验与创造性之间的关系，探讨了现实情境中创新及创业相关要素的内、外部影响因素，为开展社会心理学视野下的创新与文化研究提供了启示、思路和范例。

关键词：创新　文化　创业

创新社会心理学的研究聚焦在促进或约束人们创新活动的特定的社会和环境因素（Amabile, 1996; Amabile & Pillemer, 2012）。当创新的研究对象从天才转向普罗大众，也意味着研究重点从探讨人格因素转向社会心理学视野的社会环境因素，而在影响创新的社会环境因素中，文化是关注的重点。

一　创新与文化

（一）创新过程与文化

创新与文化密不可分。人类学家列维－施特劳斯在遇到某位在俄国很

* 应小萍，中国社会科学院社会学研究所、中国社会科学院社会学研究所社会心理学研究中心、中国社会科学院社会心理与行为实验室副研究员。

有影响的人时评论说，具有这样特点的人如果不是在俄罗斯那样的文化特点之下，是不可能受到如此关注的，因此，乃是文化选择和决定了创造与创造者。

与此相对，任何形态的文化，就其本质而言，又都是人类思想创造的产物。尽管从柏格森（2013）的创造性进化论的角度来看，任何物种为了在生存竞争中获得优势，其所表现出的任何一种新的行为方式和生物学形状——包括生理结构或者功能特性，都可以算作创造。但是，就人类文化而言，创造则有着更加独特的含义，那就是对人类而言创造不但意味着新功能的出现，而且意味着在头脑中形成新异的联系或联想，还意味着新概念的形成。例如，美国军事理论家马汉提出了海权理论，指出对国家和民族的生存和发展而言，是否拥有制海权至关重要，于是一个全新的概念就产生了，它更新了以往各国在竞争和发展中只看重大陆和土地，而对人类并不能生存于其上的海洋不够关注和重视的传统思维，促成了新的全球化战略思想的形成。

而新概念的形成之所以在人类的创新进程中如此重要，其原因就在于，概念可能被更新和固化在人类的文化传统中，代代相传而不会轻易被遗失。与人类社会不同，尽管我们也能在某些动物身上看到一些具有创造性特征的行为，例如一只黑猩猩也可能会由于偶然的原因创造性地使用某种工具来获得食物，并且它也有可能保持这种行为习惯并为种群中其他个体所效仿，但动物不可能形成某种可以代代相传甚至可以有效地迭代累积和持续发展的知识与概念体系，如有关发动机的基础科学理论体系、相关的硬件设备体系以及允许二者有效地交互作用的科学数据和分析体系；更不可能在此基础上根据实践和经验推翻旧的、不适当的概念体系，形成所谓的科学革命。因此，从这个意义上讲，人类的创新意味着概念的创新，而概念的创新则是构成人类文化发展或进步的关键机制。

然而，在相对较小的范围与较短的时空场域之内，我们所见到的却可能是文化对于创新的促进或者约束作用。Fink 等（2010）提出的创造性思维的双过程模型认为，创造性思维包含创意的产生和评价两个过程，文化对这两个过程有着深刻而复杂的影响。首先，对于创意生成而言，在某种文化条件下能够产生的创意在另一种文化条件下不可能产生。比如，在日本流行的极简主义生活方式可能只有在东方文化背景，特别是某些与佛教和禅宗文化传统相关的思想和文化背景之下才会出现。其次，文化也会影响人们对于创造性的评价和认可，一个创意的好坏最终是由特定历史时期的文化形态和特性所决定的。

《墨子·鲁问》中有个描述公输盘造出了能够在天上持续飞翔不坠的木鸢而被墨家批评为无用的例子。

> 公输子削竹木以为鹊，成而飞之，三日不下，公输子自以为至巧。子墨子谓公输子曰："子之为鹊也，不如翟之为车辖，须臾斫三寸之木，而任五十石之重。故所为巧，利于人谓之巧，不利于人谓之拙。"
>
> （吴毓江撰，1993：739 - 740）

上面的例子说明，新颖性和有效性被看作创新的两个最为本质的特征，但是在不同的文化中存在更加看重不同方面的可能性。在不同的历史时期，比如在我国的农业文明传统之下，对于创新的有效性特征——特别是其现实有效性特征——的看重则有可能较之其他文化形态（比如今天的西方发达国家的文化形态）更甚。

（二）创新的界定

知识创新过程模型认为创新会经历三个阶段——创作（authoring）新思想、精挑细选（selecting/edting/marketing）新思想、接纳新思想，在三个阶段中，文化都具有重要作用。现存的知识是评价新思想是否原创、新颖的参考基础，假定的文化共识是新思想能否被选编的规范性基础，而现实中真实存在的文化规范决定了新思想如何被一个文化所接纳（Chiu & Kwan，2010）。创新阶段模型认为，在一开始选择如何进入创新活动时，是选择解决一个已经存在的旧有问题还是去挑战一个全新的课题和任务，往往会受到特定文化的影响（Amabile & Pillemer，2012）。

Lan 和 Kaufman（2012）在一项分析性综述中指出，中国人与美国人在认识和理解创新时可能会有所不同。美国人在界定创新时倾向于将新颖性和突破作为其关键的特征和价值，而中国人则比较喜欢在某种约束条件下开展创新活动，比如赋予某些传统性的事物以创新性的含义。这在一定程度上意味着美国文化似乎更加偏向于从无到有的"创新"，而中国文化则更偏向于在某种基础上的"革新"。Lan 和 Kaufman 的研究还指出，相比于美国研究者强调的新颖和原创（Amabile，1983；Barron，1955；Sternberg & Lubart，1998），中国研究者似乎更加注重创造的社会价值和意义，即认为创造者会根据社会的需求并结合个人的能力特点开展符合道德规范和标准的创新活动（Lau，Hui，& Ng，2004；李碧珍，2007）。

关于创新，人们有"外显"和"内隐"两套不同的心理知识系统。外显知识包括那些可以明确地被意识到和表达出来的观点；内隐知识则相对具有隐含性和潜在性，是人们有意识或无意识地持有的一套关于什么是创新的知识体系或观念态度。Lubart（2010）指出西方人关于创造的内隐认知主要涉及创新，而东方人的内隐认知则更具动态特点，倾向于改造和重新解释传统而非打破传统。也就是说，东方人在开展创造活动时会在内隐的态度与取向方面更加注重与社会文化常模保持协调一致。Rudowicz（2003）的研究也显示，西方文化中普遍存在着的聚焦和强调创造中新颖性的倾向在东方文化中不存在。Lan 和 Kaufman（2012）认为，这种东西方文化在“创新”和“革新”偏向上的差异可能和东西方人在个人主义和集体主义倾向上的差异有关。强调激进式原创型的“创新”可能与以个人为中心、注重个人的力量和贡献的立场相关。而渐进式改进型的“革新”则可能与集体主义价值取向有关，“革新”更注重对他人意见和想法的参照，也更注重对历史和前人经验的借鉴。“创新”意味着激进式的原创，而“革新”意味着渐进式的改进，两者在认知和社会心理上存在不同机制（应小萍、罗劲，2019）。

最近的一项研究探索了团队规模和“创新”“革新”之间的关系。研究者通过对引用文献特征进行分析来区分“创新”性与“革新”性，关于“创新”性的研究发现，由于它所做出的贡献是原创性的，因此人们在引用该文献的同时并不会再引用与这个研究主题相关的同期或前期的其他文献，而“革新”性发现则相反。研究者通过大数据分析发现，参与文献发表的研究团队规模越大，则做出“创新”性贡献的可能就越小。从现实看，做出“创新”性贡献的研究团队规模都是比较小的（Wu，Wang，& Evans，2019）。按理说，团队规模越大，参与的专家人数越多，越能更好地集思广益，那么，为什么大团队做出“创新”性贡献的可能性反而越小？这可能与合作团队越大就越难以在那些具有高度新颖性和原创性的创意上达成一致，同时也越有可能与在那些符合常规思路或范式的选题上达成共识有关。因此，从这个意义上考虑，“个人”与高度新颖和原创的“创新”的关系更密切，而“集体”则与更好的体现和兼容了传统和常规范式并在此基础上做出改进或改良的“革新”关系更密切。

（三）文化的创新性

所有的“文化”，就其本质而言，都是一种“创新”。无论是创设一个节假日还是设置一种仪式，无论是制造一种新产品还是创作一个文学作品，无论是发明一种新装置还是采用一种新的组织管理模式，其本质都是发明出某种前所未有的并且是适宜而有效的事物或方式，以满足人们的需要或目的。而所谓的文化，正是由这样复杂多样的创新所构成的时间－空间架构和观念－行为体系。

然而，任何一种文化体系，当其一旦成型或建立之后，就不可避免地面临“稳定性”和“创新性”之间的矛盾问题。一方面，创新性的强弱反映了特定文化的活力，它也关系到该文化较之于同时期其他文化而言的竞争优势，那些能够持续创新的文化往往更具活力和竞争力。另一方面，创新也是一柄双刃剑，它使文化体系保持活力和持续更新的同时，也会导致体系的易变性和不稳定性。这就好比儿童比成年人对新鲜事物更加开放并充满奇思妙想，然而，儿童认知和心态较之成人也更不稳定，儿童随时会有可能抛弃那些既有的却极其重要和宝贵的东西。因此，任何的文化形态，都必须在“稳定性”和“创新性”之间找到某种平衡，从而使其既稳定又有活力。而正是这种维持平衡的需要，造成了文化中既存在创新友好的因素，也存在阻碍甚至压制创新的因素。我们不能一概地肯定那些有利于创新的因素，而否定那些看似不利于创新的因素，因为它们可能各有各的用处，那些看似有碍于创新的社会文化因素也可能并非一无是处，它们也有可能在特定的历史时期内对维持社会文化系统的稳定发挥重要的作用。

二　创新与文化：社会心理学视野及现实意义

创新与文化之间的关系具有多层次、多角度的特点，无论是从文化的、历史的角度还是从环境的、区域的角度，无论是从社会生产的、经济的角度还是从哲学的、科学的角度，人们都可以对此进行思索并提出解答。然而，对于这个问题，社会心理学的视野因其兼具个体的微观研究与群体的宏观分析、兼重内在的认知过程与外在社会历史文化脉络，以及兼具思辨性的理论关注与实证实践性的现实验证而有可能提供独特的启示。早在 2016 年，全国创造力研究协作组在华中师范大学召开学术会议的时候，就曾开展文化与创造的专题研讨，经过其后几年的努力，其中的有些研究已经日臻完善。全国创造力研究协作组在陕西师范大学胡卫平教授主持下分别于 2016 年和 2019 年先后编辑出版了《中国创造力研究进展报告》（第 1 卷）、《中国创造力研究进展报告 2017－2018》，这两本书中均专门设立了“创造力与社会文化”栏目，综述了相关领域的研究进展，标志着我国心理学者关于文化与创造主题研究的发端。

新近的社会心理学视野下的文化与创新研究体现出这样几个明显的特点：一是研究者比较关注中国特有的文化传统及其特点与创造性之间的关系；二是关注和探讨亚文化与创造性之间的关系；三是体现出较强的实践和现实取向，关注创造性和创业之间的关系；四是关注现实中各种社会的、组织的、经验的因素对创造性的影响。下面，笔者将围绕"文化与创新"、"创业与创新"以及"创新及影响因素"展开分析。

（一）文化与创新

这个方面的研究主要关注和探讨了中国文化（包括中国传统文化）以及亚文化与创造性之间的关系。张红坡、李明珠、周治金研究了创新与中庸思维之间的关系（见本辑《见仁见智？中庸与创造性的关系探析》一文），结果发现特质中庸思维的多方思考维度与创造性之间存在显著的正相关，这一发现与人们在以往的实验社会心理学研究中观察到的整合思考方式的启动能够显著提高远程联想测验（创造性问题解决的标准测验之一）成绩是一致的。值得指出的是，在此之前，社会心理学领域和认知神经科学领域的研究者就已经将中国传统特有的中庸思维纳入其研究视野。例如，《中国社会心理学评论》第七、第八辑的"中庸心理研究"特辑就为深入研究中庸思维的心理学过程与特点提供了基本的理论框架，这是中庸与创造性之间关系研究的理论背景和基础前提。事实上，具有中国文化特色的本土概念——中庸的研究也受到认知心理学和认知神经科学研究者的关注。比如，在《中国社会心理学评论》第八辑所设的"跨领域研究对话"栏目中，有研究者曾设想将中庸思维作为一整套感知、推理、判断和应对系统，并将之与特定的脑高级功能模式相对应（罗劲、刘玉，2014）。值得注意的是，恰恰是关注中庸研究的深谙实验心理学和神经科学研究之道的认知心理学学者对目前关于中庸思维的量化实证研究提出了质疑，提出质性研究或许是解决目前中庸心理研究困境的途径（刘昌，2019）。这些思考和探索提示我们，从方法上考虑，无论是传统的量化问卷研究、实验心理学研究，还是脑功能研究，抑或是质性研究，都能为创造性与中庸关系的探索提供特定的解决思路和方案。

与中庸思维相似，集体主义取向也是中国文化的特色之一，张春妹、周权、殷冉使用问卷法对影响高校青年科研团队创造性的因素进行了探讨（见本辑《个人主义/集体主义对团队创造力的影响：隐性知识共享的中介作用》一文），发现与个人主义相比，集体主义和团队创造力的相关更为密切，隐性知识共享在集体主义与团队创造力间具有中介效应。这一发现揭示了中国文化背景下的创新可能具有与西方不同的特点，这与早年成就动机研究发现有类似之处，按照西方的标准，东亚地区人群的成就动机似乎处于一个比较低的水平，而这显然与东亚地区半个多世纪以来在经济建设上所取得的卓越成就的事实不符，从而引发了个人取向的成就动机与集体取向的成就动机的差别研究（余安邦、杨国枢，1987）。据此，我们有理由推测，个人取向的创造性与集体取向的创造性也有可能各具特点，我们不能以个人取向的创造性作为唯一的标准来评判人们的创造力。

除了像中庸思维和集体主义/个人主义这样较为宏观和宽泛的一般性文化差异，研究者对处于同一大的文化背景之下的亚文化与创造性之间的关系也进行了探讨。王黎静、王岩、师保国探讨了大学生的城乡二元文化经验对其创造性的影响（见本辑《多元亚文化经验对大学生创造性的影响——以城乡二元文化为例》一文），发现了大学生城市心理适应的开放性如何影响发散思维，以及农村文化启动和城市文化启动对流畅性和新颖性有不同影响。这一发现提示我们，文化具有相当的复杂性，即使同样是中国文化，它也包含了许多的亚型和种类。事实上，不仅仅是城乡差别，地域与地域之间、领域与领域之间，甚至是大学的专业与专业之间可能都存在亚文化类别与特征上的差异。这些差异在给人们带来视角、立场、观点上的差异甚至冲突的同时，不同亚文化之间的沟通交流与换位思考也有可能成为提升创造力的契机。

（二）创业与创新

这个方面的研究主要是从国家的现实需要出发，研究探讨创造性和创业之间的关系。众所周知，国家提出了“大众创业、万众创新”的号召，事实上，创造性和创业之间确实存在某种内在联系。此前有研究表明，个人的创新自我效能感与其创业意愿之间存在显著的关联，这提示创新的自信心能够促使个体产生创业意愿和行动。与此相一致，应小萍和王金凯基于进化心理学理论研究了创业意愿中的性别差异问题，进一步探讨了男女大学生在创业风险感知、创新自我效能感和创业意愿之间的关系（见本辑《创业风险感知在男女大学生创新自我效能感与创业意愿关系间的调节效应》一文）。该研究通过对在校大学生的问卷调查发现，只有女大学生的创业风险感知在创新自我效能感影响创业意愿上具有调节效应。这一方面验证了此前关于创新和创业之间存在的相互关联，即创新自我效能感影响创业意愿的研究发现，同时也揭示了男性和女性由于在进化历程中所承担的职责上的差异（如女性需要孕育和抚养下一代），对于风险的敏感程度和反应也会有所不同。与此相关，张景焕、郑文峰、翟轩凯则从大众日常概念的角度研究了我国大学生对于企业家所具有的心理和行为特征的朴素认识和理解（见本专辑《大学生关于企业家的日常概念》一文）。研究者通过观点采集和归类分析最终确定了34个大学生关于企业家特征的认知和理解的词语，并且在一系列的反应时、回忆再认、特征识别实验中，确立17个中心特征词（如把握机遇、自信、善于交际、创新等）和17个周边特征词（敢于冒险、道德诚信、慈善、节俭等）。值得注意的是，这项研究发现无论是中心特征词中的“创新”等词语还是周边特征词中的“敢于冒险”等词语都与创新有着直接或间接的联系，且与我们新近开展的一项有关我国社会大众对于“创新精神”特征的朴素理解的研究所发现的特征词语部分地重合（应小萍、王金凯、苏小楠，2019），这从另外一个角度证实了创新和创业之间存在关联。穆蔚琦、李府桂、叶丽媛、王斌、徐洁、周明洁则通过问卷调查法直接针对大学生创业者展开研究，他们发现文化普适性人格特征和文化特异性人格特征对其创业成绩的预测作用，揭示了中国本土化人格特质对创业绩效存在的线性和非线性影响方式，而创业自我效能感在其中起中介作用（见本辑《大学生创业者大六人格特质对创业绩效的线性和非线性影响——创业自我效能感的中介作用》一文）。提示未来的研究或许应该将个体的创业自我效能感和创新自我效能感联系在一起，使之成为一个能预测评估并能通过教育、训练促进个体创新创业能力的综合心理素质指标。

（三）创新及影响因素

这个方面的研究着重关注现实中各种与文化有关的社会的、组织的、经验的因素对个体或团体创新的影响。周意勇、白新文、齐舒婷从人际交互层面探讨了企业或组织的员工与主管特征对员工创造力评价的影响（见本辑《领导认可你的创造力吗？——员工与主管特征对员工创造力评价的影响》一文）。研究对象来自两个工作现场的创造者，研究发现员工工作动机对创造力评价具有显著调节效应，员工工作绩效趋近交互影响创造力评级结果。这项研究从个人特征和个体差异角度揭示了在一个组织的亚微文化条件下对员工创造力的认知和评估的影响因素，具有比较好的生态效度和现实意义。与此类似，周婵、石慧宇、葛泽宇、吴胜涛、黄四林、林崇德则聚焦研究了另一个典型的亚微文化单位——家庭——的社会文化特征对于个体尤其是幼儿好奇心的影响（见本辑《社会变迁背景下幼儿好奇心与父母智力投入的城乡比较研究》一文）。该研究基于公开发表的中国家庭追踪调查2010～2014年数据，发现与农村幼儿相比，城市幼儿好奇心更强、父母智力投入也更多，而父母智力投入在城乡与幼儿好奇心之间具有中介效应。好奇心是创造性的重要心理特征之一，好奇心的发展对于培养儿童的创造性具有关键性的作用。这一发现的意义在于它同时将家庭的社会经济地位等客观条件因素与父母的智力投入等主观努力因素纳入考虑范畴，揭示了内外多种因素的复合作用如何影响和决定儿童的创造潜力。与此相似，陶雪婷的研究聚焦于家庭环境与创造力。她基于社会生态心理学的视角，通过问卷调查法，使用社会心态调查和创业心态调查两个数据，探讨了搬家次数和搬迁频率评价对个体日常创造力的影响，以及开放性的维度之一——宽容和尝试在其中的调节效应，揭示了开放性的另一维度——理性和思辨在搬家次数和搬迁频率评价与创新行为成就间的调节效应（见本辑《搬家越多，创造力越高？——开放性的调节效应》一文）。这一发现与王黎静、王岩、师保国关于多元亚文化经验对大学生创造性的影响的发现是一致的（见本辑《多元亚文化经验对大学生创造性的影响——以城乡二元文化为例》一文），揭示了个体所处的社会文化环境的多变性对创造性的积极影响。与王黎静、王岩、师保国所采用的严格控制的实验心理学研究思路不同，陶雪婷的这项研究并未人为地引入实验心理学操纵，而是巧妙地将居住流动的搬迁频率及评价作为个体多元亚文化经验的一个指标，从一个更加现实和富有生态效度的角度揭示了文化经验的多元性或者多变性对创造性的作用。

与上述聚焦于亚微文化环境的研究不同，也有研究者从一个更加普遍和宏观的心理品质的角度研究了文化观念与创造性之间的关系。例如，张潮、安彦名、刘金蕙、吕一超、喻丰探讨了敬畏情绪、认知灵活性和创造力之间的关系（见本辑《敬畏情绪对创造力的影响：认知灵活性的中介作用》一文），他们通过实验方法诱发敬畏情绪，发现中国文化背景下，积极敬畏促进了发散思维的灵活性与独创性，而消极敬畏促进了发散思维的流畅性与聚合思维，研究还发现认知灵活性在其中发挥着中介作用。这项研究不但揭示了敬畏这一具有传统文化特色并为现代社会所重新诠释的复杂情绪状态与创造性思维之间的关系，并为进一步深入细分敬畏的不同亚类并使之有助于促进创造性提供了启示。王丹丹、应小萍、和美的研究则聚焦于影响创造性成就的创新自我效能感和毅力，并探讨它们之间的关系（见本辑《创新自我效能感对创造性成就的影响：毅力的调节效应》一文）。该研究通过心理测量方法并在控制性别、年龄和学历等因素后发现，在中国文化背景下，不仅是毅力而且是毅力的两个维度——努力坚持性和兴趣一致性——在创新自我效能感对创造性成就的影响上具有调节效应。这从一个侧面揭示了毅力的人格特质具有的文化特征，以及创新能力和毅力之间的关系。

三 结语

总而言之，围绕创新与文化之间的关系，社会心理学的研究视野不但注重对有关方面的基础理论的研究和探讨，更试图将之与中国当下的国情和社会现实需要相结合。尽管如此，对于一个如此庞大、复杂而有趣的研究主题而言，我们所做的各种尝试和努力可能也有挂一漏万之嫌，但就像人们所说的，“但开风气不为先”，倘若这些探讨能够给人们带来一些启迪，那么，我们初步的愿望也就达成了。

参考文献

柏格森，2013，《创造进化论》，王离译，新星出版社。

李碧珍，2007，《创意商品的价值构成与价值实现》，《当代经济研究》第9期，第27－30页。

刘昌，2019，《中庸之可能与不可能：兼论中庸心理实证研究之困境》，《南京师大学报》（社会科学版）第5期，第65－74页。

罗劲、刘玉，2014，《作为一种高级复杂的脑认知功能模式的中庸思维：初步的理论推测与构想》，载杨宜音主编《中国社会心理学评论》第八辑，社会科学文献出版社，第195－211页。

吴毓江撰，《墨子校注》，孙启治点校，中华书局，1993。

应小萍、罗劲，2019，《创新与革新：心理机制及对社会心理建设的启示》，《哈尔滨工业大学学报》（社会科学版）第6期，第39－46页。

应小萍、王金凯、苏小楠，2019，《工匠精神和创新精神的心理学分析和研究》，全国心理学学术会议论文，浙江杭州。

余安邦、杨国枢，1987，《社会取向成就动机与个我取向成就动机：概念分析与实证研究》，《“中央”研究院民族学研究所集刊》第64期，第51－98页。

Amabile, T. M. (1983). The social psychology of creativity: a componential conceptualization. *Journal of Personality and Social Psychology*, 45(2), 357－376.

Amabile, T. M. (1996). *Creativity in context.* Westview Press.

Amabile, T. M., & Pillemer, J. (2012). Perspectives on the Social Psychology of Creativity. *The Journal of Creative Behavior*, 46(1), 3－15.

Barron, F. (1955). The disposition toward originality. *The Journal of Abnormal and Social Psychology*, 51(3), 478－485.

Chiu, C., & Kwan, L. Y. -Y. (2010). Culture and creativity: a process model. *Management and Organization Review*, 6(3), 447 - 461.

Fink, A., Grabner, R. H., Gebauer, D., Reishofer, G., Koschutnig, K., & Ebner, F. (2010). Enhancing creativity by means of cognitive stimulation: evidence from an fMRI study. *Neuroimage*, 52(4), 1687 - 1695.

Lan, L., & Kaufman, J. C. (2012). American and Chinese similarities and differences in defining and valuing creative products. *The Journal of Creative Behavior*, 46(4), 285 - 306.

Lau, S, Hui, A. N. N., & Ng, G. Y. C. (2004). *Creativity: when East meets West.* Singapore: World Scientific.

Lubart, T. (2010). Cross-cultural perspectives on creativity. In Kaufman, J. C., & Sternberg, R. J. The Cambridge Handbook of Creativity. Cambridge: Cambridge University Press, 265 - 278.

Rudowicz, E. (2003). Creativity and culture: a two way interaction. *Scandinavian Journal of Educational Research*, 47(3), 273 - 290.

Sternberg, R. J., & Lubart, T. I. (1998). The concept of creativity: prospects and paradigms. In R. J. Sternberg (ed.), Handbook of Creativity (pp. 3 - 15). Cambridge: Cambridge University Press; Cambridge Core.

Wu, L., Wang, D., & Evans, J. A. (2019). Large teams develop and small teams disrupt science and technology. *Nature*, 566(7744), 378 - 382.

《中国社会心理学评论》　第19辑
第12～27页

见仁见智？中庸与创造性的关系探析*

张红坡　李明珠　周治金**

摘　要：中庸与创造性都是复合概念，关于中庸与创造性的关系，一直众说纷纭。本研究通过心理测量和行为实验的方法，系统考察了不同形式中庸与多种创造性测验之间的关系。研究一采用中庸信念－价值量表、特质中庸思维量表、创新行为问卷和创造性思维任务对186名大学生进行了调查，结果发现中庸信念－价值、特质中庸思维与创造性思维（发散思维、远程联想和顿悟问题解决）相关不显著；特质中庸思维及其“多方思考”因子与创新行为显著正相关。研究二通过问题情境启动被试的适中思考方式或整合思考方式，发现启动整合思考方式可以显著提高被试完成远程联想测验的成绩，但对发散思维测验的成绩没有显著影响；启动适中思考方式对完成随后的远程联想测验和发散思维测验都没有显著影响。本研究结果对于厘清中庸与创造性的关系有一定的启发作用。

关键词：中庸信念－价值　特质中庸思维　适中思考　整合思考　创造性

* 本研究得到国家自然科学基金面上项目（31471000）、中央高校基本科研业务费专项资金项目（CCNU18ZD005）、华中师范大学优博培育项目（2018YBZZ101）和河南省哲学社会科学规划项目（2019CJY032）的资助。

** 张红坡，华中师范大学心理学院博士研究生，河南中医药大学心理学系讲师；李明珠，北京市海淀区特殊教育研究与指导中心讲师；周治金，华中师范大学心理学院教授、博士生导师，通讯作者，E-mail：zhouzj@ mail. ccnu. edu. cn。

一 引言

中庸是中国传统文化价值体系的核心，融入国民的民族性格和社会心理当中（杜旌、冉曼曼、曹平，2014），深刻地影响着中国人的认知与行为。中庸早期被认为是一种德行，“中庸之为德也，其至矣乎，民鲜久矣”。后来中庸逐渐演变为一种为人处世的价值观和思维方法，意指无过不及或恰到好处（冯友兰，1995）。中庸是中国人为人处世与解决问题的基本原则，其目标是达成和谐，从这种意义上来说，中庸是信念或价值观（杨中芳，2009；杨中芳、赵志裕，1997）。但是，中庸也是人们认识世界、将世界一分为三的认识论，以及人们处理日常生活中人、事、物时采用“执两用中”的思维方式。例如，庞朴（1980，2000）提出，中庸不仅仅是儒家学派的伦理学说，更是他们对待整个世界的一种看法，是他们处理事物的基本原则或方法论。

从心理学角度对中庸思维进行了系统研究的首推杨中芳等人（杨中芳、赵志裕，1997；杨中芳，2009；杨中芳、林升栋，2012；杨中芳、阳中华、丁宇，2014），他们提出中庸思维是人们在处理日常生活事件时用于决定如何选择、执行及纠正具体行动方案的指导方针，是一套“实践思维体系”。该体系共包括“天人合一、两极思维、后果思维、静观其变、不走极端、顾全大局、合情合理和以退为进”八个主要的子构念。杨中芳和赵志裕（1997）还根据此构念编制了一个包含16项迫选题的“中庸实践思维量表”。后来，赵志裕（2000）将中庸思维具体到处理事件的行动层面，把中庸思维分为“以‘和’为行动目标”、“认清事物复杂的相互关系”和“以‘执中’执行行动”三个维度，并据此将原量表题目精简为14题，在五个华人社区进行了施测。但是由于该量表在度量化方法和信效度上不够理想而受到一些质疑（黄金兰、林以正、杨中芳，2012；吴佳辉、林以正，2005）。后来，黄金兰、林以正和杨中芳（2012）对原来的16题量表又进行了修订，成为新编的9题“中庸信念-价值量表”，包括自我收敛和拔高视野两个维度。该量表作为中庸信念-价值的测量工具，在研究中得到了较广泛的应用（如高瞻等，2013；杨中芳、阳中华，2014；Liu，Wang，& Yang，2015）。不过，杨中芳等人提出的中庸实践思维体系除了思维方式，还包含了价值观、行为、感知觉等其他的中庸心理与行为内容，其中庸思维体系中的各个成分、因素、层级之间存在多重、复杂的关系（杨宜音，2014）。

由于杨中芳等人构建的中庸实践思维体系过于复杂，一些研究者将重点放在中庸思维的基本含义，即“执两端而允中”之上。例如，吴佳辉和林以正（2005）将研究的焦点集中在处理某一争议问题、产生不同意见时的思维方式和行事方式，以此考察中庸思维的特点。他们将中庸思维界定为“从多个角度来思考同一件事情，在详细地考虑不同看法之后，选择可以顾全自我与大局的行为方式”，并编制了“中庸思维量表”。该量表包括“多方思考”、“整合性”及“和谐性”三个维度，成为目前应用最广的特质中庸思维测量工具（例如，陈岩等，2018；廖冰、董文强，2015；张光曦、古昕宇，2015；周晖、夏格、邓舒，2017；Chang & Yang，2014；Yao，Yang，Dong，& Wang，2010；Yang et al.，2016）。杜旌和姚菊花（2015）认为，赵志裕（2000）、吴佳辉和林以正（2005）编制的测验都是在对理论文献进行整理分析的基础上提取出来中庸的结构内涵，属于“典籍中庸”，并没有测到中国人在实际生活中感知并运用的中庸价值观；而且中庸概念历经几千年的发展，如今其结构内涵已发生较大变化。因此，他们基于实践调研了中国企业员工对中庸的认知，提出了中庸结构内涵包括“执中一致”、“慎独自修”、“消极成就”和“消极规避”四个维度，其中“执中一致”是中庸结构内涵的核心维度，并在后续研究（杜旌、段承瑶，2017；杜旌、裘依伊、尹晶，2018）中被作为中庸价值取向的测量工具。庞朴（2000）将中庸界定为A与B的二元相互依存关系，表现为四种常见的思维形式：第一式，A而B，如“温而厉”、“柔而立”，是立足于A兼及B；第二式，A而不A’，如“威而不猛”、“乐而不淫”，明里是A而防A的过度，暗中却是以B为参照来扯住A，是A而B的反面说法；第三式，亦A亦B，如“能文能武”、“亦庄亦谐”，平等包含A、B，是A而B式的扩展；第四式，不A不B，如“不卑不亢”、“无偏无颇”，是第三式的否定说法。其中，“不A不B”形式最利于表示中庸之“中”，“亦A亦B”形式最足以表示中庸之“和”。

中庸作为一个文化因素，对个体的心理和行为也有着重要的影响。以往研究者对中庸与心理健康（高瞻等，2013；Yang et al.，2016）、建言行为（段锦云、凌斌，2011）、工作压力与幸福感（Chou，Chu，Yeh，& Chen，2014），以及坏心情和组织公民行为（孙旭、严鸣、储小平，2014）等因素之间的关系进行了研究。中庸与创造性的关系也是诸多研究者关注的问题，但并未得到一致性的结果。一些研究发现，企业中员工的中庸思维与其创新行为显著正相关（杨贤传、张磊，2018；张光曦、古昕宇，2015），中庸思维得分可以正向预测个体创新行为（廖冰、董文强，2015）

和团队创新行为（陈岩等，2018）；也有研究认为中庸会阻碍创造性，如艺术专业学生的中庸信念－价值得分与其创造性人格分数存在显著负相关（Liu，Wang，& Yang，2015），中庸信念－价值在自评创造力与领导评价的创新行为之间起调节作用，表现为高中庸者在二者上的相关不显著，低中庸者在二者上的相关显著，中庸阻碍了个体将创造力转化为创新行为（Yao，Yang，Dong，& Wang，2010）；还有研究发现二者关系复杂，而且与问题情境和研究对象等因素有关，如杜旌、裘依伊和尹晶（2018）发现中庸价值取向对渐进式创新有显著促进作用，但会抑制激进式创新。

综合上述研究可以发现，关于中庸与创造性关系的研究结果存在矛盾之处。发现中庸阻碍创造性的研究多采用的是“中庸信念－价值量表”（Liu，Wang，& Yang，2015；Yao，Yang，Dong，& Wang，2010），发现中庸促进创造性的研究多采用的是“中庸思维量表”（廖冰、董文强，2015；张光曦、古昕宇，2015），而中庸与他评形式的创造性往往相关不显著或关系复杂（杜旌、裘依伊、尹晶，2018；沈伊默等，2019）。

此外，以往研究一般是将中庸思维看成一种较稳定人格特质或思维习惯，通过心理测量方法来探讨特质中庸思维与创造性的关系。这种研究取向虽然有其价值，但东亚人的思维方式更具情境性。一些跨文化的研究表明，东亚人比西方人有更强的场依存性（Ji，Peng，& Nisbett，2000），并在知觉注意中对注意焦点之外的背景因素关注更多（Boduroglu，Shah，& Nisbett，2009；Nisbett & Miyamoto，2005），东亚人在归因过程中表现出更多的情境归因倾向等（Choi，Nisbett，& Norenzayan，1999；Morris & Peng，1994）。因此，考察不同情境下中国人中庸思考方式对创造性的影响具有重要意义。

Zhou 等人（2019）基于庞朴提出的四种中庸思维形式，将采用“不 A 不 B”形式来解决问题的方式称为适中思考方式，将采用“亦 A 亦 B”形式来解决问题的方式称为整合思考方式，并采用情景启动的实验方法启动适中思考或整合思考方式，分别考察启动两种中庸思考方式对被试完成随后远程联想测验（Remote Associates Test，RAT）任务的影响，同时记录了被试的行为和 EEG 数据。结果显示，相比于启动适中思考，启动整合思考提高了被试完成 RAT 任务的正确率。EEG 结果显示，在启动整合思考后，被试在完成 RAT 任务过程中，其额叶和顶叶的 theta（4～8Hz）、alpha（8～12Hz）和 beta（12～30Hz）功率均显著低于适中思考启动条件，表明启动整合思考可以诱发被试深度的信息联结与信息整合加工，易化了大脑对 RAT 任务的加工过程。

近年来，还有一些发表在国外期刊上的研究提出了与中庸思维比较接近的概念，如矛盾框架（paradoxical frames）。矛盾框架是指个体用来接受看似矛盾的陈述或情景维度的心理模板，并能理解矛盾双方之间潜在的互补或增强关系（Miron-Spektor，Gino，& Argote，2011；Smith & Tushman，2005）。Miron-Spektor、Gino 和 Argote（2011）通过问题情境启动被试的矛盾框架，发现启动矛盾框架能够促进被试的创造性思维，他们认为是矛盾框架问题中各元素间的矛盾关系引发的冲突感提高了个体的整合复杂性（integrative complexity），进而促进了其创造性。但是，承认矛盾双方各自合理性的中间立场（middle ground）却无法促进创造性（Leung et al.，2017）。

中庸与创造性都是复杂的概念。中庸包括中庸信念－价值、中庸思维、中庸行动、状态性中庸思考方式等多层含义。创造性包含创造性人格、创造性动机、创造性认知等多种成分，作为创造性核心的创造性思维也是一个复合的概念，包括发散思维、聚合思维、创造性想象、顿悟问题解决等多种形式。为了更好地揭示中庸与创造性的关系，本研究将首先对中庸信念－价值、特质中庸思维与不同形式创造性思维和创新行为的关系进行研究，在此基础上，通过问题情境启动整合思考方式或适中思考方式，考察两种中庸思考方式对创造性思维的影响。

二 研究一：中庸与创造性思维和创新行为的相关研究

（一）研究方法

1. 被试

以河南某高校大四学生为被试在课堂进行集体施测，发放问卷200份，收到有效问卷186份，问卷有效率93%。其中，男生76人，女生110人，居住在城镇的有89人，居住在农村的有97人。被试平均年龄为21.8岁。

2. 研究工具

（1）特质中庸思维量表。采用吴佳辉和林以正（2005）编制的“特质中庸思维量表”。采用7点计分，1到7分别表示“非常不符合”到“非常符合”。该量表共13题，包含三个维度：多方思考、整合性与和谐性。本研究中 Cronbach's α 系数为0.88。

（2）中庸信念－价值量表。采用黄金兰、林以正和杨中芳（2012）修订的“中庸信念－价值量表”。被试先就每道题的两个叙述进行迫选，然后对选择的叙述进行7点评分，1到7分别表示“非常不同意”到“非常同意”。该量表共9题，包含两个维度：自我收敛（第1、2、3、6题）和拔高视野（第4、5、7、8、9题）。本研究中Cronbach's α 系数为0.67。

（3）发散思维测验。该测验包括两个题目，分别为：“‘空饮料瓶’有哪些有趣的和不寻常的用处?”和“如果人们不再需要食物，结果会出现哪些事情?”请被试列出所有的想法和猜测，想法越多越好、越新奇越好。被试需要简短、清晰地逐条列出，并在完成后将自己认为最有创意的五个答案圈出来。

评分采用同感评估技术，请三名心理学专业大四学生对所有问卷中被试圈出来的五个答案进行1～7评分（分数越高，创造性越强）。首先对评分者进行培训，明确创造性界定及评分规则，然后请他们每人浏览100份问卷，了解被试答题情况及答案范围，接着请他们对随机抽出来的23份问卷进行打分，对打分结果差异特别大的题目进行讨论并重新打分。最后请他们对所有正式问卷进行评分。三位评分者第一题的一致性系数为0.82，第二题的一致性系数为0.72。将三位评分者对每一题目的评分进行平均后，得到该题目的创造性分数。

（4）远程联想测验（RAT）。采用Zhou等人（2019）修订的中文远程联想测验，在研究中给被试呈现三个词语作为线索词，例如“婴儿、玻璃、实验”，要求被试想出与三个线索词都能建立语义联系的第四个目标词（如“试管”）。本测验选择了12道难度适合于大学生的题目。答对每个题目得1分，最终被试分数的均值为6.37，标准差为2.48。

（5）顿悟问题解决。采用黄福荣、周治金和赵庆柏（2013）编制的汉语成语谜题任务，一个成语谜题由一条2～7字的谜面和4个四字成语的备选答案组成，备选答案包括一个新颖答案、一个寻常答案和两个无关答案。其中，新颖答案是成语谜题的谜底，它与谜面之间存在内隐而非直接的语义关联。寻常答案是与谜面存在明显语义关联的四字成语，该答案是由与实验中所用被试相似的大学本科生通过谜面简单联想而生成的，将生成概率较高的成语作为寻常答案。无关答案与谜面没有任何语义关联。如谜面“善战而多谋”的成语谜题，新颖答案为“精打细算”，寻常答案为“足智多谋”，无关答案为“寿终正寝”、“旧地重游”。本实验选择了18道难度适合于大学生的题目，每个题目选择新颖答案得1分。最终，被试分数的均值为6.55，标准差为4.66。

（6）创新行为问卷。采用梅红等（2015）改编的Scott和Bruce（1994）的“个体创新行为量表”。该量表可以用来测量学生创新行为产生与执行情况，如“我经常提出有创意的主意或想法”。问卷包括6个题项，采用5点计分，1到5分别表示“非常不符合”到“非常符合”。本研究中Cronbach's α 系数为0.84。

（二）结果与分析

1. 共同方法偏差

采用Harman单因素检验法（周浩、龙立荣，2004）检验共同方法偏差。结果显示，未旋转时特征根大于1的因子共7个，解释了60.25%的变异，首个因子解释了23.59%的方差变异（低于40%的临界标准），表明本研究不存在严重的共同方法偏差。

2. 相关分析

相关分析结果（见表1）表明，特质中庸思维和中庸信念－价值均与创造性思维（发散思维、远程联想和顿悟问题解决）相关不显著，但特质中庸思维及其“多方思考”因子与创新行为显著正相关。

表1 变量的相关矩阵

	1	1.1	1.2	1.3	2	2.1	2.2	3	4	5	6
1 特质中庸思维	1										
1.1 多方思考	0.86***	1									
1.2 整合性	0.90***	0.68***	1								
1.3 和谐性	0.89***	0.62***	0.73***	1							
2 中庸信念－价值	0.47***	0.37***	0.38***	0.49***	1						
2.1 自我收敛	0.41***	0.34***	0.34***	0.40***	0.80***	1					
2.2 拔高视野	0.37***	0.27***	0.29***	0.41***	0.86***	0.38***	1				
3 发散思维	0.07	0.02	0.11	0.06	-0.02	-0.05	0.04	1			
4 远程联想	0.09	0.07	0.06	0.10	0.07	0.02	0.10	0.01	1		
5 顿悟问题解决	0.11	0.10	0.06	0.12	0.07	0.07	0.05	0.22**	0.17*	1	
6 创新行为	0.17*	0.36***	0.12	-0.001	0.11	0.08	0.11	0.08	0.13	0.03	1

注：*** $p<0.001$，** $p<0.01$，* $p<0.05$。

（三）讨论

本研究结果显示，特质中庸思维与创新行为显著正相关，但特质中庸思维和中庸信念－价值均与创造性思维（发散思维、远程联想和顿悟问题解决）相关不显著。本研究结果与以往在企业组织环境中对员工中庸思维与创新行为的调查结果（陈岩等，2018；廖冰、董文强，2015；张光曦、古昕宇，2015）是一致的。但以往研究都没有具体分析中庸思维各个维度与创新行为的关系。本研究显示创新行为仅与特质中庸思维的“多方思考”因子相关显著，而与其他因子相关不显著。多方思考是指认清外在的信息与自己本身的内在要求，并详加考虑（吴佳辉、林以正，2005）。多方思考可以使个体更全面地认识和分析问题，认清环境，实现信息之间、信息与个体之间的有效融合，从而促进创新行为。同时，中庸思维方式的根本要义在于“执两用中”，多方思考正是该含义的很好体现。而本研究中的中庸信念－价值，以及特质中庸思维的“和谐性”因子都与创新行为相关不显著，这可能因为大众将中庸信念－价值、中庸思维之“和谐”理解为“同”，而非“和而不同”。

在多数研究中，中庸思维被看作一种稳定的思维方式或思维习惯。其实，中国人的思维方式具有高度的情境性，中庸也非常依赖周围的环境，并依不同情境和体验而施以不同程度的行为准则（杨中芳，2009）。因此，为了深入地探究中庸与创造性的关系，我们在研究二中进一步通过特定的问题情境启动被试整合或适中两种不同形式的中庸思考方式，从而考察中庸思考对创造性思维的影响。

三　研究二：启动中庸思考方式对创造性思维的影响

（一）实验目的

本研究参考 Zhou 等人（2019）的实验任务，通过问题情境启动被试的适中思考方式或整合思考方式，并考察启动中庸思考方式对被试完成发散思维测验和远程联想测验的影响。

（二）研究方法

1. 被试

被试为 75 名本科生和研究生，其中男生 20 人，女生 55 人，年龄为 18～26岁，平均年龄 21.1 岁，标准差 1.73。被试通过网络和海报招募，到实验室后被随机分配到三个组，每组 25 人。实验前获得被试口头知情同意后收集数据，实验结束后给予被试一定报酬。

2. 实验设计

实验采用被试间设计，自变量为中庸思考方式启动类型（适中思考方式启动、整合思考方式启动、对照组），因变量为被试解决远程联想测验的分数和在科学领域物品多用途测验中的灵活性、流畅性与独创性得分。

3. 实验材料

与 Zhou 等人（2019）研究类似，启动中庸思考方式的实验材料选自李明珠（2017）硕士学位论文编写的问题情境题库。这些材料描述了一般大学生比较感兴趣的一些社会问题，每个问题编写成一个待解决的问题情境。例如，启动适中思考方式的“交通事故”问题情境中，人物包括肇事司机和受损司机，事件是发生了一起交通事故，双方都有私了的意愿，但是双方在应承担责任份额和经济损失数额上产生分歧，并且争执不下。最后提出一个问题：“作为一个局外人，你如何解决此问题?”，要求被试写出一个双方都能接受的解决方案。启动整合思考方式的问题情境相对复杂一些，例如“互联网时代的经营形式”问题情境中，两人拟合伙经营服装（销售）生意，但是一人想开实体店，另一人想开网店，两人讨论多次都未能达成一致意见。最后，提出的问题是“作为一个富有多年销售经验的成功人士，你怎么解决这个问题?”。本研究选取了两个适中思考方式启动题和两个整合思考方式启动题，编制了两个阅读理解材料（附加一个简单的问答题）作为对照组的实验材料。这两个阅读理解材料的主题有一个与适中思考方式启动题的主题相同，另一个与整合思考方式启动题的主题相同。

创造性思维测量采用的是远程联想测验（RAT）和科学领域物品多用途测验（Alternative Use Task，AUT）。其中，RAT 采用了10道难度适合于大学生的题目，AUT 选用的是“玻璃在科学领域中的用途”。

4. 实验程序

实验程序用 E-prime 2.0 编制，在计算机显示器上呈现实验材料。首先向被试呈现中庸思考方式启动材料，被试阅读完毕后将答案写在答题纸上。为确保启动效果，第一道题为练习题，在被试回答完第一道题之后，为其呈现参考答案，让被试分析自己的解决方案与参考答案是否一致。如果一致，提示被试后面的问题可参考此解题思路解决；如果不一致，让被试分析哪种方案更合适，并提示被试可参照参考答案的解题思路。随后被试阅读并且回答正式启动问题材料，接着完成第一项创造性思维任务。休息两分钟后，被试阅读并完成第二道启动题，随后完成另一项创造性思维任务。启动材料和创造性思维任务呈现的先后顺序，在被试间进行了平衡。整个实验时长35分钟左右。

（三）结果与分析

不同条件下被试在创造性思维测验上的得分见表2。单因素方差分析结果显示，适中思考方式启动组、整合思考方式启动组和对照组被试在

RAT 测验上得分差异显著，$F(2, 72)=4.81$，$p=0.011$。事后检验结果显示，整合思考方式启动组被试 RAT 得分显著高于适中思考方式启动组被试（$p=0.024$）和对照组被试（$p=0.004$），适中思考方式启动组被试和对照组被试 RAT 得分差异不显著。此外，三组被试在 AUT 的独创性、灵活性与流畅性上的成绩差异均不显著，独创性 $F(2, 72)=0.04$，$p=0.96$，灵活性 $F(2, 72)=1.09$，$p=0.34$，流畅性 $F(2, 72)=0.40$，$p=0.67$。

表 2　中庸思维方式启动下不同形式的创造性测验成绩的平均分与标准差

	N	RAT	独创性	灵活性	流畅性
适中思考方式启动组	25	6.16（1.49）	9.12（3.44）	3.20（0.91）	9.16（2.61）
整合思考方式启动组	25	7.16（1.70）	9.08（5.06）	3.28（1.06）	8.40（3.23）
对照组	25	5.88（1.39）	9.44（5.79）	2.88（1.05）	9.20（4.56）

注：括号内为标准差。

（四）讨论

本研究发现，启动整合思考方式后，对被试完成 AUT 任务没有显著影响，但是提高了解决 RAT 的成绩，此结果与已有研究结果一致（Zhou et al.，2019）。Mednick（1962）认为创造性思维的本质是联想，创造性高的个体能够连接距离更遥远的要素。代表整合思考方式的“亦 A 亦 B”形式强调对立双方的互相补充（韦庆旺、鄢玉婷，2014），启动整合思考方式，常常通过“拔高视野”的方式来完成，即寻求两种不同问题解决思路的“同”，而又高于其“同”。其中，寻找与联合两种解题思路的相同点是基础，而这一点也是完成 RAT 任务的基础。启动整合思考方式对被试完成 AUT 任务的成绩没有显著影响，这可能是因为 AUT 注重要求被试尽可能多地激活长时记忆中的有关信息，而无须在信息间进行整合加工有关。本研究中的整合思考方式与国外研究中使用的“矛盾框架”（Smith & Tushman，2005）和“整合复杂性”（Tadmor，Tetlock，& Peng，2009）概念有诸多相似之处，而矛盾框架和整合复杂性在研究中已被证实可以促进创造性（Miron-Spektor & Erez，2017；Miron-Spektor，Gino，& Argote，2011；Tadmor，Tetlock，& Peng，2009；Leung et al.，2017）。

本研究还发现，启动适中思考方式对被试的 RAT 和 AUT 成绩都没有显著影响。代表适中思考方式的“不 A 不 B”形式由于要求不立足于任何一边而呈现一种纯客观姿态，它虽属于第三种路径，但是此路径与先前的两条路径处于同一水平，思考者并没有拔高自己的视野，所以适中思考方式启动没有促进创造性思维。适中思考方式与 Leung 等人（2017）研究中使用的“中间立场”的概念非常接近，他们发现当个体面对矛盾持有中间立场时，将无法从矛盾框架中获益并促进创造性。本研究的中庸思维之适中思考方式启动对各种创造性思维都没有显著影响，也进一步证实了上述假设。

四 综合讨论

中庸与创造性的关系是中庸研究领域的热点问题，以往研究结果对此也众说纷纭，导致对二者关系的认识扑朔迷离。

（一）“中庸”与“创造性”之间的复杂关系

中庸和创造性都是包含多个方面的复杂概念，本研究分别通过心理测量法和启动实验的方法，考察了中庸信念－价值、特质中庸思维，以及整合或适中的中庸思考方式与创造性思维、创新行为之间的关系。结果发现，中庸信念－价值、特质中庸思维与创造性思维（发散思维、远程联想和顿悟问题解决）相关不显著，基于意见表达情境而测量的特质中庸思维与创新行为显著正相关，尤其是其“多方思考”因子与创新行为的相关为0.36（$p<0.001$）。本研究结果与以往研究发现的特质中庸思维与自评创新行为显著正相关是一致的（陈岩等，2018；廖冰、董文强，2015；姚艳虹、范盈盈，2014；张光曦、古昕宇，2015）。本研究还发现，启动中庸思维之整合思考方式促进了远程联想测验成绩，但对发散思维没有显著影响。

本研究对揭示“中庸”与“创造性”之间的复杂关系具有一定的参考价值。以往研究大多关注的是某一种类型的中庸（中庸信念－价值、特质中庸思维或中庸价值取向等）与人际关系处理或更复杂层面的创新行为之间的关系。本研究同时采用了“中庸信念－价值量表”和“特质中庸思维量表”这两种目前应用最广的中庸测量工具，考察了它们与创新行为和创造性思维的关系。个体创新行为是指个体将有益的新想法、新知识、新观点运用于学习和现实生活中的所有个人行动和意愿（梅红等，2015）。然而，创新是一个多阶段的过程，包括产生新观念或解决方案、寻找个人想法的支持者、将新想法转变为产品等阶段（廖冰、董文强，2015），因而更容易受到外在因素的影响。以往研究关于中庸思维与创造性关系结果的不一致，使得我们有必要进一步区分中庸思维对从创造性观点产生到创新行为不同阶段的影响。因此，本研究进一步通过测量和实验方式考察了中庸与以认知性问题为中心的创造性思维的关系。创造性思维是个体产生新颖、独特且适用观点或产品的思维形式（Sternberg & Lubart，1996；沈汪兵、刘昌、陈晶晶，2010），是创造性的核心过程。本研究采用了三种经典的创造性思维任务：其一，发散思维，它是一种允许产生许多新想法，而且正确答案不止一种的思维方式，是创造力测验中应用最为广泛的测验（贡喆、刘昌、沈汪兵，2016）；其二，远程联想测验，既包含联想与发散思考过程，也包含聚合思考（Lee & Therriault，2013）；其三，顿悟问题解决（汉语成语谜题），在解题时一般需要对问题的心理表征进行重构，是典型的创造性思维任务。考察中庸与创造性思维的关系，既有利于尽可能地剥离外在影响因素的作用，厘清中庸与创造性的关系，也是对以往相关研究的拓展。研究结果对于明晰中庸与创造性之间的关系及作用机制具有一定的参考价值。

总之，由于“中庸”与“创造性”两个概念都具有多重含义，尤其是学者们对“中庸”的理解莫衷一是，而在使用“中庸”概念时又不加区分，这可能是导致中庸与创造性之间关系存在争议的重要原因。

（二）中庸与创造性的关系何以“见仁见智”？

以往研究对中庸与创造性的关系之所以存在争议，除了概念的理解和研究工具的差异之外，可能还存在以下原因。

首先，中庸思维是一个非常复杂且动态的思维过程，是个人针对问题仔细斟酌、拿捏的控制性思维，而不是自动化的、无意识的习惯反应倾向（吴佳辉、林以正，2005），因此个体在测验中未必能够随时主动应用。而且目前对中庸的测量也仅处于态度层次而非具体行为层次，中庸思维又符合社会期许的方向，因此很难避免社会期许效应的影响（张仁和、林以正、黄金兰，2014）。

其次，中庸非常依赖周围情境，是依不同情境和体验而施以不同程度的行为准则（杨中芳，2009）。而在研究二中，本研究不仅通过实验法对被试的中庸思考方式进行了启动，而且被试还需要通过严格的启动效果检验才能完成后面的创造性任务，因此或许更能真实地反映被试当时的中庸状态。杜旌和段承瑶（2017）认为，中庸与创新的关系之所以一直存在争议，重要原因之一就是中庸高度依存于情境，追求随具体情境而变化以实现个体与环境的和谐。因此，吴佳辉和林以正（2005）主张，研究中庸思维最终可能还是透过实验法或事件记录法才能够较为细致地描述中庸思维的动态历程，以及检验内在的运作方式，进而了解在特定事件发生的过程中，中庸思维的运作历程与结果。

最后，中国人的理想是“修身齐家治国平天下”，中庸是一种为人做事的实践思维，更强调社会情境，这也与中国儒家文化历来重视社会问题是一脉相承的。中庸思维体现了中国哲学的全局观念和对立统一的辩证式思维，代表了华人注重自我约束不随一己心情行动、细查行动对他人的后果、选择最佳行动方案的思维方式（赵志裕，2000）。因此，以往很多研究发现中庸可以作为一种自我调节的方式，在环境与个人心理状态和行为表现之间起着调节作用。如中庸思维与顾全大局式建言存在正相关，与自我冒进式建言存在负相关（段锦云、凌斌，2011），中庸可以调节坏心情对组织公民行为的影响（孙旭、严鸣、储小平，2014），并在差错管理气氛与员工创新行为（周晖、夏格、邓舒，2017）、辱虐管理与员工创造性（沈伊默 等，2019）等变量间都起调节作用。由于本研究采用的创造性任务都属于创造性观点生成任务，而创造性观点生成和现实中的创造性成就和创造性表现并不能等同（Haase et al.，2018）。或许正是由于高中庸水平个体能够根据具体情境随时调整自身行为，其创新观点更容易被接受，创新想法更容易得到实施，并在现实中表现出更多的创新行为。因此，未来在研究中，或许更应在具体的社会情境中研究中庸，考察中庸对社会创造力或团队创造力的影响。

（三）局限与不足

本研究也存在一些局限与不足，这是在对本研究结果进行解释时需要注意的。首先，本研究对象为大学生或研究生，他们对中庸的理解也许还不够深刻，对其中庸的测量或中庸思考方式的启动也许并不能完全反映中庸的全貌；其次，研究一为横断研究，同时进行较多测验可能会导致被试疲劳，并影响被试答题的积极性和任务表现，而且结果也难以反映变量间的因果关系；最后，本研究的中庸与创造性测量全部采用的是被试自评，而这两者都是中国社会期望的方面，可能会受到社会称许性的影响。因此，未来可以选择具有一定年龄阅历和较高知识水平的被试，采取自评与他评相结合、测量与实验相结合的方式，更系统地研究中庸与创造性的关系。

参考文献

陈岩、綦振法、陈忠卫、田璇，2018，《中庸思维对团队创新的影响及作用机制研究》，《预测》第2期，第15－21页。

杜旌、段承瑶，2017，《中庸影响个体的作用机制：基于任务和关系视角的研究》，《珞珈管理评论》第 1 期，第 77－90 页。

杜旌、裘依伊、尹晶，2018，《中庸抑制创新吗？——一项多层次实证研究》，《科学学研究》第 2 期，第 378－384 页。

杜旌、冉曼曼、曹平，2014，《中庸价值取向对员工变革行为的情景依存作用》，《心理学报》第 1 期，第 113－124 页。

杜旌、姚菊花，2015，《中庸结构内涵及其与集体主义关系的研究》，《管理学报》第 5 期，第 638－646 页。

段锦云、凌斌，2011，《中国背景下员工建言行为结构及中庸思维对其的影响》，《心理学报》第 10 期，第 1185－1197 页。

冯友兰，1995，《极高明而道中庸：冯友兰新儒学论著辑要》，中国广播电视出版社。

高瞻、李炳洁、唐淦琦、林建龙，2013，《中庸核心价值对抑郁严重度的影响》，《中国民康医学》第 15 期，第 4－7 页。

贡喆、刘昌、沈汪兵，2016，《有关创造力测量的一些思考》，《心理科学进展》第 1 期，第 31－45 页。

黄福荣、周治金、赵庆柏，2013，《汉语成语谜语问题解决中思路竞争的眼动研究》，《心理学报》第 1 期，第 35－46 页。

黄金兰、林以正、杨中芳，2012，《中庸处世信念/价值量表的修订》，《本土心理学研究》第 38 期，第 3－14 页。

李明珠，2017，《中庸思维对创新观念生成的作用机制及其神经基础》，硕士学位论文，华中师范大学。

廖冰、董文强，2015，《知识型员工中庸思维、组织和谐与个体创新行为关系研究》，《科技进步与对策》第 7 期，第 150－154 页。

梅红、任之光、冯国娟、杨森、胡寿平，2015，《创新支持是否改变了在校大学生的创新行为?》，《复旦教育论坛》第 6 期，第 26－32 页。

庞朴，1980，《“中庸”平议》，《中国社会科学》第 1 期，第 75－100 页。

庞朴，2000，《中庸与三分》，《文史哲》第 4 期，第 21－27 页。

沈汪兵、刘昌、陈晶晶，2010，《创造力的脑结构与脑功能基础》，《心理科学进展》第 9 期，第 1420－1429 页。

沈伊默、马晨露、白新文、诸彦含、鲁云林、张庆林、刘军，2019，《辱虐管理与员工创造力：心理契约破坏和中庸思维的不同作用》，《心理学报》第 2 期，第 238－247 页。

孙旭、严鸣、储小平，2014，《坏心情与工作行为：中庸思维跨层次的调节作用》，《心理学报》第 11 期，第 1704－1718 页。

吴佳辉、林以正，2005，《中庸思维量表的编制》，《本土心理学研究》第 24 期，第 247－300 页。

韦庆旺、鄢玉婷，2014，《“一分为三”框架下的中庸界定：兼从方法论角度评当前中庸心理学研究》，载杨宜音主编《中国社会心理学评论》第八辑，社会科学文献出版社，第 275－303 页。

杨贤传、张磊，2018，《中庸价值取向与员工创新行为——一个有调节的中介模型》，

《技术经济与管理研究》第2期，第54-58页。
杨宜音，2014，《日常生活的道德意义和生命意义：兼谈中庸实践思维的构念化》，载杨宜音主编《中国社会心理学评论》第八辑，社会科学文献出版社，第256-271页。
杨中芳，2009，《传统文化与社会科学结合之实例：中庸的社会心理学研究》，《中国人民大学学报》第3期，第53-60页。
杨中芳、林升栋，2012，《中庸实践思维体系构念图的建构效度研究》，《社会学研究》第4期，第167-186页。
杨中芳、阳中华、丁宇，2014，《"中庸构念图"之建构效度再检验》，载杨宜音主编《中国社会心理学评论》第七辑，社会科学文献出版社，第18-42页。
杨中芳、阳中华，2014，《夫妻中庸思维差异对成员家庭功能评定的影响》，载杨宜音主编《中国社会心理学评论》第八辑，社会科学文献出版社，第113-135页。
杨中芳、赵志裕，1997，《中庸实践思维初探》，第四届华人心理与行为科学学术研讨会，台北，5月29-31日。
姚艳虹、范盈盈，2014，《个体-组织匹配对创新行为的影响——中庸思维与差序氛围的调节效应》，《华东经济管理》第11期，第123-127页。
张光曦、古昕宇，2015，《中庸思维与员工创造力》，《科研管理》第1期，第251-257页。
张仁和、林以正、黄金兰，2014，《西方智慧研究新动态与中庸思维的关系》，载杨宜音主编《中国社会心理学评论》第八辑，社会科学文献出版社，第212-225页。
赵志裕，2000，《中庸思维的测量，一项跨地区研究的初步结果》，《香港社会科学学报》第18期，第33-55页。
周浩、龙立荣，2004，《共同方法偏差的统计检验与控制方法》，《心理科学进展》第6期，第942-942页。
周晖、夏格、邓舒，2017，《差错管理气氛对员工创新行为的影响——基于中庸思维作为调节变量的分析》，《商业研究》第4期，第115-121页。
Boduroglu, A., Shah, P., & Nisbett, R. E. (2009). Cultural differences in allocation of attention in visual information processing. *Journal of Cross-Cultural Psychology*, 40(3), 349-360.
Chang, T. Y., & Yang, C. T. (2014). Individual differences in Zhong-Yong tendency and processing capacity. *Frontiers in Psychology*, 5, 1316.
Choi, I., Nisbett, R. E., & Norenzayan, A. (1999). Causal attribution across cultures: Variation and universality. *Psychological Bulletin*, 125(1), 47-63.
Chou, L. F., Chu, C. C., Yeh, H. C., & Chen, J. (2014). Work stress and employee well-being: the critical role of Zhong-Yong. *Asian Journal of Social Psychology*, 17(2), 115-127.
Haase, J., Hoff, E., Hanel, P. H., & Innesker, A. (2018). A meta-analysis of the relation between creative self-Efficacy and different creativity measurements. *Creativity Research Journal*, 30(1), 1-16.
Ji, L. J., Peng, K., & Nisbett, R. E. (2000). Culture, control, and perception of relationships in the environment. *Journal of Personality and Social Psychology*, 78(5), 943-955.
Lee, C. S., & Therriault, D. J. (2013). The cognitive underpinnings of creative thought: a latent

variable analysis exploring the roles of intelligence and working memory in three creative thinking processes. *Intelligence*, 41(5), 306 – 320.

Leung, A. K., Liou, S., Mironspektor, E., Koh, B., Chan, D., Eisenberg, R., & Schneider, I. K. (2017). Middle ground approach to paradox: within-and between-culture examination of the creative benefits of paradoxical frames. *Journal of Personality and Social Psychology*, 114(3), 443 – 464.

Liu, H., Wang, F. X., & Yang, X. Y. (2015). More dialectical thinking, less creativity? The relationship between dialectical thinking style and creative personality: the case of China. *Plos One*, 10(4).

Mednick, S. (1962). The associative basis of the creative process. *Psychological Review*, 69(3), 220 – 232.

Miron-Spektor, E., & Erez, M. (2017). Looking at creativity through a paradox lens: deeper understanding and new insights. In W. K. Smith, M. W. Lewis, P. Jarzabkowski, & A. Langley (Eds), *Handbook of Organizational Paradox: Approaches to Plurality, Tensions and Contradictions*. Oxford, UK: Oxford University Press.

Miron-Spektor, E., Gino, F., & Argote, L. (2011). Paradoxical frames and creative sparks: Enhancing individual creativity through conflict and integration. *Organizational Behavior & Human Decision Processes*, 116(2), 229 – 240.

Morris, M. W., & Peng, K. (1994). Culture and cause: American and Chinese attributions for social and physical events. *Journal of Personality and Social Psychology*, 67(6), 949 – 971.

Nisbett, R. E., & Miyamoto, Y. (2005). The influence of culture: Holistic versus analytic perception. *Trends in Cognitive Sciences*, 9(10): 467 – 473.

Scott, S. G., & Bruce, R. A. (1994). Determinants of innovative behavior: a path model of individual innovation in the workplace. *Academy of Management Journal*, 37(3), 580 – 607.

Smith, W. K., & Tushman, M. L. (2005). Managing strategic contradictions: a top management model for managing innovation streams. *Organization Science*, 16(5), 522 – 536.

Sternberg, R. J., & Lubart, T. I. (1996). Investing in creativity. *American psychologist*, 51(7), 677 – 688.

Tadmor, C. T., Tetlock, P. E., & Peng, K. (2009). Acculturation strategies and integrative complexity: the cognitive implications of biculturalism. *Journal of Cross-Cultural Psychology*, 40(1), 105 – 139.

Yang, X., Zhang, P., Zhao, J., Zhao, J., Wang, J., Chen, Y., …& Zhang, X. (2016). Confucian culture still matters: the benefits of Zhongyong thinking (doctrine of the mean) for mental health. *Journal of Cross-Cultural Psychology*, 47(8), 1097 – 1113.

Yao, X., Yang, Q., Dong, N., & Wang, L. (2010). Moderating effect of Zhongyong on the relationship between creativity and innovation behavior. *Asian Journal of Social Psychology*, 13(1), 53 – 57.

Zhou, Z. J., Hu, L. X., Sun, C. C., Li, M. Z., Guo, F., & Zhao, Q. B. (2019). The effect of Zhongyong thinking on remote association thinking: an EEG study. *Frontiers in Psychology*, 10, 1 – 9.

《中国社会心理学评论》 第 19 辑
第 28～44 页

多元亚文化经验对大学生创造性的影响

——以城乡二元文化为例*

王黎静　王　岩　师保国**

摘　要：多元文化经验与创造性的关系是近年来的一个研究热点，然而这一领域鲜见基于中国文化背景、体现城乡亚文化特色的研究。鉴于此，研究一采用问卷调查法，以 298 名大学生为被试探讨了城乡心理文化适应与创造性的关系，结果发现城市心理文化适应通过开放性影响发散思维。研究二采用实验法探讨了城乡文化经验启动对大学生创造性思维及创意评分的影响，结果发现农村文化启动促进了创造性思维的流畅性和外星人绘画测验的精进程度，城市文化启动促进了创造性思维的独特性和外星人绘画测验的技术水平，城乡文化启动对外星人绘画测验的创造程度和综合印象均有促进作用。此外，城市文化启动促进了被试对新颖无效图片的评分，农村文化启动则抑制了此类图片的评分。研究结果在一定程度上揭示了城乡二元文化经验对创造性的促进作用，对探寻创新思维培养路径具有参考价值。

关键词：多元文化经验　城乡心理文化适应　创造性思维

一　前言

创造性是个体产生新颖而有价值的观点或产品的能力（Abraham,

---

* 本研究得到国家自然科学基金面上项目（31571138）和首都教育发展协同创新中心课题的资助。

** 王黎静，首都师范大学心理学院研究生；王岩，首都师范大学心理学院研究生；师保国，首都师范大学心理学院教授，通讯作者，E-mail：baoguoshi@ cnu. edu. cn。

2016；Fink & Benedek，2012；Sternberg et al.，1999）。Guilford（1967）指出创造性思维是个体创造性的核心，它主要表现为发散思维（产出）。根据 Csikszentmihalyi（1988）、Csikszentmihalyi 和 Wolfe（2000）的系统观理论，创造性是个体、领域以及范围（field）交互作用的结果，文化背景或环境对个体创造性的发展有重要影响。

（一）文化与创造性

文化是由相互联系的个体网络所产生和复制的一套松散的观念和实践（Chiu & Hong，2007）。Robertson 等人（2012）将亚文化分为种族、年龄和生态学等亚文化，其中生态学亚文化又分为城市文化、郊区文化和乡村文化。身处某种文化的个体在与其他文化背景下的成员或元素发生接触时通常获得一些直接和间接经验，也就是多元文化经验（Leung et al.，2008）。它是个体文化疆阈（cultural borders）经验的突破，而创造性则是个体对自身思维疆界（mental barriers）的突破（Maddux & Galinsky，2009）。这也就意味着，具有多元文化经验的个体在经过多种文化形态、思维方式、生活习惯等的跨越与熏陶过程中，其认知也在不断调整、重构。

以往不少研究发现多元文化经验对个体创造性有积极影响。例如，第一代和第二代移民者中存在更多高创造性人士（Lambert et al.，1973；Simonton，1999）；双语或多语种者比单一语种者的发散思维更好（Lee & Kim，2011）；多元文化经验得分高的被试，其发散思维的流畅性与灵活性表现更佳（Leung & Chiu，2008）。此外，采用启动国外生活经历范式的实验研究也佐证了以下观点：多元文化经验能促进被试思维的流畅性（Maddux & Galinsky，2009）和灵活性（Fee & Gray，2012），以及能帮助被试更好地完成创造性联想与顿悟问题（Maddux et al.，2010）。然而在多元文化经验与创造性的关系这一问题上也存在不一致的结果，尤其是涉及中国文化背景的相关研究。一项关于中德大学生艺术创造性的比较研究考察了德籍本国大学生、德籍亚裔大学生、在德中国留学生及中国国内大学生四个群体的创造性，结果显示前两者间和后两者间的差异不显著（衣新发、蔡曙山、刘钰，2010；Yi et al.，2013）。另一项以巴黎和香港的四组儿童为考察对象的研究也发现是否具有国外生活经历对被试的创造性表现没有显著影响（Lau et al.，2013）。可见，多元文化经验与创造性的关系并不十分明朗确定。

（二）城乡文化与创造性

城乡民众的心理和行为差异在城乡二元结构的中国显得尤为显著，在形成差异的诸多因素中，文化起着尤为重要的作用，它影响并塑造了不同的文化人格、情感定式、生活习惯、行为方式、价值体系、思维方式、思想观念（姜永志、张海钟，2009）。新中国成立以来，城乡文化关系经历了低层次的城乡文化一体化发展、城乡文化二元发展、城乡文化协调发展、城乡文化一体化发展四个阶段（朱冰、胡宝平，2018），城乡文化在不断分化的同时，也在某些层面上发生融合、重组和再分化（蒋磊，2018）。在过去很长一段时间，由于乡村文化植根于本土，总体上较为传统守成；而城市文化则在改革发展浪潮中受到现代文明的冲击，更多地表现出自由开放的风貌。因此，相比于农村文化，城市文化的特点似乎更有利于创造性的发挥。

然而，随着现代化发展进程的不断加快，尤其是在党的十八大、十九大先后提出加快城乡发展一体化、乡村振兴战略后，城乡逐步打破二元结构的固化，逐渐趋向融合再生。在日常生活中，年轻一代的审美风格和喜闻乐见的流行元素也表现出更多的城乡融合趋势。从新时代中国特色社会主义城乡文化关系来看，实现城乡文化融合发展是当前和今后努力的方向，其基础是要城乡文化作为两种不同的文化形态尊重包容、平等共存、交流互鉴、良性互动，承认各自存在的价值及其互补性，创造出新内容、新形式的城乡文化共同体（胡宝平、徐之顺，2018）。鉴于此，具有城乡文化经验的个体与单一城市文化或农村文化经验的个体相比，具有更多元、更丰富的亚文化生活经验。对此，以往有研究表明多元文化经验对创造性具有促进作用，那么以我国城乡多元亚文化为背景，此二者的关系又如何？会受到哪些因素的影响？其中的影响机制是什么？

（三）研究问题与假设

在多元文化视角下，心理文化适应指的是个体在新文化系统的卷入和互动过程中的心理文化取向（Tropp et al.，1999）。个体在不同文化集群间所做的归属选择和亲疏关系的定向，促使个体形成对所属文化的心理适应，使自身的行为习惯、举止谈吐等符合或趋同于其所认同集群的规范，由此获得“我们感”（Bhugra et al.，2009）。具有城乡二元文化生活经验的大学生，其在文化上的心理适应可能也会随着城乡生活经历的丰富而调整、变化。在本研究中，我们将城乡二元文化心理适应作为城乡二元文化经验的衡量指标，也就是当个体持城市和农村二元文化心理适应时即具有城乡二元文化经验，探究其对创造性的影响。

在考察二者关系时，个体的内部因素也不容忽视。其中最具代表性的是人格大五模型中的一个重要维度——经验开放性，它是一种与创造性高度关联的人格特质（Cassandro & Simonton，2010），甚至与开放性有关的特质——求新（novelty seeking）也能显著提升个体的发散思维水平（Goclowska et al.，2018）。据此，我们可以推测开放性作为一种重要的人格特质，既会对创造性思维产生影响，也可能受到外部文化环境的影响，它在城乡心理文化适应所代表的多元文化经验与创造性的关系间有可能发挥中介作用。此外，仅仅基于相关研究的思路去考察城乡心理文化适应与创造性的关系还不够，揭示城乡二元文化经验如何对创造性产生影响需要借鉴文化启动范式，采用实验研究的方法。

基于上述考虑，我们拟通过两项研究来探讨城乡二元亚文化经验对创造性的影响。研究一采用问卷调查法，把城乡二元文化心理适应作为多元文化经验的一个量化指标，考察其与大学生创造性的关系及开放性在其中的作用；研究二采用启动城乡文化经验的实验法，进一步考察城市文化启动和农村文化启动对大学生创造性任务表现的影响。研究假设分别为：

假设一：城乡心理文化适应有助于提升大学生的创造性，且开放性在其中起中介作用；

假设二：城乡文化启动对大学生的创造性任务表现有促进作用。

二 研究一：城乡心理文化适应与大学生创造性的关系

（一）被试

从北京市3所高校招募本科生和研究生共314人，有效被试298人，平均年龄为22.1岁。其中，男生67人，女生231人；农村户口153人，城市户口143人。

（二）工具

1. 城乡心理文化适应量表

根据Tropp等人（1999）的心理文化适应量表（Psychological Acculturation Scale，PAS）编制城乡心理文化适应量表，该量表共10个项目，如“你认为自己和哪个群体的人共有更多相同的信念和价值观?”，要求被试根据自身情况，对每个条目的描述进行A（仅农村）-B-C-D-E（两者都）-F-G-H-I（仅城市）9点选择。在数据分析时转化为1~9计分，选项越靠近A（1）表示越倾向于“农村心理文化适应”，越靠近I（9）表示越倾向于“城市心理文化适应”，越靠近E（5）表示个体越倾向于“城乡心理文化适应”。在此需要强调一点，农村和城市两种亚文化并无高低优劣之别，仅表示个体对自身所属的文化心理适应的倾向。在本研究中，此量表的Cronbach's α系数为0.93。

2. 开放性人格问卷

从大五人格问卷（NEO-FFI；Costa & McCrae，1992）中抽取开放性分量表（又称开放性人格问卷）。要求被试根据自身情况，对12个项目如“我不喜欢浪费时间在做白日梦上”进行Likert 5点计分。1 = “非常符合”，5 = “非常不符合”，得分越高表示个体越开放。其中，部分试题采用反向计分，如“艺术与大自然里的事物会引起我的兴趣和好奇”。在本研究中，此量表的Cronbach's α系数为0.61。

3. 创造性思维测验（圆圈绘画）

采用托兰斯（Torrance，1993）创造性思维测验中的圆圈绘画测验测量被试的创造性图画能力。要求被试利用5分钟时间在一组或几组圆圈的基础上作画，并给每个图画命名。该测验的评价指标包括流畅性、灵活性、独特性三个维度。流畅性指在排除无效和重复答案后，被试所画出的图案个数，1个计1分；灵活性指被试图画中所包含的类别，如人脸、篮球即属不同的类别，1个种类计1分；独特性通过被试所画图案在所有答案总数中所占的比例来衡量，0～5%计2分，5%～10%计1分，高于10%不得分，每幅画的得分相加作为独特性分数。最后，将上述三个维度分别转化为标准分后相加得到的分数为创造性总分。

（三）施测程序

由经过统一培训的心理学专业研究生担任主试，进行集体施测，“圆圈绘画”测验在先，之后完成问卷。

（四）数据分析

采用SPSS 21.0进行数据处理，主要涉及描述性统计、相关分析以及回归分析等。

（五）结果

1. 描述性统计及相关分析

各变量的描述性统计及Pearson相关系数见表1。由表1可知，各变量间的相关系数均不超过0.70。据此，可判断各个变量间存在多重共线性的可能性不大。与此同时，主要变量之间均存在显著相关。

表 1 各变量间的相关

变量	M	SD	1	2	3	4	5	6	7	8
1 城乡心理文化适应	5.88	1.43	–							
2 开放性	3.44	0.44	0.21**	–						
3 流畅性	11.74	4.42	0.10	0.07	–					
4 灵活性	8.85	3.61	0.16**	0.12*	0.69**	–				
5 独特性	5.78	3.31	0.05	0.19**	0.37**	0.66**	–			
6 创造性总分	0.00	2.54	0.12*	0.15*	0.81***	0.93***	0.80***	–		
7 年龄	22.05	2.81	–0.06	–0.17**	0.03	0.06	–0.03	0.02	–	
8 性别	–	–	0.14*	0.01	–0.04	0.12	0.00	0.03	0.06	–

注：* $p<0.05$，** $p<0.01$，*** $p<0.001$，下同。

2. 各研究变量对创造性思维的预测作用

由于城乡心理文化适应量表的计分为 1 ~9，越靠近 1 表示越倾向于“农村心理文化适应”，越靠近 9 表示越倾向于“城市心理文化适应”，越靠近 5 表示越倾向于“城乡心理文化适应”，当城乡心理文化适应得分与创造性得分呈倒 U 型曲线回归关系时，则可验证假设 1。而此二者的倒 U 型曲线回归分析结果不显著（$\beta=-0.08$，$t=-0.27$，$p>0.05$）。

根据表 1 的相关系数可知，创造性总分与城乡心理文化适应（$r=0.12$，$p<0.05$）、开放性（$r=0.15$，$p<0.05$）均存在显著正相关。接下来，以城乡心理文化适应为自变量、以开放性为中介变量、以创造性思维总分为因变量进行逐步多元回归，结果见表 2。

表 2 创造性总分对城乡心理文化适应的逐步多元回归

步骤	结果变量	预测变量	β	t	R^2	F
1	创造性总分	c 城乡心理文化适应	0.12	2.05*	0.02	4.19*
2	开放性	a 城乡心理文化适应	0.21	3.64***	0.04	13.24***
3	创造性总分	c'城乡心理文化适应	0.10	1.60	0.03	4.42*
		b 开放性	0.13	2.14*		

结果显示，在第一步回归方程中，城乡心理文化适应对创造性思维的预测作用显著（$c=0.12$，$p<0.05$）；在第二步回归方程中，城乡心理文

化适应对开放性的预测作用显著（$a = 0.21$，$p < 0.001$）；在第三步回归方程中，开放性对创造性的预测作用显著（$b = 0.13$，$p < 0.05$），城乡心理文化适应对创造性的预测作用不显著（$c' = 0.10$，$p > 0.05$），表明开放性在城乡心理文化适应与创造性之间起完全中介作用，中介效应占总效应的20.6%，即城市心理文化适应通过开放性影响创造性。

三　研究二：城乡二元文化经验启动对大学生创造性的影响

（一）被试

招募北京某高校农村生源学生74名，其中男生12人，女生62人。被试年龄为19～28岁，平均年龄为21.7岁，标准差为2.03。

（二）工具

1. 多元文化经验启动材料

多元文化经验启动材料，主要包括图片观看和文字描述两个部分，具体启动指导语如下。

a. 城市文化启动组："假如有个对城市文化一无所知的人问你城市文化是什么样的，你会如何回答？请用十句话来描述城市文化。在描述之前，你会看到一些与城市文化有关的图片。这些图片会给你一些启发。在回答时，你可以参考这些图片来描述，也可以不提这些图片。理解以上要求，按回车键开始观看图片。"

b. 农村文化启动组："假如有个对农村文化一无所知的人问你农村文化是什么样的，你会如何回答？请用十句话来描述农村文化。在描述之前，你会看到一些与农村文化有关的图片。这些图片会给你一些启发。在回答时，你可以参考这些图片来描述，也可以不提这些图片。理解以上要求，按回车键开始观看图片。"

c. 控制组："请用十句话来描述叶子。在回答之前，你会看到一些叶子图片。这些图片会给你一些启发。回答时，你可以描述这些图片，也可以不提这些图片。理解以上要求，按回车键开始观看图片。"

2. 创造性思维测验（平行线画图、外星人绘画）

采用托兰斯（Torrance，1993）创造性思维测验中的平行线画图测验和外星人绘画测验评定被试的创造性表现。

平行线画图测验与研究一中“圆圈绘画”测验类似，要求被试利用5分钟在一组或几组平行线基础上添加笔画以绘制完成某一物品或者现象，但对独特性的评分方式增加至两种：①同研究一的独特性评分；②由于第一种算分方式会受流畅性的影响，因此评估被试自我评价的“最具创意的3个答案”（Top 3 独特性）的新颖性得分（Benedek et al.，2013；Neubauer et al.，2013），由两名心理学专业研究生采用同感评估技术（Consensus Assessment Technique，CAT）进行 Likert 5 点计分。

外星人绘画测验借鉴 Maddux 和 Galinsky（2009）以及衣新发等人（2011）的研究。该任务指导语如下：“想象你将去另一个与地球截然不同的星球。在那里你将遇到一个外星人。请想象一下他或她的样子，并在5分钟之内尽可能新颖地画出他或她的模样（不考察画画能力）。”评分由两名不了解被试情况和研究目的的心理学研究生独立进行，每个评分者在评分前都看一遍所有的作品，然后从8个维度给每幅作品评分（Niu & Sternberg，2001；衣新发等，2011）：①创造程度（该作品的创造性程度）；②可爱程度（喜欢该作品的程度）；③切题程度（与所代表的主题的契合程度）；④技术水平（制作中运用技术的水平）；⑤想象水平（制作者的想象力丰富程度）；⑥艺术水平（该作品的艺术性）；⑦精进程度（作品对于细节的完善程度）；⑧综合印象（对该作品的综合评价）。采用同感评价技术，由两名评分者进行 Likert 7 点评分，以均分作为各维度的最终得分。评分者在上述8个指标上的 Spearman 相关系数分别为0.77、0.82、0.78、0.85、0.74、0.76、0.82、0.87。

3. 图片创意评分

选取黄福荣（2015）在研究中所使用的图片，包括常规图片、新颖无效图片、新颖有效图片三种类型（图片示例如图1所示）各7张，每张图片下方都附加针对图片内容的11～12字中文简短说明。要求被试对图片内容的创造性进行9级评分，从“1＝毫无创意”到“9＝非常有创意”。在本研究中，被试对三种图片评分的 Cronbach's α 系数分别为0.89、0.81、0.74。

（三）实验程序

将74名被试随机分成3组，分别为城市文化启动组（26人）、农村文化启动组（25人）和控制组（23人），在使用图片和文字描述进行文化启动后，完成平行线画图测验（两者顺序在被试间平衡），随后进行图片的创意评分；然后进行城市/农村文化二次启动，即对第一次启动所用的图

打扫垃圾、清洁地面的扫把

正反都有鞋帮的双面球鞋

能随意拼组的滑动公共座椅

图1　创意评分图片（从左到右分别为常规图片、新颖无效图片、新颖有效图片）示例

片"是否属于城市文化（城市文化启动组）"或"是否属于农村文化（农村文化启动组）"或"对图片的熟悉程度（控制组）"进行5点评分，之后完成外星人绘画测验。

指导语与刺激呈现用E-prime 2.0编制，实验采用计算机呈现和纸笔测验两种方式进行。

（四）数据分析

使用SPSS 21.0进行数据分析，主要采用方差分析对各实验条件下的创造性成绩进行差异检验。

（五）研究结果

1. 控制变量的差异检验

研究一表明城乡心理文化适应、开放性对创造性有预测作用，因此本研究将其作为控制变量。方差分析结果显示，城市文化启动组、农村文化启动组和控制组在这些控制变量上的差异不显著（$F_{(2,71)}=0.76$，$F_{(2,71)}=0.42$，$F_{(2,71)}=0.66$，$ps>0.5$）。

2. 发散思维的差异检验

三种实验条件下，被试发散思维测验得分的描述性统计结果如表3所示。

表3　三组被试在发散思维测验上的差异检验

	控制组		农村文化启动组		城市文化启动组		F	η_{p2}
	M	SD	M	SD	M	SD		
流畅性	7.70	3.35	10.28	3.04	9.19	3.53	3.66*	0.09
灵活性	6.78	2.79	8.00	3.06	8.06	3.28	1.32	0.04

续表

	控制组		农村文化启动组		城市文化启动组		F	η_{p^2}
	M	SD	M	SD	M	SD		
独特性	5.59	2.44	6.60	3.14	7.40	2.49	2.74	0.07
Top3 独特性	3.30	0.52	3.28	0.52	3.79	0.62	6.89**	0.16
发散思维总分	-0.97	2.54	0.40	2.81	0.48	2.77	2.15	0.06

对三组数据进行方差分析，结果显示三组数据在流畅性和 Top3 独特性维度上的组间差异显著。对流畅性进行事后检验发现，农村文化启动组显著高于控制组（$p<0.05$），其余两两间的差异不显著（*ns*）；对 Top3 独特性进行事后检验，结果显示城市文化启动组显著高于控制组和农村文化启动组($ps<0.05$)，农村文化启动组和控制组的差异不显著（*ns*）。

3. 图片创意评分的差异检验

三种实验条件下，被试对图片创意评分的描述性统计结果如表 4 所示。

表 4　三组被试在图片创意评分上的差异检验

图片类型	控制组		农村文化启动组		城市文化启动组		F	η_{p^2}
	M	SD	M	SD	M	SD		
常规	3.07	1.20	3.25	1.28	3.71	1.32	1.66	0.05
新颖无效	4.60	1.57	3.73	1.40	5.47	1.35	9.36***	0.21
新颖有效	6.93	0.93	6.43	1.01	6.87	0.94	1.95	0.05

对三组数据进行方差分析，结果显示新颖无效评分的组间差异显著。对此进行事后检验结果如图 2 所示，城市文化启动组显著高于农村文化启动组、城市文化启动组显著高于控制组、控制组显著高于农村文化启动组($ps<0.05$)。

4. 二次启动检验

二次启动是对第一次启动所用的图片进行“是否属于城市文化（城市文化启动组)”或“是否属于农村文化（农村文化启动组)”或“对图片的熟悉程度（控制组)”5 点评分。方差分析结果显示，城市文化启动组、农村文化启动组、控制组在属性判断或熟悉性评分上差异不显著（$F_{(2,71)}=0.78$，*ns*)，说明二次启动有效且不同实验组间无显著差异。

5. 外星人绘画测验的差异检验

三种实验条件下，被试的外星人绘画测验的描述性统计结果如表 5 所示。

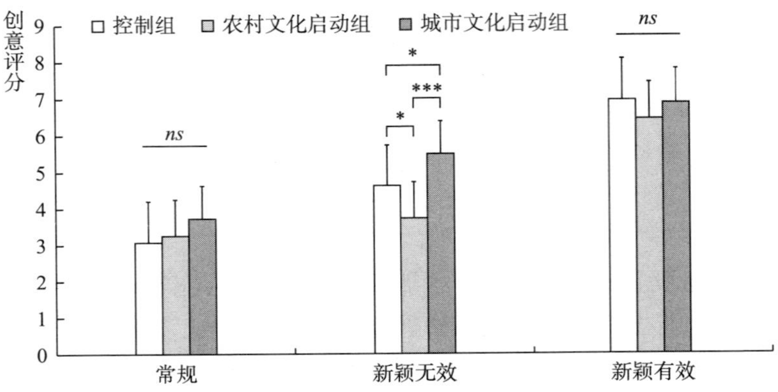

图2　图片创意评分在三种实验条件下的差异

表5　三组被试在外星人绘画测验上的差异检验

维　度	控制组		农村文化启动组		城市文化启动组		F	η_{p^2}
	M	SD	M	SD	M	SD		
创造程度	4.15	0.80	4.72	0.88	5.06	0.93	6.61**	0.16
可爱程度	4.28	0.74	4.50	0.82	4.23	0.68	0.92	0.03
切题程度	4.74	0.94	4.74	0.96	4.73	0.71	0.001	0.00
技术水平	4.09	0.69	4.30	0.84	4.69	0.93	3.39*	0.09
想象水平	4.17	0.63	4.20	0.82	4.35	1.01	0.31	0.01
艺术水平	4.09	0.72	4.22	1.01	4.35	0.76	0.60	0.02
精进程度	4.09	0.72	4.74	0.82	4.40	0.75	4.39*	0.11
综合印象	4.02	0.82	4.72	0.98	4.87	1.07	5.19**	0.13

对三组数据进行方差分析，结果显示创造程度、技术水平、精进程度、综合印象四个维度在不同条件下的差异均显著。对此，分别对四个维度进行事后检验结果如图3所示：①在创造程度维度上，城市文化启动组、农村文化启动组均显著高于控制组；②在综合印象维度上，城市文化启动组、农村文化启动组也显著高于控制组；③在技术水平维度上，城市文化启动组显著高于控制组；④在精进程度维度上，农村文化启动组显著高于控制组。

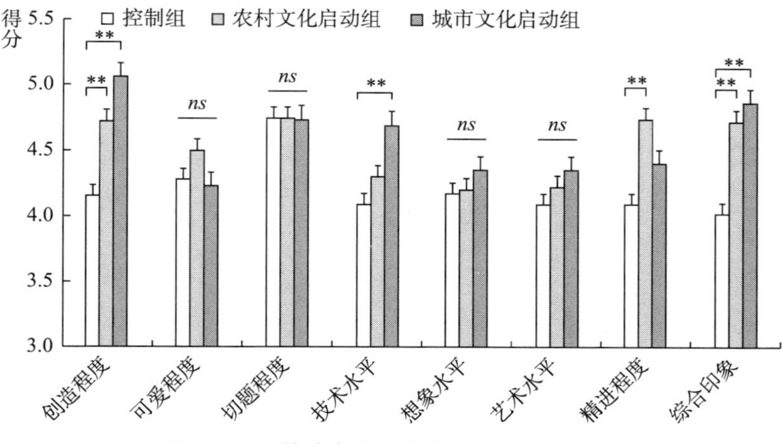

图 3 三组被试在外星人绘画测验上的差异

四 讨论与结论

（一）城乡心理文化适应对创造性预测作用的回归分析

本研究在多元文化与创造性关系的基础上，选取研究者们更少关注的城市亚文化与农村亚文化为切入点，考察了城乡二元文化经验对大学生创造性的影响。研究一采用创造性思维测量指标，立足相关研究探讨了城乡亚文化经验及开放性人格变量与大学生创造性的关系。

由表 2 可知，城市心理文化适应能够显著预测发散思维总分，并且在加入开放性变量时构成了中介模型，开放性在其中起完全中介作用。这些结果与以往发现一致，表明高开放性个体确实由于其具有对艺术的敏感性、想象活跃、注重内在感觉、偏爱新奇和变化、求知欲强等特点（Costa & McCrae, 1992; Moutafi et al., 2006; Sutin et al., 2011），与创造性的关系更为密切。在多元文化经验的作用下，人格的开放性有可能减少个体的偏见，促使个体克服思维固着，提高创造性表现（Sparkman et al., 2017）。当然，Forthmann 等人（2018）在最近的研究中也发现了经验开放性在多元文化经验和发散思维之间的调节作用，原因可能在于高开放性的个体更能做好适应新文化环境的准备，更容易接受新文化中的观点（师保国等，2016），在多元文化环境中更愿意采纳外来元素以拓展其创造性（Tadmor et al., 2012）。具体到本研究，尽管理论上不同文化各具特色，本没有优劣之分，然而在实际生活中城市文化更具包容性、开放性和多元性。考虑到城市和农村属于不同的亚文化环境，而在前人关于流动儿童的研究中也发现了创造性提升的现象（许晶晶等，2017）。这也在一定程度上验证了城市文化更可能通过开放性进而促进个体的创造性。

（二）城乡文化启动在不同创造性任务上的差异分析

研究二采用实验法，启动就读于城市高校的农村生源大学生的城乡文化经验，探究城乡文化启动对其创造性及创意评分的影响。研究结果显示农村文化启动和城市文化启动对创造性的不同维度有不同的作用。农村文化启动促进创造性思维的流畅性和外星人绘画测验的精进程度，城市文化启动促进创造性思维的独特性和外星人绘画测验的技术水平；城市文化启动和农村文化启动对外星人绘画测验的创造程度和综合印象都起促进作用。此外，城市文化启动促进了被试对新颖无效图片的评分，农村文化启动则抑制了被试对此类图片的评分。

从结果来看，两种创造性思维的测验方式都表现出了不同启动组对发散思维的不同维度所产生的影响，这表明城市文化启动和农村文化启动作用于创造性思维的不同方面。此外，关于创意评价模块，在对常规和新颖有效图片的创意评分中，不同实验条件间无显著差异。然而在对新颖无效图片的创意评分中，城市文化启动组 > 控制组 > 农村文化启动组。即以控制组为参照，城市文化启动促进了被试对新颖无效图片的评分，农村文化启动抑制了被试对这类图片的评分。产生这一结果的原因可能在于常规图片和新颖有效图片的特点较为明确，因此被试对其进行创意评分时不受实验条件的影响。而对于新颖无效图片，被试在评分时会拿捏不准，较容易受到实验启动条件的影响，其中城市文化启动组对其评价更高，反映了城市文化启动促进了被试对产品新颖性的关注，这与城市文化更加追求个性自由、主张自我、开放度更高的特点相符。而农村文化启动组对其评价比控制组低，这很可能与启动的农村文化（相对保守）思维方式讲究实用性、具体性有关。在此，需要强调的是，新颖性和有效性并不存在哪个更重要、哪个更好的问题。林崇德（2004，2009）指出“新颖性”与“价值性”是定义创造力的两个必要的维度，两者缺一不可。

综合来看，城市文化和农村文化对创造性的不同维度各有其作用，这提示我们在考察城乡二元文化对创造性影响时需要从创造性的多个维度展开。另外，有研究者认为独特性维度是创造性尤为关键的部分（Runco & Jaeger，2012），一些研究者甚至认为在现实生活中独特性比流畅性更能反映创造性（Mayseless & Shamay-Tsoory，2015）。本研究中，城市文化启动组被试的独特性得分显著高于控制组，说明对农村生源被试的城市文化启动对其创造性具有促进作用。研究结果在一定程度上支持了城乡二元文化经验对个体创造性的促进作用，对探寻创新思维的培养路径具有参考价值。

参考文献

戴维· 波普诺，1999，《社会学》第十版，李强等译，中国人民大学出版社。

胡宝平、徐之顺，2018，《价值认同与城乡文化和谐共生》，《南京社会科学》第 2 期，第 135 - 156 页。

黄福荣，2015，《创造性思维的认知神经机制：基于新颖性与有效性特征视角》，博士学位论文，首都师范大学。

黄任之、姚树桥、邹涛，2006，《个人主义和集体主义量表中文版信度和效度的研究》，《 中国临床心理学杂志》第 6 期，第 564 - 565 页。

蒋磊，2018，《解分化：城乡文化关系的发展态势》，《云南师范大学学报》（哲学社会科学版）第 4 期，第 104 - 110 页。

姜永志、张海钟，2009，《文化心理学视域下的城乡文化心理差异分析》，《社会心理科学》第 5 期，第 45 - 48 页。

林崇德，2004，《教育与发展——创新人才的心理学整合研究》，北京师范大学出版社。

林崇德，2009，《创新人才与教育创新研究》，经济科学出版社。

任纯慧、陈学志、练竑初、卓淑玲，2004，《创造力测量的辅助工具：中文远距离联想量表的发展》，《应用心理研究》第 21 期，第 195 - 217 页。

师保国、罗劲、邓小晴、徐海生，2016，《多元文化经验对创造性的促进效应及其教育意蕴》，《内蒙古师范大学学报》（教育科学版）第 29 期，第 123 - 127 页。

许晶晶、杨佳慧、师保国，2017，《城乡生活环境变迁对流动儿童心理发展的影响》，《社区心理学研究》第 2 期，第 138 - 150 页。

衣新发、蔡曙山、刘钰，2010，《文化因素影响创造力的实证研究》，《社会科学论坛》第 8 期，第 4 - 12 页。

衣新发、林崇德、蔡曙山、黄四林、陈桄、罗良，2011，《留学经验与艺术创造力》，《心理科学》第 1 期，第 190 - 195 页。

朱冰、胡宝平，2018，《新中国成立以来城乡文化关系的逻辑演进》，《中共南京市委党校学报》第 6 期，第 32 - 40 页。

Abraham, A. (2016). Gender and creativity: an overview of psychological and neuroscientific literature. *Brain Imaging and Behavior,* 10, 609 - 618.

Benedek, M., Mühlmann, C., Jauk, E., & Neubauer, A. C. (2013). Assessment of divergent thinking bymeans of the subjective top-scoring method: effects of the number of top-ideas and time-on-task on reliability and validity. *Psychology of Aesthetics Creativity* and *the Arts,* 7(4), 341 - 349.

Bhugra, D., Bhui, K., Mallett, R., Desai, M., Singh, J., & Leff, J. (2009). Cultural identity and its measurement: a questionnaire for asians. *International Review of Psychiatry,* 11 (2－3), 244－249.

Cassandro, V. J., & Simonton, D. K. (2010). Versatility, openness to experience, and topical diversity in creative products: an exploratory historiometric analysis of scientists, philosophers, and writers. *Journal of Creative Behavior,* 44(1), 9－26.

Chiu, C-y., & Hong, Y-y. (2007). Cultural processes: basic principles. In E. T. Higgins & A. E. Kruglanski(Eds.), *Social psychology: Handbook of basic principles,* New York: Guilford Press.

Costa, P. T., & McCrea, R. B. (1992). Revised NEO personality inventory (NEO PI-R) and NEO five-factor inventory (NEO-FFI). *Psychological Assessment Resources.*

Csikszentmihalyi, M. (1988). Society, culture, and person: a systems view of creativity. In R. J. Sternberg (ed.), *The nature of creativity*(pp. 325－339). England: Cambridge University Press.

Csikszentmihalyi, M., & Wolfe, R. (2000). New conceptions and research approach to creativity: implications of a systems perspective for creativity in Education. In K. A. Heller, F. J. Mönks, R. F. Subotnik, & R. J. Sternberg(eds.), *International Handbook of Giftedness and talent* (pp. 81－94). New York: Elsevier.

Fee, A., & Gray, S. J. (2012). The expatriate-creativity hypothesis: a longitudinal field test. *Human Relations,* 10, 1－24.

Fink, A., & Benedek, M. (2012). EEG alpha power and creative ideation. *Neuroscience & Biobehavioral Reviews,* 44, 111－123.

Forthmann, B., Regehr, S., Seidel, J., Holling, H., Celik, P., Storme, M., & Lubart, T. (2018). Revisiting the interactive effect of multicultural experience and openness to experience on divergent thinking. *International Journal of Intercultural Relations,* 63, 135－143.

Goclowska, M. A., Ritter, S. M., Elliot, A. J., & Baas, M. (2018). Novelty seeking is linked to openness and extraversion, and can lead to greater creative performance. *Journal of Personality,* 10, 1－15.

Guilford, J. P. (1967). *The nature of human intelligence.* New York: McGraw-Hill.

Lee, H., & Kim, K. H. (2011). Can speaking more languages enhancing your creativity? Relationship between bilingualism and creativity potential among Korean American students with multicultural link. *Personality and Individual Differences,* 50, 1186－1190.

Lambert, W. E., Tucker, G. R., Cheung, & d'Anglejan, A. (1973). Cognitive and attitudinal consequences of bilingual schooling: the st. Lambert project through grade five. *Journal of Educational Psychology,* 65, 141－159.

Lau, S., Cheung, P. C., Lubart, T., Tong, T. M-Y., & Chu, D. H-W. (2013). Bicultural effects on the creative potential of Chinese and French children. *Creativity Research Journal,* 25(1), 109－118.

Leung, A. K. -y., & Chiu, C-y. (2008). Interactive effects of multicultural experiences and openness to experience on creative potential. *Creativity Research Journal,* 20(4), 376－382.

Leung, A. K. -y., Maddux, W., Galinsky, A., & Chiu, C-y. (2008). Multicultural experience enhances creativity: the when and how. *American Psychologist*, 63, 169 – 181.

Maddux, W. W., Adam, H., & Galinsky, A. D. (2010). When in Rome. Learn why the Romans do what they do: how multicultural learning experiences facilitate creativity. *Personality and Social Psychology Bulletin*, 36(6), 731 – 741.

Maddux, W. W., & Galinsky, A. D. (2009). Cultural borders and mental barriers: the relationship between living abroad and creativity. *Journal of Personality and Social Psychology*, 96, 1047 – 1061.

Maddux, W. W., Leung, K. Y., Chiu, C. Y., & Galinsky, A. D. (2009). Toward a more complete understanding of the link between multicultural experience and creativity. *American Psychologist*, 64, 156 – 158.

Mayseless, N., & Shamay-Tsoory, S. G. (2015). Enhancing verbal creativity: modulating creativity by altering the balance between right and left inferior frontal gyrus with tDCS. *Neuroscience*, 291, 167 – 176.

Mednick, S. (1962). The associative basis of the creative process. *Psychological review*, 69 (3), 220 – 232.

Moutafi, J., Furnham, A., & Crump, J. (2006). What facets of openness and conscientiousness predict fluid intelligence score. *Learning & Individual Differences*, 16(1), 31 – 42.

Neubauer, A. C., Jauk, E., Benedek, M., & Dunst, B. (2013). The relationship between intelligence and creativity: new support for the threshold hypothesis by means of empirical breakpoint detection. *Intelligence*, 41(4), 212 – 221.

Niu, W., & Sternberg, R. J. (2001). Cultural influences on artistic creativity and its evaluation. *International Journal of Psychology*, 36(4), 225 – 241.

Robertson, C. J., Ralston, D. A., & Crittenden, W. F. (2012). The relationship between cultural values and moral philosophy: a generational subculture theory approach. *Ams Review*, 2(2 – 4), 99 – 107.

Runco, M. A., & Jaeger, G. J., 2012. The standard definition of creativity. *Creativity Research Journal*, 24, 92 – 96.

Simonton, D. K. (1999). *Origins of genius: darwinian perspectives on creativity*. New York: Oxford University Press.

Singelis, T. M., Traindis, H. C., Bhawuk, D. P. S., & Gelfand, M. J. (1995). Horizontal and vertical dimensions of individualism and collectivism: a theoretical and measurement refinement. *Cross-Cultural Research*, 29, 240 – 275.

Sparkman, D. J., Scott, E., Blanchar, J. C. (2017). Multicultural experiences reduce prejudice through personality shifts in Openness to Experience. *European Journal of Social Psychology*, 46(7), 840 – 853.

Sternberg, R. J., Amabile, T. M., & Lubart, T. I., et al. (1999). *Handbook of creativity*. New York: Cambridge University Press.

Sutin, A. R., Ferrucci, L., Zonderman, A. B., & Terracciano, A. (2011). Personality and obesity across the adult life span. *Journal of Personality & Social Psychology*, 101(3), 579 – 92.

Tadmor, C. T., Galinsky, A. D. & Maddux, W. W. (2012). Getting the most out of living abroad: biculturalism and integrative complexity as key drivers of creative and professional success. *Journal of Personality & Social Psychology,* 103(3), 520 – 542.

Tropp, L. R., Erkut, S., Coll, C. G., Alarcón, O., & Vázquez García, H. A. (1999). Psychological acculturation: development of a new measure for puerto ricans on the U. S. mainland. *Educational & Psychological Measurement,* 59(2), 351 – 367.

Torrance, E. P. (1993). *Torrance tests of creative thinking: directions manual and scoring guide.* Bensenville, IL: Scholastic Testing Service.

Williams, F. E. (1980). *Creativity assessment packet.* DOK Publishers.

Yi, X. F., Hu, W. P., Schethauer, H., & Niu, W. H. (2013). Cultural and bilingual influences on artistic creativity performances: comparison of German and Chinese students. *Creativity Research Journal,* 25(1), 97 – 108.

《中国社会心理学评论》 第19辑
第45~61页

个人主义/集体主义对团队创造力的影响：隐性知识共享的中介作用*

张春妹 周 权 殷 冉**

摘 要： 高校科研团队是生产知识的主力，青年群体已成为高校科研人员的主体部分。针对青年团队创造力影响因素的研究，有利于探寻如何激发团队整体的活力以及促进成员个体的发展。本研究以知识共享理论为基础，从个人层面考察个人主义/集体主义对团队创造力的作用机制。研究结果表明：(1) 集体主义、个人主义均与团队创造力正相关，但集体主义与团队创造力的相关更高；(2) 隐性知识共享与集体主义、团队创造力显著正相关，与个人主义显著负相关；(3) 隐性知识共享部分中介了集体主义与团队创造力的关系。本研究对提高团队创造力、促进团队合作具有理论借鉴意义。

关键词： 个人主义 集体主义 隐性知识共享 团队创造力

一 问题提出

在21世纪，变化已然是常态，无论是个人还是团队都需要不断创新以适应变化和发展。随着越来越多的创造性行为需要团队合作，对于创造力的研究也渐渐聚焦于团队创造力。高校科研团队作为知识生产的主力，不

---

* 本研究为武汉大学哲学学院“儒家文化心理学”项目的阶段性成果。

** 张春妹，武汉大学哲学学院心理学系副教授、硕士生导师，通讯作者，E-mail：amaizhang@163.com；周权，武汉大学哲学学院心理学系研究生；殷冉，武汉大学哲学学院心理学系研究生。

断提高其内部创造力以保持竞争优势尤为关键。创造力指的是产生新奇且有益的想法、产品、过程、服务的能力。目前，关于团队创造力的定义并未形成一致的看法，而是产生了具有代表性的两种视角：创造性结果观和创造性过程观（刘兴武，2016）。Woodman、Sawyer 和 Griffin（1993）提出团队创造力是个体创造力、团队构成、团队特性以及团队过程的复杂函数。Carmeli 和 Paulus（2014）从创造性过程的角度出发，认为团队创造力是团队探索和寻找新的问题解决办法的过程。本研究立足于创造力结果观的视角，认为团队创造力指的是在团队中产生新奇且有益的想法、产品、过程或服务（Shin & Zhou，2007）。团队创造力的测量不能只对个体创造力进行简单加总（王黎萤、陈劲，2010），而应当考虑到个体创造力、团队构成、团队过程等多方面的变量。从文献检索结果来看，国外有关于创造力的研究众多，但多数集中于个人或组织创造力的研究上（沙开庆、杨忠，2015）。有关团队创造力的研究，选取的研究对象多来自欧美地区（沙开庆、杨忠，2015），或进行中西方的跨文化比较，缺乏对中国本土情境、群体内部差异的探讨。那么，无论是从文化视角出发，还是从群体内部差异的角度出发，对于团队创造力的研究仍需进一步拓展。

团队创造力不仅仅受到个人创造力的影响，还会受到团队组成、团队过程、团队领导这三方面的影响（Anderson，Kristina，& Zhou，2014）。关于团队领导对团队创造力的影响研究主要探讨了领导个人特点的积极作用，例如创造型领导（王昕、李伟清，2018）、亲社会型领导（李正卫等，2019）、变革型领导（Shin & Zhou，2007）。与团队过程有关的研究更多通过构建模型来研究影响团队创造力的具体机制，例如，马长龙、于淼（2019）通过对团队认知机制的研究，认为交互记忆系统、团队共享心智模型与团队创造力的产生成正 U 型曲线关系。Bock 等（2005）在对研发团队的研究中也发现，科研团队往往承担不同的任务，只有成员之间相互合作、分享资源和知识，才能更好地完成任务。而团队领导、团队过程与团队创造力的关系的研究都需要在团队构成的基础上展开，因此，更多的研究聚焦于团队构成因素，并且进一步考察团队构成对团队互动的影响。目前，关于团队构成的研究主要考察了性别、价值观、知识储备异质性等因素对团队创造力的影响。例如，陈文春和张义明（2017）认为团队成员的异质性对团队创造力存在影响，其中，知识的异质性对团队创造力有正向影响，价值观异质性对团队创造力有负向影响。王爱华（2017）认为个人－组织匹配对员工内部动机激发和创造力具有显著的正向影响。倪旭东、项小霞和姚春序（2016）认为团队知识异质性的平衡性能够积极影响团队创造力，而性别异质性的平衡性与团队创造力之间的关系不显著。由以往研究可知，团队成员的异质性受到团队创造力研究的特别关注，而在全球化和文化多元化的现代社会，组织中的员工往往具有不同文化背景，因此，团队成员之间既存在知识异质性，还存在文化价值取向的不一致。那么，个体的不同文化背景或者文化价值对于团队创造力产生怎样的影响是一个需要考虑的现实问题。

个人主义和集体主义是最受关注的文化价值，研究者们重点关注它们对个人态度和行为的影响（Dong & Li，2019）。人们普遍认为中国是一个“高集体主义”或“低个人主义”文化价值的社会（Steele & Lynch，2013）。集体主义或者“我们”的意识在中国文化背景下非常盛行，是首要的社会价值观，也是主要的文化模式之一（周璇璇等，2018）。但不仅仅不同的国家或民族中的成员存在文化价值取向差异，同一国家或民族内部的成员也存在文化价值取向差异。随着中国经济的快速发展，个体的个人主义倾向迅速增强（Tsuladze，2007；Zeng & Greenfield，2015）。在多元化时代，中国一些年轻人也开始倾向于追求个人价值，选择适合个人发展的途径（杨瑞娥，2018）。即曾具有浓厚的集体主义氛围的中国文化背景下，个人层面的文化价值取向开始呈现不一致的趋势。不同的文化取向差异显然是影响个体形成不同的互动模式的重要因素之一。Triandis 和 Such（2002）认为在个人主义文化背景下有大约 60% 的人是个人主义倾向，他们以自我为中心；同样，在集体主义文化背景下有约 60% 的人是集体主义倾向，即内部差异同样会造成较为显著的影响。因此，对个体层面的个人主义/集体主义相关的认知和行为等进行研究具有非常重要的意义（Lim et al.，2004）。近年来，很多研究者开始尝试在个体层面研究个人主义/集体主义文化维度，探究个体不同的价值倾向对团队、组织层面的合作、冲突、绩效、创造力等的影响（Bechtoldt，Choi，& Nijstad，2012；Bechtoldt et al.，2010）。

但是在团队创造力的影响因素研究中，国内学者主要从团队层面对员工价值取向与团队创造力的作用机制进行探讨，即研究支持创新的团队氛围对团队创造力的影响，而对成员个体如何影响团队创造力缺乏探讨（刘明伟等，2019）。研究者们倾向于将成员视为团队整体的一部分，认为高度集体主义的团队成员比集体主义程度低的团队成员会给予彼此更多在情感、信息、反馈上的支持，这进一步反馈到团队整体的创造性成果中（Drachzahavy，2004）。齐孟阳（2014）对企业员工的研究关注个人的集体主义/个人主义与团队创造力的关系，研究发现集体主义与团队创造力实用性之间呈显著正相关，个人主义与团队创造力之间不存在显著相关。

本研究将以非常重视团队创造力的科研团队成员为研究对象，考察团队成员的文化取向对团队创造力的影响。个人主义倾向的个体具有独立、冒险的精神，在表达创意和如何使作品新颖、独特等方面表现更好（Niu & Sternberg，2001）。而集体主义倾向的个体往往更多地从实用性而非新颖性的角度来评价创造性产品，并且与他人保持一致和相互依赖的因素有可能会抑制个体独特观点的产生和表达（Brewer & Chen，2007），但同时这又能够保证他们的观点更容易得到他人认同，并与普遍的社会规范保持一致（张文娟等，2016）。由此我们可以看出，个人主义/集体主义对个体创造力的影响是不同的，团队中个人创造力越高，团队创造力也会越高。但在集体主义文化背景下，集体主义的员工会更加认同团队的主流观点，他们能够更好地同团队其他成员进行协商与合作，最终将团队的观点和想法付诸行动（齐孟阳，2014），集体主义还会通过直接促进团队层面的创造力而对团队创造力产生积极推动作用。因此，本研究提出假设1：个人主义与团队创造力正相关；集体主义也与团队创造力正相关，但集体主义与团队创造力的相关比个人主义与团队创造力的相关更强。

成员本身的文化取向通过团队互动影响团队创造力，其中还存在团队互动模式的影响。团队互动是团队各成员为了达成团队与组织的目标，在相互沟通和交往的过程中所产生的一系列认知与行动的过程，包括信任、沟通、合作等。已有研究较多关注成员合作过程中的知识管理和团队协作（陈驰茵、唐宁玉，2017），尤其是在知识型团队中，因为知识是最重要的团队资源之一，是实现高水平团队创造力的关键要素（于淼、陈瑾、马长龙，2018）。如何将团队中每个成员掌握的知识有效共享是促进团队发展的关键（王立杰，2013）。根据知识是否能够用语言直接表达和有效转移，研究者将知识分为显性知识与隐性知识（Nonaka & Von，2009）。显性知识是指可以用文字、数字表达，可以通过数据、科学公式、说明书等形式来共享的一种正式化和规范化的知识；隐性知识（包括能力、技术、经验等）是高度个人化的、很难用语言表达的知识，它更多地储存在人的头脑中，主要通过持续的面对面交往进行传递。王鸥（2018）认为，高校科研创新团队内部有效的知识转移，特别是隐性知识转移，对增加团队知识存量、提升科学研究水平、促进知识创新具有重要推动作用。而组织要实现真正意义的知识共享，就不能停留在显性知识的共享上，关键在于隐性知识的流动和转化（李作学、丁堃、齐艳霞，2003）。那么，从知识共享理论来看，隐性知识共享是团队创造力最直接的影响因素，因此，本研究提出假设 2：隐性知识共享与团队创造力具有较高的正相关。

隐性知识具有高度个人化、不易交流与分享、难以公式化、隐藏性较强等特性，且受到知识主体特征和知识共享环境的影响，如自我意识、目标导向、分享场景等，知识共享的结果往往不尽如人意（左平熙，2019）。较强的私有性和排他性也使隐性知识共享行为需要更多的交流时间和成本（张敏、吴郁松、霍朝，2016）。Chow 等人（2000）研究结果表明，相比于美国人，中国人对知识共享的开放性与不同程度的集体主义相关，也与知识共享是否涉及个人利益或者集体利益相关；而且，当潜在的知识接受者不是"圈内人"时，中国人的知识共享开放性明显更低。Huerta 等人（2012）通过比较两个个人主义国家（美国和英国）和两个集体主义国家（智利和墨西哥），考察文化对信息共享模式的影响，结果发现，在信息被匿名分享时，分享失败的意图会增加，而且来自集体主义文化的被试更可能会分享失败的经验。Chiu 等人（2017）认为当个人处于积极情绪状态时，个人的集体主义倾向越明显，个人与组织内他人的知识共享意愿就越强；当集体主义水平较高时，与他人分享重要信息也更可行。Hwang 和 Kim（2007）通过测量集体文化与知识共享行为的关系发现，在集体主义文化氛围中，员工愿意通过使用公共在线邮件共享知识。研究者们普遍赞同知识共享能够提高组织的创新能力（曹兴、刘芳、邬陈锋，2010）。常亚平（2010）认为研究生团队成员在组织中贡献知识和吸收知识的行为，可能会受到个体的集体主义/个人主义（倾向）的影响。由于个人主义主张一切价值以个人为中心（朱贻庭，2010），具备这一文化倾向的个体在和其他成员的交往中，容易因价值体系和目标顺序的不一致而产生分歧，进而影响互动过程。因此，个人主义价值观会妨碍隐性知识共享，相反，集体主义价值观会促进隐性知识共享。故，本研究提出假设 3：个体的集体主义价值观与隐性知识共享正相关，个人主义与隐性知识共享负相关；个体的集体主义会通过隐性知识共享的中介作用提升团队创造力。

本研究聚焦于高校科研团队，目的在于考察在现代文化多元化的社会背景下，个体的不同文化价值取向对团队创造力的影响，以及这种团队成员构成因素对关键的团队互动——隐性知识共享如何产生影响，进而探讨个体的文化价值取向影响团队创造力的中间机制。

二 研究方法

（一）研究对象

2017 年 3 月至 2017 年 4 月，调查选取了武汉大学、中国地质大学（湖北）、河北师范大学、河北医科大学、中山大学、广东外语外贸大学等高校中的科研团队。从教育程度分布来看，一半以上的被试（占 69.5%）处在硕士研究生学习阶段。其次是本科生和博士生，占 17.9% 和 12.6%。本研究所调查的科研团队大部分是导师 - 学生的组成结构，研究对象侧重于研究生群体。在读硕士研究生、博士研究生处于科研能力发展的关键时期，同时，他们也承担着科研创新的主体角色。研究者提前与团队成员取得联系，并通过问卷星发放网络问卷、收集数据，同时向团队成员说明要根据其目前所在的团队或记忆最深刻的曾参与过的一个团队的实际工作情况和感受进行作答。本次调查共回收 204 份问卷，剔除无效问卷后，最终得到 48 个团队的有效数据，共计 190 份问卷，有效回收率为 93.1%。

本次回收的问卷中，男女比例分别为 40.5% 和 59.5%；从年龄分布来看，25 ~29 岁的被试占调查总人数的 50.5%，其次是 18 ~24 岁的被试，占 43.7%，30 ~34 岁、35 ~39 岁和 40 岁及以上的被试较少，分别占 3.7% 和 1.6%、0.5%。从团队成员学科背景来看，理科团队占比最多，为 31.6%，其次是文科团队，占 29.5%，再次是医科和工科团队，分别占 16.3% 和 14.2%，商科和其他（设计）学科团队占比较小，为 6.3% 和 2.1%，而农科和林科团队没有被试参与调查。被试加入团队的时间总体上较为分散，1 ~3 年的人数最多，占 37.9%，3 年以上的人数最少，仅占 4.7%；6 ~12 个月、3 个月及以下和 3 ~6 个月的分别占 23.7%、19.5% 和 14.2%。

（二）研究工具

（1）基本信息问卷。该问卷包括性别、年龄、受教育程度、团队所属学科、团队规模、加入团队的时间等基本信息。

（2）个人主义/集体主义量表。该量表是国内学者于米（2011）根据 Van Hoof 和 Jong（2009）使用过的成熟量表翻译而来的。个体主义量表包括“我只做自己的事情，团队其他人也一样”等 7 个项目，采用 Likert 6 点计分方式，从“完全不符合”到“完全符合”分别计 1 ~6 分，分数越高说明越认同该项目的描述。经过信度分析，删去其中 3 个项目，最终个人主义量表的内部一致性信度为 0.668，在可接受范围内。集体主义量表包含“想要了解我是谁，可以先从认识我团队中的其他人开始”等 6 个项目，采用 Likert 6 点计分方式，在经过信度检验后，删去 4 个项目，最终内部一致性信度为 0.711，信度较好。

（3）隐性知识共享量表。采用国内学者汤超颖、艾树和龚增良（2011）使用过的 Bock 等人（2005）在 2005 年编制的隐性知识共享量表。该量表包括“团队成员经常分享观点和灵感”、“团队成员经常分享彼此的工作经验或诀窍”、“其他团队成员如果提出请求，团队成员会提供所了解的知识出处或知情人”3 个项目，采用 Likert 6 点计分方式，从“完全不符合”到“完全符合”分别计 1～6 分，分数越高说明越认同该项目的描述。本研究中，内部一致性信度为 0.796。

（4）团队创造力量表。采用谭清华（2011）根据国内外研究成果如 Amabile 等人（1996）、王黎萤和陈劲（2010）的研究，以及大学科研团队的活动特点筛选并修改的团队创造力量表。对每个团队成员对其所属团队的团队创造力的感知评价值进行加总或取均值（Chen & Chang，2005），被认为是更准确地反映团队创造力水平的方法（谭清华，2011）。该量表具体包括“团队经常提出各种不同的新点子”等 8 个项目，采用 Likert 6 点计分方式，从“完全不符合”到“完全符合”分别计 1～6 分。团队创造力量表的 Cronbach's α 系数为 0.895，信度非常好。

（三）效度分析

KMO 与 Bartlett 球形检验发现 KMO 值为 0.850，Bartlett 检验的显著性为 0.000，因此，可以采用探索性因素分析对三个量表的效度进行分析。采用主成分分析法进行因子提取，最终提取 4 个特征根大于 1 的公因子，累计可解释方差为 60.896%。各项目因子载荷均大于 0.5，表明各变量的区分效度良好。

因为本研究采用的是问卷法，同一问卷是由同一被试在同一时间完成的，所以有可能出现共同方法偏差问题。以往学者常采用 Harman 单因素验证的方法，即通过看未旋转的因子分析中得到的第一主成分解释的变量方差来判断，如果第一个主成分解释了 50% 以上的方差，则说明存在较大的共同方法偏差问题（寿涌毅、汪洁，2009）。本研究对所有变量的条目进行因子分析，未旋转的因子分析结果发现，6 个特征根大于 1 的因子累计方差解释量为 63.779%，其中特征根最大的因子解释了 29.783% 的变异量，表明数据共同方法偏差不明显。

三　结果与分析

（一）团队层面数据的聚合检验

团队创造力、团队隐性知识共享两变量为团队层面的变量，对于这两个变量的测量是通过团队中成员个人的回答得到的，因此需要将团队中每个成员在量表上每个测量条目的得分整合起来得到团队层面的数据。在数据整合之前，我们先要检验团队成员对量表的回答是否具有内部一致性，如果组内一致性系数 r_{WG}大于0.7，则表示该量表在群体内具有足够的一致性（陈晓萍、徐淑英、樊景立，2008）；同时还要计算组内分数的信度 ICC（1）（大于0.05）和小组平均分信度 ICC（2）（大于0.5），以进一步了解各团队内部和团队之间的差异程度。计算结果见表1。根据计算公式可以测算出，48个团队在团队创造力量表上的 $r_{WG(J)}$都超过了0.9，在团队隐性知识共享量表上的 $r_{WG(J)}$都超过了0.7，两变量的 ICC（1）值和 ICC（2）值都在可接受范围内，表明团队成员回答的一致性程度很高，可以采用将个人数据聚合的方式来获得团队的数据。

表1　两变量的 r_{WG}值

指标	$r_{WG(J)}$	ICC（1）	ICC（2）
团队创造力	0.979	0.134	0.881
团队隐性知识共享	0.983	0.149	0.894

（二）描述性统计与相关性分析

本研究运用 SPSS 22.0 对聚合后的团队数据进行描述性统计分析，如表2所示，集体主义均值为4.613，高于个人主义均值3.553以及中间值3.5；团队隐性知识共享的均值为4.449，最小值为3.5，均不小于中间值3.5；团队创造力的均值为4.09，高于中间值3.5。

相关分析发现，个人主义与团队隐性知识共享、个人主义与集体主义的相关不显著；个人主义与团队创造力相关显著；集体主义与团队创造力、集体主义与团队隐性知识共享显著相关；团队隐性知识共享与团队创造力的相关系数较高，达到0.552。个人主义与团队隐性知识共享呈负相关，但结果并不显著。

表 2 描述性统计与相关分析

	均值	标准差	1	2	3	4
个人主义	3.553	0.837	1			
集体主义	4.613	0.561	0.039	1		
团队隐性知识共享	4.449	0.389	-0.111	0.552**	1	
团队创造力	4.090	0.394	0.175*	0.343**	0.287**	1

注：* $p<0.05$，** $p<0.01$，均为双尾。

（三）回归分析

由相关分析可知，集体主义、团队隐性知识共享分别与团队创造力存在显著相关。进一步将集体主义作为自变量，将团队创造力作为因变量，将团队隐性知识共享作为中介变量，进行多重线性回归分析，结果如表 3 所示。由回归分析可知，在加入团队隐性知识共享之前，集体主义与团队创造力的回归系数达到显著水平（$\beta=0.183$，$p<0.001$）。加入团队隐性知识共享后，集体主义与团队创造力之间的回归系数显著性明显降低（$\beta=0.097$，$p<0.05$），即团队隐性知识共享在集体主义与团队创造力之间起部分中介作用。

表 3 团队隐性知识共享在集体主义和团队创造力间的中介作用

自变量	加入团队隐性知识共享前		加入团队隐性知识共享后	
	β	标准差	β	标准差
常量	3.296***	0.263	1.172***	0.320
集体主义	0.183***	0.048	0.097*	0.041
团队隐性知识共享			0.551***	0.061
R^2	0.154		0.418	
调整后的 R^2	0.122		0.393	
F	4.749***		16.274***	
N	190		190	

注：* $p<0.05$，** $p<0.01$，*** $p<0.001$。

（四）中介效应检验

经过聚合检验，我们能够将团队创造力和团队隐性知识共享的数据进行集合，进一步进行 process 中介效应检验，对应的 Z 检验结果为 3.3780，偏差矫正与增进95% Bootstrap置信区间为［0.0465，0.1610］，置信区间不包括0。在中介效应分析方面，该结果表明模型中团队隐性知识共享的间接效应是显著的；同时，$p=0.0007$，说明团队隐性知识共享部分中介于集体主义和团队创造力，其中，集体主义对团队创造力的总效应为0.1857，团队隐性知识共享对团队创造力的间接效应为0.0983，中介效应占总效应量的52.9%。

表4 团队隐性知识共享对团队创造力的中介效应检验

	效应	*SE*	*Z*	*p*	BootLLI	BootULCI
集体主义通过团队隐性知识共享对团队创造力的间接效应	0.0983	0.0291	3.3780	0.0007	0.0465	0.1610
集体主义对团队创造力的直接效应	0.0874	0.0445	1.9630	0.0511	0.0511	-0.0004
集体主义对团队创造力的总效应	0.1857	0.0489	3.8008	0.0002	0.0002	0.0893

四 讨论

（一）个人主义/集体主义与隐性知识共享、团队创造力的关系

本研究发现，集体主义与团队创造力正相关，这与其他研究结果一致。具有集体主义倾向的个体更容易以组织目标为方向，将组织利益放在个人利益之前，这有助于为了共同的团队目标而沟通交流，实现团队目标，从而提升团队创造力。其他研究也认为，这种团队绩效目标导向对团队创造力有积极影响（Zhu & Li，2018）。而且，在中国文化背景下，具有集体主义倾向的个体能够与团队其他成员建立良好的协作关系，有利于形成和谐的团队氛围（齐孟阳，2014），从而促进团队创新。

此外，集体主义与团队隐性知识共享显著相关，这与我们的假设以及以往研究结论一致。知识共享取决于知识掌握者的共享意愿。但集体主义是一种把集体的需要和利益置于个人利益之上的心理倾向，集体主义者看重所处群体的集体利益，注重集体内部的和谐，更关心并愿意帮助集体中的其他成员，愿意为了集体的利益而努力，甚至不惜以牺牲个人利益为代价（陈瑾，2013），所以具备集体主义倾向的个人更愿意和团队分享已有的知识，进而促进更多的知识共享活动的产生。同时集体主义能够帮助团队建立信任，从而为团队创造一个知识共享的环境（Schepers & van den Berg，2007），激发成员之间进行更多的交流，这种更多的面对面的交流促

进了团队隐性知识共享。

个人主义也与团队创造力具有显著正相关，这与假设一致。而且与我们预期的一致，个人主义与团队创造力的相关不如集体主义与团队创造力的相关强。在以个人创造力来定义团队创造力的研究方向上，个人主义同样能够通过影响个人创造力作用于团队的整体创造力。相比于集体主义者，个人主义者独立性更强的特点使其更容易产生新颖想法，在以个人创造力定义团队创造力的研究方向上，团队创造力即为个人创造力的简单加总，因此个人主义倾向通过影响个体本身的创造力对团队创造力产生影响。但是，具有个人主义倾向的团队成员同时具有自我中心的特征，不会为了团队目标做出必要的牺牲，故个人主义与团队创造力的相关程度明显低于集体主义与团队创造力的相关程度。需要指出的是，本研究直接测量团队成员对团体创造性的感知，而不是通过个人创造力在团队层面的加总，这也可能使个人主义与团队创造力的相关较低。另外，齐孟阳（2014）的研究发现个人主义与团队创造力相关不显著，这与本研究结果不一致，可能的原因是研究对象不一致。本研究对象为高校科研团队，科研单位比企业更需要创造力，也更接纳个体的独立自主性。已有研究发现，当团队具有创造性目标指引时，个人主义可以明显提高团队的创造力（Goncalo & Staw，2006）。本研究并未直接考察个人创造力，因此，关于个人主义倾向与个人创造力和团队创造力的具体关系还有待进一步探讨。

（二）团队隐性知识共享与团队创造力的关系

本研究发现，团队隐性知识共享与团队创造力的相关系数较高，为0.552，说明团队隐性知识共享是团队创造力较强的影响因素。个体是知识的所有者，当知识属于不同的个体时，个体之间的知识交换就成为知识重组甚至创造的先决条件。与个体创造力一致，团队创造力也需要创造主体拥有足够的想法，并且具备大量的知识基础，这样才能够源源不断地提出具有新颖性并能够在实践中被验证的想法和观点。王新华等人（2018）认为知识的集聚有利于员工获取自身缺失的知识，弥补自身短板，从而为个体的创造性行为提供知识储备，而这种创造性行为也会激励组织中的个体进行更充分的知识共享，并且形成鼓励创新的团队氛围。同时，也有研究基于知识的不同类型提出，显性的知识共享对创新速度具有较大影响，隐性的知识共享对创新质量具有较大影响（于淼、马雨萌，2018）。高知识异质性会促进高水平团队的学习行为，提升团队创造力（陈文春、张义明，2017）。因此，对于团队成员而言，有效的知识共享能够促进团队创造力的提高，同时，成员内部的知识共享也有利于促进个体的学习行为，进一步促进创新行为的增加。

（三）集体主义与团队创造力：隐性知识共享的中介作用检验

回归分析和模型检验发现，团队隐性知识共享在集体主义与团队创造力间起部分中介作用，验证了假设3。集体主义文化注重人与人之间的关系，而“关系”是指两个或多个个体之间相互分享社会经验、互相帮助并建立信任的非正式关系（张光曦、金惠红，2014），这种关系促进了团队成员之间的知识共享。并且在集体主义文化的影响下，从属于某个小团体是社会资本的重要来源之一，也是知识共享的主要渠道（Xiao & Tsui，2007）。高校科研团队将隐性知识共享作为团队学习、学习型团队构建和团队竞争力提升的一种手段（程国梁，2012），因此，从集体的利益出发，团队内部更容易形成良好的知识共享氛围（原长弘、姚缘谊，2010），从而有利于团队成员沟通，增加内隐经验知识的多样化，激发团队成员发挥更多创造性，最终提升团队的创造力。

本研究证实了团队隐性知识共享对团队创造力具有独特的价值（Leonard & Sensiper，1993）。那么，如何促进难以获得与分享的隐性知识共享，进而促进团队创造力呢？本研究发现个人具有集体主义倾向，不但可以直接促进团队创造力，而且可以通过影响隐性知识共享促进团队创造力。这提示我们从知识共享的动机或意愿的源头找到促使知识共享行为发生的成员因素，为有效激发团队创造力提供了理论基础。

目前，关于文化价值取向的研究多聚焦于组织层面或国家层面的个人主义/集体主义文化，很少关注到个人的文化价值倾向，从而忽视了个人层面的差异所产生的不同影响。中国人总是习惯性地将个人与所属集体紧密联系在一起，这一集体既包括国家或组织，也包括家庭或三两好友结成的小群体（史楠、刘念，2019）。但是个人主义和集体主义倾向可以在不同文化背景下同时存在，也可以同时反映在同一文化背景下不同个体的行为表现中（Triandis，1995）。在同一文化背景下，个体可能因为教育背景、生活经历等因素的不同而产生不同的文化倾向。本研究则在前人研究的基础上，针对个体层面的个人主义/集体主义对团队创造力的研究进行分析，拓展了团队创造力影响因素的研究，并将文化的视角从跨文化研究拓展到文化内研究，具有一定现实意义。

另外，目前针对团队创造力的研究往往集中于企业团队，对高校科研团队的聚焦较少。事实上，科研团队具有更为重大的创新需求，承担着更大的创新功能。尤其是在当下对研究生质量要求越来越高、越来越强调研究生创新能力培养的情况下，针对科研能力处于发展阶段的学生的创造力研究更显重要。高校科研团队作为重要创新成果的来源部分，寻求有效的创造力激发模式，能够对团队中的个人产生重要的影响，同时，科研团队整体创造力的提高也有利于科研领域的进步。

本研究的不足之处是：主要调查了导师－学生团队中的学生，而未将导师纳入研究，这两者具有完全不同的团队地位，其对团队创造力的影响应该会有不同的作用；未从团队层面分析整体的团队构成如何影响团队互动，而仅仅从个体层面加以分析，不利于全面考察集体主义/个人主义对团队隐性知识共享、团队创造力的影响。另外，本研究主要采用团队创造力结果观的视角，而从创造力过程观来看，个体创造力同样是构成团队创造力的因素之一，那么，个人主义倾向是否与个人创造力相关，进而对团队创造力产生影响？这其中的机制还有待进一步探讨。总之，团队作为一个较为复杂的整体，团队创造力的形成、背后的影响因素仍需更多元化的探索，这样才能够使团队管理人员在实际的团队活动中寻求更高效的激励模式，促使整个团队的发展。

参考文献

曹兴、刘芳、邬陈锋，2010，《知识共享理论的研究述评》，《软科学》第 9 期，第 133－137 页。

常亚平、覃伍、阎俊，2010，《研究生团队隐性知识共享机制研究》，《科研管理》第 3 期，第 86－93 页。

陈文春、张义明，2017，《知识型团队成员异质性对团队创造力的影响机制》，《中国科技论坛》第 9 期，第 178－186 页。

陈晓萍、徐淑英、樊景立，2012，《组织与管理研究的实证方法》2 版，北京大学出版社。

陈瑾，2013，《集体主义、长期导向对员工知识共享意愿及个人创新的影响研究》，硕士学位论文，浙江大学。

陈驰茵、唐宁玉，2017，《团队过程研究十年回顾：2008～2017》，《中国人力资源开发》第 12 期，第 47－59 页。

程国梁，2012，《变革型领导、团队沟通、创新氛围与团队创造力关系研究》，硕士学位论文，华南理工大学。

樊治平、孙永洪，2006，《知识共享研究综述》，《管理学报》第 3 期，第 371－379 页。

李正卫、张颖、王飞绒，2019，《亲社会领导对团队创造力的影响研究：信息获取与知识共享的中介作用》,《管理创新》第8期,第90－93页。
李作学、丁堃、齐艳霞,2003,《论企业隐性知识的作用和挖掘途径》,《科学学研究》第s1期,第220－222页。
刘明伟、张文文、张鹏程、李菊,2019,《聚沙成塔:员工创造力如何转化为团队创新》,《管理科学》第3期,第68－79页。
刘兴武,2016,《团队创造力形成的影响因素——基于社会网络分析的回溯与整合》,硕士学位论文,东北财经大学。
马长龙、于淼,2019,《科研团队创造力的团队认知机制研究》,《科技管理研究》第10期,第109－113页。
马长龙、于淼、2019,《共享认知对科研团队绩效影响的实证研究》,《科技管理研究》第23期,第76－181页。
倪旭东、项小霞、姚春序,2016,《团队异质性的平衡性对团队创造力的影响》,《心理学报》第5期,第556－565页。
齐孟阳,2014,《个人主义/集体主义对团队创造力的影响研究》,硕士学位论文,山西大学。
沙开庆、杨忠,2015,《国外团队创造力研究综述》,《经济管理》第7期,第191－199页。
史楠、刘念,2019,《集体主义还是个人主义?——从可口可乐的中国本土化广告看当代中国文化价值观》,《新闻知识》第7期,第57－61页。
寿涌毅、汪洁,2009,《企业网络中知识转移的影响因素与案例研究》,《西安电子科技大学学报》(社会科学版)第19期第3卷,第52－58页。
谭清华,2011,《心理契约类型对大学科研团队创造力的影响研究》,硕士学位论文,中南大学。
汤超颖、艾树、龚增良,2011,《积极情绪的社会功能及其对团队创造力的影响:隐性知识共享的中介作用》,《南开管理评论》第4期,第129－137页。
王黎萤、陈劲,2010,《研发团队创造力的影响机制研究——以团队共享心智模型为中介》,《科学研究》第3期,第421－428页。
王立杰,2013,《基于组织文化影响的隐性知识共享与组织绩效的关系研究》,硕士学位论文,重庆大学管理系。
王昕、李伟清,2017,《创造型领导对团队创造力的影响研究》,《学术探讨》第2期,第189－190页。
王鸥,2018,《高校教师科研团队隐性知识共享渠道障碍及其对策研究 ——以甘肃省高校为例》,《经济研究导刊》第2期,第159－161页。
王爱华,2017,《个人－组织匹配对员工创造力的作用机制研究》,博士学位论文,石河子大学。
王新华、车珍、于灏、吴梦梦,2018,《知识网络嵌入和知识集聚方式对组织创新力的影响差异性——知识共享意愿的视角》,《技术经济》第37期第9卷,第46－55、91页。
王昕、李伟清,2018,《创造型领导对团队创造力的影响研究》,《福建质量管理》第11期,第289－290页。

杨瑞娥，2018，《霍尔高低语境下的中国集体主义和美国个人主义》，《文教资料》第13期，第63-65页。

于米，2011，《个人/集体主义倾向与知识分享意愿之间的关系研究：知识活性的调节作用》，《南开管理评论》第6期，第149-157页。

于淼、马雨萌，2018，《知识共享在创新气氛与团队创造力关系中影响的分层回归分析》，《中国卫生统计》第5期。

于淼、陈瑾、马长龙，2018，《变革型领导对创新自我效能感的影响——团队创新气氛的中介作用》，《教育观察》第7期，第22-24、49页。

原长弘、姚缘谊，2010，《科研团队内部知识共享氛围对成员知识创造影响的跨层次分析》，《科学学与科学技术管理》第7期，第197-199页。

张文娟、常保瑞、钟年、张春妹，2016，《文化与创造力：基于4p模型的探析》，《北京师范大学学报》（社会科学版）第2期，第25-36页。

张嵩、郭嘉，2010，《基于创造力系统理论的高效科研团队研究》，《沈阳建筑大学学报》（社会科学版）第2期，第195-198页。

张光曦、金惠红，2014，《中华文化与大学生创造力的培育》，《高教发展与评估》第5期，第80-87页。

周璇璇、杨艳仙、李丹丹，2018，《从跨文化交际的集体主义和个人主义看中西方的饮食》，《智库时代》第23期，第188-189页。

朱贻庭，2010，《伦理大辞典》，上海辞书出版社。

左平熙，2019，《高学科服务团队隐性知识共享影响机理研究》，《图书馆工作与研究》第4期，第5-10页。

Anderson, N., Kristina, P., Zhou, J. (2014). Innovation and creativity in organization: a state of science review, prospective commentary and guiding framework. *Journal of Management*, 40(5), 1297-1333.

Amabile, T. M. (1983). *Social psychology of creativity*. New York: Springer-Verlag.

Amabile, T. M., Conti, R., Coon, H., Lazenby, J., & Herron, M. (1996). Assessing the work environment for creativity. *Academy of Management Journal*, 39(5), 1154-1184.

Bechtoldt, M. N., Choi, H. -S., & Nijstad, B. A. (2012). Individuals in mind, mates by heart: individualistic self-construal and collective value orientation as predictors of group creativity. *Journal of Experimental Social Psychology*, 48(4), 838-844.

Bechtoldt, M. N., De Dreu, C. K. W., Ni, B. A. & Choi, H. -S. (2010). Motivated information processing, social tuning, and group creativity. *Journal of Personality and Social Psychology*, 99(4), 622.

Bock, G. W., Zmud, R. W., Kim, Y. G. & Lee, J. N. (2005). Behavioral intention formation in knowledge sharing: examining the roles of extrinsic motivators, social-psychological forces, and organizational climate. *Mis Quarterly*, 29(1), 87-111.

Brewer, M. B., & Chen, Y. R. (2007). Where (who) are collectives in collectivism? Toward conceptual clarification of individualism and collectivism. *Psychological Review*, 14(1), 133-51.

Carmeli, A. & Paulus, B. (2014). CEO ideational facilitation leadership and team creativity: the mediating role of knowledge sharing. *Journal of Creative Behavior*, 49(1), 53-75.

Chiu, C. M. , Hsu, M. H. & Eric, T. G. W. (2006). Understanding knowledge sharing in virtual communities. *Decision Support Systems*, 42, 1872 – 1888.

Chiu, C. K. , Lin, C. P. , Tsai, Y. H. , & Teh, S. F. (2017). Enhancing knowledge sharing in high-tech firms the moderating role of collectivism and power distance. *Cross Cultural & Strategic Management*, 25(3):468 – 491.

Chow, S. (2005). The role of affect and cognition based trust complex knowledge sharing. *Journal of Management*, 16(3), 139 – 158.

Chow, Chee W. , Deng, F. Johnny, & Joanna L. (2000). The openness of knowledge sharing within organizations: a comparative study of the United States and the People's Republic of China. *Journal of Management Accounting Research*, 12: 65 – 95.

Chen, Ming-Huei, & Chang, Yuan-Chieh. (2005). The dynamics of conflict and creativity during a project's life cycle: a comparative study between service-driven and technology-driven teams in taiwan. *International Journal of Organizational Analysis*, 13(2), 127 – 150.

Drachzahavy, A. (2004). Exploring team support: the role of team's design, values, and leader's support. *Group Dynamics Theory Research & Practice*, 8(4), 235 – 252.

Hempel, P. S. & Sue-Chan, C. (2010). Culture and the assessment of creativity. *Management and Organization Review*, 6(3), 415 – 435.

Huerta, E. , Salter, S. B. , Lewis, P. A. , & Yeow, P. (2012). Motivating employees to share their failures in knowledge management systems: anonymity and culture. *Journal of information systems*, 21(2):93 – 117.

Hwang, Y. & Kim, D. J. (2007). Understanding affective commitment, collectivist culture in relation to knowledge sharing in technology mediated learning. *Organization Science*, 50, 232 – 248.

Goncalo, J. A. & Stew, B. M. (2006). Individualism-collectivism and group creativity. *Organizational behavior and human decision process*, 100, 96 – 109.

Lang, D. W. , Moreland, R. & Argote, L. (1995). Group versus individual training and group performance: the mediating role of transactive memory. *Personality & Social Psychology Bulletin*, 21(4), 384 – 393.

Lim, K. H. , Leung, K. , Sia C. L. , & Lee, M. K. O. (2004) Is eCommerce boundary-less? Effects of individualism-collectivism and uncertainty avoidance on Internet shopping. *Journal of International Business Studies*, 35, 6 (2004), 545 – 559.

Leonard, D. , & Sensiper, S. (1998). The role of tacit knowledge in group innovation. *California Management Review*, 40(3).

Niu, W. & Sternberg, R. J. (2001). Cultural influences on artistic creativity and its evaluation. *International Journal of Psychology*, 36(4), 225 – 241.

Nonaka, I. & Von, K. G. (2009). Perspective-tacit knowledge and knowledge conversion: controversy and advancement in organizational knowledge creation theory. *Organization Science*, 20 (3), 635 – 652.

Shin, S. J. & Zhou, J. (2007). When is educational specialization heterogeneity related to creativity in research and development teams? Transformational leadership as a moderator. *Journal of Applied Psychology*, 92(6) , 1709 - 1721.

Shin, S. J. , Kim, T. K. & Lee, J. Y. (2012) . Cognitive team diversity and individual team member creativity: a cross-level interaction. *Academy of Management Journal*, 55 (1), 197 - 212.

Steele, S. & Lynch, A. (2013) . The pursuit of happiness in China: individualism, collectivism, and subjective well-being during China's economic and social transformation. *Social Indicate Research*, 114, 441 - 451.

Schepers, P. , & van den Berg, P. T. (2007) . Social factors of work-environment creativity. *Journal of Business and Psychology*, 21(3), 407 - 428.

Tsuladze, L. (2007). Individualist trends in collectivist societies. *Journal of Psychology*, 24(3), 25 - 27.

Triandis, H. C. (ed). (1995). Individualism and collectivism. Boulder, CO: West View Press.

Triandis, H. C. & Such, E. M. (2002). Cultural influences on personality. *Annual Review of Psychology*, 53(2), 133 - 160.

Van Hoof, E. A. & Jong, D. M. (2009). Predicting job seeking for temporary employment using the theory of planned behavior: the moderating role of individualism and collectivism. *Journal of Occupational and Organizational Psychology*, 82(2), 93 - 316.

Woodman, R. W. , Sawyer , J . E. & Griffin, R. W. (1993). Toward the theory of organizational creativity. *Academy of Management Review*, 18(2), 293 - 321.

Xinliang, D. , & Yan, L. (2019). Research on innovation of educational mechanism and improvement countermeasures based on the theory of collective behavior: based on the investigation of Shanxi province. *Research in Educational Development*, 4.

Zeng, R. , & Greenfield, P. M. (2015). Cultural evolution over the last 40 years in China: using the google ngram viewer to study implications of social and political change for cultural values. *International Journal of Psychology*, 50(1), 47 - 55.

Xia, D. Q. , Li, Y. Z. , He, Y. L. , Zhang, T. T. & Wang, Y. L. , et. al. (2019) . Exploring the role of cultural individualism and collectivism on public acceptance of nuclear energy. *Energy Policy*, 132, 208 - 215.

Zhu, Y. & Li, Q. (2018). The influence of team goal orientation on team creativity—moderating effect of intellectual stimulation. *International Conference on Education Innovation and Economic Management*, 25(3), 54 - 61.

Zhou, J. & Hover, I. J. (2014). Research on workplace creativity: a review and redirection. *Annual Review of Organizational Psychology and Organizational Behavior*, 1(1), 33 - 359.

Xiao, Zhixing & Tsui, Anne S. , 2007. When brokers may not work: the cultural contingency of social capital in Chinese high-tech firms. *Administrative Science Quarterly*, 51(1) .

《中国社会心理学评论》 第19辑
第62~92页

大学生关于企业家的日常概念*

张景焕　郑文峰　翟轩凯**

摘　要：本研究设计6个具体研究来探讨大学生心目中的企业家日常概念。研究1与研究2采用开放式问卷和8点计分量表找出大学生心目中企业家的重要特征，并区分出中心特征与周边特征。研究3、研究4和研究5分别采用反应时、回忆再认、特征识别等方法，从三个侧面检验中心特征与周边特征的鉴别力。研究6比较企业家、科学家和领导者在这些特征上的差异，检验大学生是否能够用企业家日常概念将企业家与领导者、科学家区分开来，而不是笼统地将企业家当作成功人士。结果发现：（1）大学生关于企业家的日常概念由34个特征词构成，这些特征词可分为中心特征词和周边特征词；（2）在反应时任务中，中心特征词的反应时与正确率普遍比周边特征词高；（3）在回忆再认任务中，中心特征词的错误回忆数与错误再认数均高于周边特征词，反映出一提到企业家被试就会自动将其归入企业家的中心特征，进而导致更多的错误回忆与再认；（4）与使用周边特征词相比，在使用中心特征词作为探测词时，被试更容易将所描述的人物识别为企业家；（5）大学生能够用这些日常概念将企业家与领导者、科学家等成功人士区分开来。

关键词：企业家　日常概念　中心特征　周边特征

---

* 本研究得到国家重点研发计划重点专项项目（SQ2017YFB1400100）的资助。

** 张景焕，山东师范大学心理学院教授、博士生导师，通讯作者，E-mail：zhangjinghuan@126.com；郑文峰，山东师范大学心理学院硕士；翟轩凯，中软国际科技服务有限公司职员。

一 前言

中国经济的增长和转型离不开企业的持久经营与发展，企业家（entrepreneur）的良好素质与能力对引领和维持企业的发展起到巨大的作用。特别是李克强总理提出“大众创业、万众创新”后，全国范围内掀起了“大众创业”“草根创业”的新浪潮，形成“万众创新”“人人创新”的新局面。在这样的社会背景下，企业家成为许多青年人的榜样与精神偶像，企业家的成功经历与事迹为他们津津乐道，企业家自身展现出来的开拓创新、锐意进取等特征也为立志自主创业的青年人所向往。对于非企业家群体特别是年轻人，如何理解企业家直接影响企业家榜样作用的发挥，进而影响我国社会的创新力。大学生是未来创业群体的主力军，他们作为青年人中的精英群体，是我国未来经济社会发展的中流砥柱。因此，当代大学生心目中的企业家概念结构是一项值得探讨的重要命题。

“企业家”一词源于法语，原意是“冒险事业的经营者或组织者”。随着时代的发展，企业家被赋予更多的含义，如“事业创办者”“创业者”“商人”等。但究竟什么是企业家，这个问题在经济学和心理学中一直都是一个充满争议的话题，至今没有一个统一的答案。

关于企业家概念，可以从专家、企业家和公众三种视角来分析。其中，专家眼中的企业家概念是专家学者对企业家概念进行理论分析和科学研究后得出的；企业家眼中的企业家概念是一种反身认知，是企业家对自身特点所形成的概念及结构；公众眼中的企业家概念则是一种日常概念，是指广泛存在于普通大众之中的对企业家的通常看法和观点。日常概念也叫前科学概念，是人们在日常生活中通过辨别学习、经验积累而掌握的概念。根据特征表理论，概念的结构是由概念的定义性特征和整合这些特征的规则构成的（Bourne，Dominowski，& Lofus，1979）。日常概念通常能够概括事物的实用属性，是在区分事物外部特征的基础上形成的。这种概括往往应生活之需而形成，建立在直接感官经验的基础之上。据此，本研究将企业家的日常概念定义为：人们在日常生活中通过感受到的企业家外部特征而形成的对企业家的一种普遍观念。这种观念可以由一系列的特征词语来表征，并且公众在日常生活中能够根据这些词语将其与其他概念相区别。

日常概念来源于生活经验，不但能反映个体知识，还受时代文化特征的影响，企业家概念的含义具有时代特征。改革开放以来，我国社会在制度、文化和技术上都已具备大众创业的条件，国家正在通过推进各项配套制度改革来鼓励全民创业、大众创新（谭保罗、钟智，2015）。高等院校采取了一系列措施，其中包括通过创业教育来提升大学生创业能力，以期促进区域经济增长与技术变革（黄兆信、王志强，2013）。但是，大学生对企业家的基本认识是什么样的？对于这一问题，学界鲜有研究。因而，了解企业家的日常概念能够为创业教育提供有价值的初始信息，能够有针对性地丰富和完善大学生关于企业家的概念结构，为他们的自我教育及高校创新创业教育提供实证基础。

二　实证研究

（一）实验 1：企业家日常概念特征词

1. 研究目的

对在校大学生进行问卷调查，运用开放式的反应获取企业家的表层特征概念，了解企业家在大学生心目中的特点，找出企业家日常概念的重要特征。

2. 研究方法

（1）被试。采用整群取样和随机抽样相结合的方式对山东师范大学在校生发放问卷。有效被试共 145 名，其中，男生 63 名，女生 82 名；最小年龄 18 岁，最大年龄 23 岁，平均年龄 20.13 岁（2 人未报告）。

（2）研究程序。采用开放式问卷，问卷只有一个问题：请尽可能多地列出你认为能够描述企业家特征的词语。

（3）数据处理。通过归纳与整理，得到 1741 个描述企业家特征的词语。排除答案相同和与企业家无关的描述，剩下 592 个词语。请两位心理学研究者根据词义对这些词进行归纳与整理，整理的标准是以该组词中频次最高的词作为词类名称，这样得到 169 个描绘企业家特征的词。对词语做进一步合并与整理，合并的标准是用具有共同上位特征的词合并所有下位的词，用更具概括性的词命名该类词，两位研究者独立进行，分别得到 40、50 个特征词，一致性系数为 0.63。两位研究者进一步分析讨论后最终合并得到 34 个特征词。

采用 Gregg 等人（2008）提出的方法来检验得到的 34 个特征词归类结果的适合性。首先，请两位研究助手独立地对每个词的适合性进行评判，以判断这 169 个词被归纳到 34 个特征中是否合适，采用 3 点计分（1 代表合适，-1代表不合适，0代表存疑)。结果表明，被判断为归类合适的词占76.92%（130个词），归类不合适的词占7.69%（13个词），归类存疑的词占15.38%（26个词）。其次，请另一位研究助手将169个词填入34个特征词表格中，并计算与最先得到的一致性结果之间的一致性系数，一致性系数为0.76。这两项分析结果说明，归类的适合性在可接受范围。

3. 研究结果

大学生心目中企业家的日常概念特征可以被归纳为34个词，结果见表1。

表1 企业家日常概念特征频次

特征名称	词语示例	总频次	女生	男生	名次
智慧	聪明、睿智、有头脑、精明	150	104	46	1
敢于冒险	敢于冒险、勇敢、不怕失败、勇于挑战	118	83	35	2
善于交际	善于交际、情商高、圆滑、口才好	106	65	41	3
坚韧	毅力、能吃苦、坚持不懈、耐心的	90	46	44	4
远见卓识	有远见、大局意识、眼光好、见解独到	89	35	54	5
领导力强	领导力强、管理能力、组织能力、善于用人	67	37	30	6
沉着	沉着、冷静、实干、宠辱不惊	64	22	42	7
创新	创新、想象力、思维发散	60	33	27	8
成功	成功、精英、才华	60	44	16	9
把握机遇	有商业头脑、洞察力强、审时度势、把握机遇	59	40	19	10
有气场	有气场、有风度、霸道、严肃	55	35	20	11
果断有魄力	果断、果敢、有决断力、有魄力	54	32	22	12
有钱	有钱、富有、富裕、土豪	47	28	19	13
严谨	严谨、谨慎、力求完美、心思缜密	44	39	5	14
勤奋	勤奋、拼搏、努力、奋斗	40	23	17	15
积极向上	乐观积极、与时俱进、热情、乐观	38	13	25	16
大气	大气、大度、大方、开朗大方	37	13	24	17
有雄心	雄心壮志、野心、自强、事业心	36	16	20	18
责任心	责任心、有责任担当、敢做敢当、合作	35	13	22	19
灵活变通	灵活变通、随机应变、老练、经验	34	19	15	20
执行力	执行力、做事有规划、自制力、工作效率高	30	14	16	21
道德诚信	诚信、真诚、实事求是、人格魅力	30	11	19	22
慈善	慈善、奉献、善良、有爱心	26	14	12	23
忙碌操劳	工作狂、忙碌、繁忙、累	23	18	5	24
利益至上	贪婪、盈利、唯利是图、追求利益	22	15	7	25
自信	自信、主见	21	14	7	26

续表

特征名称	词语示例	总频次	女生	男生	名次
不择手段	腹黑、阴险、卑鄙、高冷	21	11	10	27
西装革履	西装革履、西装、外表光鲜亮丽	19	17	2	28
其貌不扬	秃顶、胖、丑	14	10	4	29
节俭	吝啬的、勤俭的、会理财的	10	9	1	30
有家庭背景	有家庭背景、富二代、可能有个好爸爸	6	3	3	31
男性	男性、男人、男多女少	6	6	0	32
虚荣浮躁	飞扬跋扈、虚荣、花心	5	3	2	33
年龄大	年龄大、显老、老	4	4	0	34

注：$N=145$；女生 82 人，男生 63 人。

独立样本 t 检验未发现特征频次平均数的性别差异，$t(66)=0.70$，$p=0.70$，$M_{\text{diff}}=0.02$，95% CI [-0.10，0.15]。可见，男女生对于企业家的看法基本一致。当然，受数据的限制，我们没有对每个词语的频次的性别差异进行比较，这一局限将在实验 2 中加以弥补。

4. 讨论

特征排名前三的分别是“智慧”“敢于冒险”“善于交际”。显然，在全球化的时代背景下，企业家的智慧对于发展企业、提升企业竞争力具有至关重要的作用（Mesmer-Magnus & DeChurch，2009）。同时，由于创业是一项具有挑战性的综合活动，该过程既需要高层领导者的智慧，也需要其相应的创业人格与创业能力。敢于冒险、善于交际等都是外向性人格倾向的人具备的特质，而外向性已被多位研究者证实与创业意向、创业绩效以及企业发展联系紧密（Brice，2004）。

大学生对企业家的看法与先前的研究有一致的部分，同时也存在不同的内容。首先是特征的重要性程度，企业家最频繁地被研究的变量是人格特征，如大量关于成就动机的研究和人格变量与创业成功之间关系的元分析（Rauch & Frese，2000）揭示了自主、内部控制以及风险承担倾向在创业过程中较弱的积极作用，以及创新、自我效能感、成就动机在创业过程中中等程度的积极作用。创新、成就动机等特征在创业研究中受到广泛的关注，在本研究中尽管其频次较高，但是相比于智慧、善于交际等特征，创新并未受到应有的关注。这在一定程度上反映了大学生的企业家概念中对企业家能力重要程度的认知偏差。其次，本研究还有一部分词语是对企业家外部非本质特征的描述，如“西装革履”“有家庭背景”“年龄大”

等，它们都是企业家的感性属性，很显然这些特征并不具有代表性，但是的确具有不低的出现频率（频次为 4～19 次，频率为 2.76%～13%）。这可能与平时大众传媒、影视作品、网络热点中对企业家的刻画与描述有关，无论是主流媒体还是网络热点，多样化的信息都会对人们产生潜移默化的影响，使人们产生相应的社会印象。

（二）实验 2：中心特征与周边特征的区分

1. 研究目的

为了找出实验 1 中的这些特征词与企业家日常概念相联系的密切程度，即哪些词语中心性较高，哪些词语中心性较低，本研究将对企业家的中心特征与周边特征进行划分。

2. 研究方法

（1）被试。采用纸质问卷和网络问卷相结合的方式获得全国范围内的高校大学生有效被试 297 名，其中，男生 145 名，女生 152 名。最小年龄 16 岁，最大年龄 26 岁，平均年龄 20 岁（2 人未报告）。

（2）研究程序。问卷呈现实验 1 所得的 34 个特征词，要求被试评价这些特征词在多大程度上与企业家相符合，采用 8 点评分（1 表示非常不符合，8 表示非常符合）。为了平衡先后顺序可能导致的不同结果，我们将问卷分成 A 卷与 B 卷，A 卷为纸质问卷，首先呈现的特征词为随机排序后的第1～17个，再呈现第 18～34 个，共 178 份；B 卷为网络问卷，先呈现的特征词为第18～34个，再呈现第 1～17 个，共 119 份。

3. 研究结果

对特征词的评级得分范围为 3.67（虚荣浮躁）～6.89（把握机遇），中位数为 6.39。本研究采用中位数分割的方式来确定中心特征与周边特征（Gregg et al.，2008），即平均得分大于 6.39 的为中心特征，平均得分小于 6.39 的为周边特征，结果得到 17 个中心特征与 17 个周边特征（见表 2）。

表 2 企业家日常概念特征的中心性评分结果

特征名称	平均数（M）	标准差（SD）
特征		
把握机遇	6.89	1.31
自信	6.80	1.24
执行力	6.79	1.28

续表

特征名称	平均数（*M*）	标准差（*SD*）
领导力强	6.75	1.26
善于交际	6.75	1.26
勤奋	6.72	1.28
果断有魄力	6.72	1.33
沉着	6.69	1.26
远见卓识	6.64	1.32
有雄心	6.62	1.19
坚韧	6.59	1.23
严谨	6.58	1.24
创新	6.55	1.34
智慧	6.47	1.56
灵活变通	6.45	1.30
积极向上	6.45	1.30
责任心	6.41	1.42
特征		
敢于冒险	6.37	1.27
成功	6.22	1.37
大气	6.06	1.40
有气场	6.03	1.35
道德诚信	6.00	1.70
忙碌操劳	5.59	1.53
有钱	5.57	1.74
慈善	5.54	1.52
利益至上	5.35	1.81
节俭	5.25	1.64
西装革履	5.23	1.79
男性	4.99	2.04
有家庭背景	4.74	1.68
其貌不扬	4.67	1.75
年龄大	4.56	1.77
不择手段	4.15	2.06
虚荣浮躁	3.67	2.01

注：被试人数为297人。

对 34 个特征词得分的性别差异进行独立样本 t 检验，结果发现只有 4 个特征存在显著的性别差异，女生对“有钱”“执行力”的评分显著高于男生，分别是：$t(295) = 2.12$，$p = 0.04$，$M_{diff} = 0.16$，95% CI [0.03, 0.82]，$d = 0.24$；$t(295) = 3.45$，$p = 0.01$，$M_{diff} = 0.50$，95% CI [0.22, 0.79]，$d = 0.40$；男生对“男性”“节俭”的评分显著高于女生，$t(295) = -4.91$，$p < 0.01$，$M_{diff} = -1.12$，95% CI [−1.57, −0.67]，$d = -0.57$；$t(295) = -2.55$，$p = 0.01$，$M_{diff} = -1.12$，95% CI [−0.85, −0.11]，$d = -0.30$。这表明男生和女生对企业家的认知基本一致，仅在四个特征上存在认知差异。

4. 讨论

中心特征（如创新、善于交际、把握机遇、自信等）的确定使人们对企业家的识别更加容易，并且有可能激发人们相应的心理与行为倾向，即按照中心特征那样来要求自己，这对于培养大学生良好的创业观、增强国民创业积极性具有积极作用。此外，周边特征是企业家完整日常概念必不可少的组成部分，通过分析周边特征，我们可以深入理解企业家原型的核心价值观与认知偏差。例如“道德诚信”“节俭的”“慈善”等特征正是企业家群体对财富获取与财富支配的意识和态度的侧面反映；而“不择手段”“虚荣浮躁”等特征则映射出当今社会上一些企业家的不道德行为以及他们轻微的反社会性（Winslow & Solomon，1988）。这说明大学生对企业家的认识还是比较全面的，并非一边倒的赞赏，这种对企业家负面特征的认识极可能具有自我约束与道德警示作用，也可能具有反面暗示作用，需要在创新创业教育中加以重视。

（三）实验 3：企业家特征词的反应时研究

1. 研究目的

根据原型激活理论（Prototype Theory），在激活了概念原型的状态下，人们会更快地对相应的中心特征进行识别与区分（Fehr，1988）。为了检验实验 2 中对中心特征和周边特征的划分结果，本实验将以定量方法判断大学生对中心特征词（简称中心词）与周边特征词（简称周边词）的反应情况，进一步确定他们心目中的企业家概念的中心特征。

2. 研究方法

（1）被试。采用随机取样的方式在山东师范大学获取有效被试 30 名，男、女生各 15 名，年龄最大 28 岁、最小 18 岁，平均年龄 20 岁。

（2）实验材料。干扰词选自《实用汉语形容词词典》（安汝磐，1990）。选取标准：①都为形容词或形容词词组；②该形容词不能用来形容人；③该形容词字数长度与企业家特征词一一对应；④该形容词不会让人联想到企业家。将选定好的干扰词与部分特征词混合做成表格，请研究者评定该特征词是否可以用来形容企业家，采用3点计分方法（1代表可以，0代表不确定，-1代表不可以），最终获得39个干扰词；中心词与周边词取自实验2的结果；练习程序中使用的词语也要包含企业家特征词与干扰词。企业家特征词选自实验1中被试回答频次较高，但在被归纳为上位特征时没有使用的词，且明显与企业家紧密相关的词。

（3）实验程序。实验为单因素被试内设计，自变量为词语类型（中心词、周边词、干扰词），因变量为被试的反应时与错误率。

使用E-prime 2.0呈现文本，字体为白色（28号宋体），背景为黑色。如图1所示，首先在电脑屏幕上给被试呈现指导语："下面即将呈现一些词或短语，其中有些是形容企业家的，有些不是，请您尽可能快速准确地进行分辨。是请按F键，不是请按J键。下面请先做几个练习题。按空格键开始。"

被试按空格键开始练习程序，首先屏幕中央会呈现一个白色的"+"注视点，时间为500ms，随后逐个呈现目标刺激。练习词语一共由10个特征词组成（5个未包含在中心词与周边词中的企业家特征词和5个干扰词），要求被试对词语进行判断，并根据指导语进行相应的按键反应，作答后给予正确或错误的反馈，每个trial之间都有一个500ms的注视点。练习结束后，询问被试是否继续练习，是请按F键，正式实验请按J键。

正式实验同练习程序基本一致，这时的目标刺激包括17个中心词、17个周边词、34个干扰词，这些词的出现次序是随机的，不同的是被试在做按键反应后即刻呈现下一个词语，不再提供反馈结果。

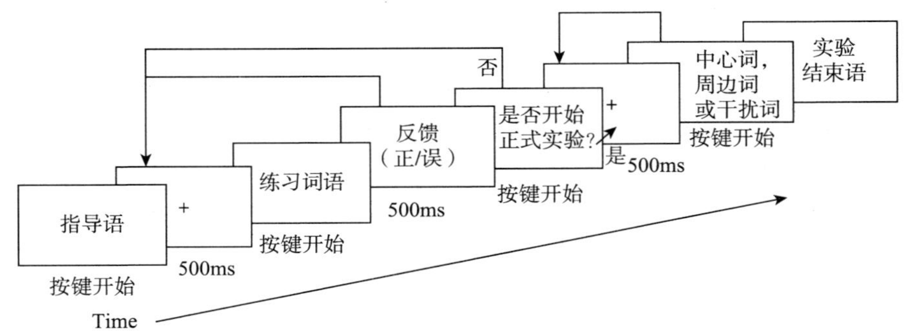

图1　实验3程序示意

3. 研究结果

将三种特征词的反应时大于平均数正负3个标准差的数据删除（Ferguson &

Bargh, 2004), 使数据接近正态分布, 最终保留 2148 个数据进行分析。

(1) 反应时。对人口统计信息的单因素方差分析发现, 性别差异显著 $F(1, 2135) = 18.46$, $p < 0.001$, $\eta^2 = 0.009$; 年龄差异也显著, $F(8, 2139) = 17.47$, $p < 0.001$, $\eta^2 = 0.061$。这在一定程度上反映了性别、年龄对人体神经与肌肉系统的协调性和快速反应能力的影响。因此, 我们将人口学变量作为协变量纳入分析, 检验不同词语类型 (中心词、周边词、干扰词) 对被试反应时的影响, 并判断不同类型词语的反应时差异是否显著, 结果见图 2。词语类型差异显著, $F(2, 2143) = 59.91$, $p < 0.001$, $\eta^2 = 0.05$; 中心词的平均反应时为 863.84ms ($SD = 19.92$), 周边词的平均反应时为 1137.01ms ($SD = 20.18$), 干扰词的平均反应时为 902.43ms ($SD = 14.15$)。被试在判断周边词时所耗费的时间显著大于判断中心词所耗费的时间, $t(1070) = -8.73$, $p < 0.001$, $M_{diff} = -385.89$, 95% CI [-478.76, -293.01], $d = -0.38$。而被试对周边词的反应时也大于对干扰词的反应时, $t(1603) = 9.05$, $p < 0.001$, $M_{diff} = 234.58$, 95% CI [183.72, 285.45], $d = 0.28$。

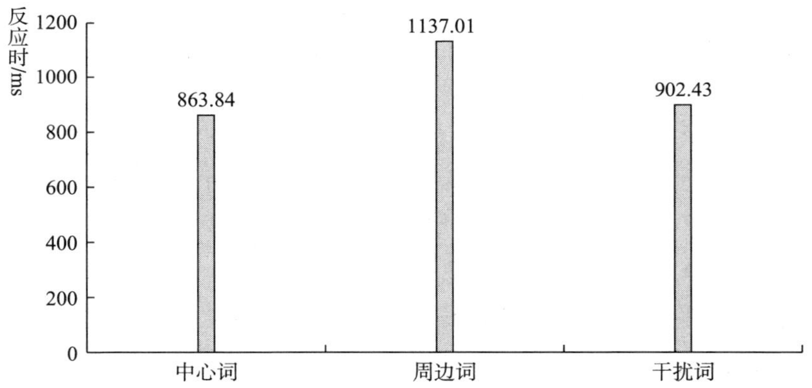

图 2 三种词语类型反应时的平均数差异 (* $p < 0.001$, $n = 30$)**

(2) 错误率。首先计算被试关于中心词、周边词以及干扰词的错误率, 中心词 $M = 0.04$, $SD = 0.05$; 周边词 $M = 0.30$, $SD = 0.18$; 干扰词 $M = 0.05$, $SD = 0.06$。对三种词语类型的错误率进行重复测量方差分析, 结果显示, 词语类型的主效应显著, $F(2, 64) = 17.47$, $p < 0.001$, $\eta_{RM^2} = 0.63$, 说明三种词语类型的平均错误率存在差异。配对样本的 t 检验 (见图 3) 发现中心词的错误率显著小于周边词的错误率, $t(31) = -8.11$, $p < 0.001$, $M_{diff} = -0.25$, 95% CI [-0.32, -0.19], $d = -1.97$; 干扰词的错误率显著小于周边词的错误率, $t(31) = -6.92$, $p < 0.001$, $M_{diff} = -0.25$,

95% CI [0.17, 0.32]，$d = -1.86$；中心词与干扰词的错误率之间不存在显著差异，$t(31) = -0.48$，$p = 0.64$，$M_{diff} = -0.01$，95% CI [-0.03, 0.02]。

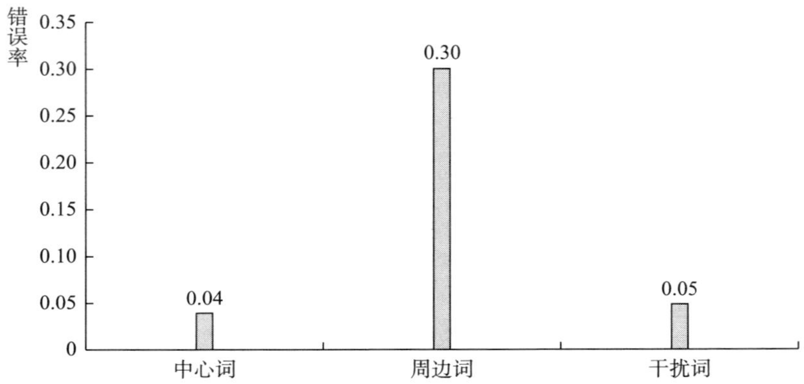

图3　三种词语类型错误率的平均数差异（$^{***}p < 0.001$，$n = 30$）

4. 讨论

被试对中心词的反应速度与正确率普遍比周边词高，对干扰词的反应速度和正确率也显著高于周边词，这与以往关于日常概念的研究结果一致（Kinsella, Ritchie, & Igou, 2015; Hepper, Ritchie, Sedikides, & Wildschut, 2012）。这说明被试在判断周边词是不是企业家特征时出现延迟，而且周边词较高的错误率说明，并不是所有被试都认同这些词语属于企业家的特征。尽管如此，周边词平均70%的正确率，说明其与企业家的概念仍存在密切关系，因此应该被视为企业家日常概念的一部分。

（四）实验4：企业家特征词的记忆任务研究

1. 研究目的

通过实验3，我们可以充分证实以上实验对特征词中心性分类的合理性。那么大学生对于企业家概念的认识是否基于深层次的对概念的理解？根据原型理论（Cantor & Mischel, 1977; Rosch, 1978），人们对中心特征的编码比周边特征好，因此对于中心特征的记忆任务优于周边特征。此外，由于人们对于一个概念原型的理解是基于对中心特征的深加工，其编码过程更加深入，因此记忆会发生偏差，在回忆中心特征时更容易回忆出类似于该含义的错误的词语。所以，大学生针对企业家概念所提取的这些特征词能否代表他们对企业家群体深层次的理解，可以通过对特征词的记忆任务体现出来。本实验的目的在于考察特征中心性对被试回忆与再认任务的影响。

2. 研究方法

（1）被试。采用随机取样的方式邀请山东师范大学40名在校生参与实验，其中，男生19名，女生21名。年龄最大25岁，最小18岁，平均年龄20.5岁。

（2）实验程序。正式实验时将被试分为两组，两组被试的记忆目标词不同。实验程序如图4所示，首先在电脑屏幕上给被试呈现指导语："欢迎您来参加本次实验，下面您将看到可以形容企业家的特征词语，请您务必集中注意力观看。如果准备好了，请按空格键开始。"其中，"企业家"字样标红，并用大一号的字体显示。

实验开始后，屏幕中央会先呈现一个黑色的"+"注视点，时间为500ms。随后呈现特征词，每个特征词的上一行都注明"企业家的特点有"这样的字样，呈现时间为1000ms，所有特征词的出现顺序是随机的（特征词取自实验2中的中心词与周边词，各14个，见表3；选择的特征词分为两组，每组7个中心词、7个周边词，两组特征词的词条长度可以一一对应）。特征词全部呈现后，请被试做4分钟的干扰任务（请被试按照首字母的顺序对我国34个省、自治区、直辖市、特别行政区进行排序，时间为4分钟），然后请被试回忆刚才出现过的企业家特征词并写在纸上，回忆4分钟，最后请被试在28个词语中勾选出刚才出现过的企业家特征词，采用迫选法要求被试必须选够14个。

表3　需要记忆的中心词与周边词（实验4）

中心词	周边词
1组被试记忆的词语，2组被试再认任务中的非记忆词语	
把握机遇	敢于冒险
远见卓识	利益至上
积极向上	其貌不扬
执行力	年龄大
自信	大气
坚韧	慈善
严谨	有钱
2组被试记忆的词语，1组被试再认任务中的非记忆词语	
领导力强	道德诚信
善于交际	西装革履

续表

中心词	周边词
灵活变通	不择手段
有雄心	有气场
勤奋	成功
沉着	节俭
创新	男性

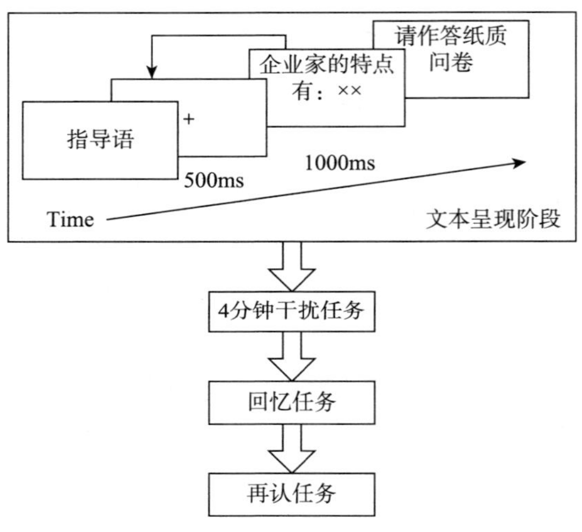

图 4　实验 4 流程示意

3. 研究结果

（1）对特征词的回忆结果。实验要求被试尽可能多地回忆出屏幕中呈现过的词语，并且要求被试不要因为想不起具体的词语而遗漏掉某个特定的词语，鼓励被试用相同含义的特征词表达出那个记不清的特定的特征词。大部分回答有偏差的答案均与原词语有相同的含义，如“敢于冒险”被写成“有冒险精神”，因此这样一类答案被判断为正确回忆。正确回忆出特征词的数量用正确回忆数表示。最后，由两位研究者对被试的回忆结果进行评分。分析结果（见图 5）表明，词语类型的主效应显著，$F(1, 38) = 19.27$，$p < 0.01$，$\eta_{p^2} = 0.34$。具体而言，被试对中心词的正确回忆数（$M = 1.58$，$SD = 0.87$）小于对周边词的正确回忆数（$M = 2.65$，$SD = 1.44$）。这一结果出乎意料。被试群组的主效应不显著，$F(1, 38) = 0.63$，$p = 0.43$，交互作用不显著，$F(1, 38) = 2.35$，$p = 0.13$。

由于被试正确回忆出的词语中确实存在与原词语不完全一致的答案，

因此本实验用回忆错误率来体现被试在回忆呈现过的词语时出现偏差的程度。回忆错误率代表被试在正确回忆的词语中出现细节错误的比率，计算方法是用出现细微不影响词义的错误的词语数比正确回忆数。比如，被试回答“冒险”而非“敢于冒险”，在计算其回忆错误率时，分子就要加 1。对中心特征的回忆错误率越高，表明被试对企业家概念的认知越是基于深层次的理解，而非仅仅依靠对屏幕呈现的词语的记忆。分析结果（见图 5）表明，尽管被试对中心特征的回忆错误率（$M=0.32$，$SD=0.40$）高于对周边特征的回忆错误率（$M=0.21$，$SD=0.29$），但这种差异并未达到显著性水平，$F(1, 38)=1.97$，$p=0.17$；被试分组的主效应不显著，$F(1, 38)=0.00$，$p=0.98$，交互效应也不显著，$F(1, 38)=0.43$，$p=0.52$。

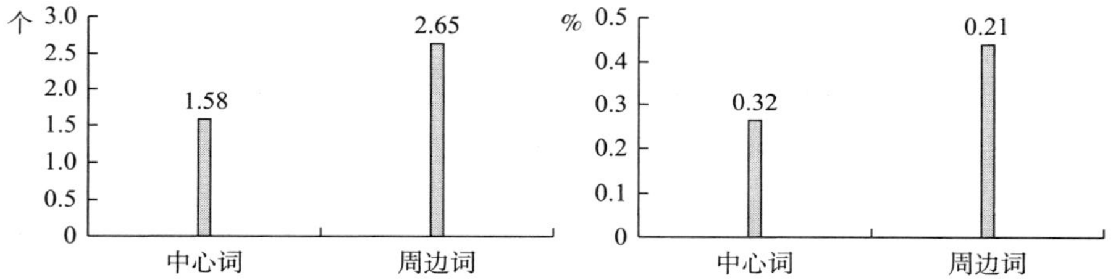

图 5　不同词语类型真实记忆回忆任务差异比较（$^{**}p<0.01$，$n=40$）

（2）对特征词的再认结果。识别出的特征词用正确再认数表示，结果见图 6，词语类型的主效应不显著，$F(1, 38)=0.01$，$p=0.92$。被试对两种特征的识别率基本维持在较高水平，中心词平均识别出 4.75 个（共 7 个，$SD=1.03$），周边词平均识别出 4.73 个（共 7 个，$SD=1.41$）。不存在被试群组的主效应，$F(1, 38)=0.01$，$p=0.94$，各变量间的交互作用也不显著。

（3）对未呈现的特征词的回忆结果。在回忆任务中，被试会填答出一些本来没有呈现过的词语。错误回忆数表示被试在回忆任务中回答出没有呈现过的特征词的数量，中心词的错误回忆数代表回忆出其他未呈现过的中心特征，周边词的错误回忆数代表回忆出其他未呈现过的周边词。本研究请两名研究者评价被试的错误回忆数。对于那些不属于中心词或周边词的特殊答案，本研究不予分析，如“有效率”“不亢不卑”等。结果（见图 7）表明，词语类型的主效应显著，$F(1, 38)=13.22$，$p=0.001$，$\eta_{p^2}=0.26$，被试错误地回忆出未曾出现的中心词（$M=0.63$，$SD=0.81$）比周边高（$M=0.15$，$SD=0.36$）；被试群组的主效应不显著，$F(1, 38)=0.25$，$p=0.62$，被试群组与特征词语类型的交互效应也不显著，$F(1, 38)=$

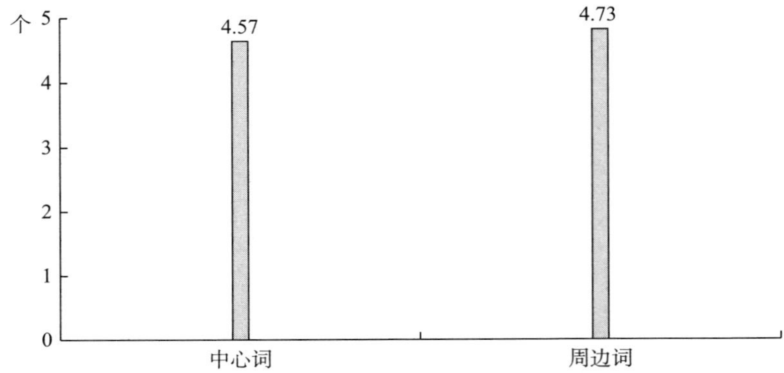

图6　不同词语类型真实记忆再认任务差异比较

0.04，$p=0.85$。

（4）对未呈现特征词的再认结果。错误再认数代表被试再认出没有呈现过的词语的数量。结果（见图7）显示，词语类型的主效应显著，$F(1, 38)=18.20$，$p<0.001$，$\eta_{p^2}=0.34$；中心词有2.83个（$SD=0.36$）被错误再认，显著高于周边词的错误再认数1.58个（$SD=0.36$）；而被试分组的主效应不显著，也不存在交互效应。

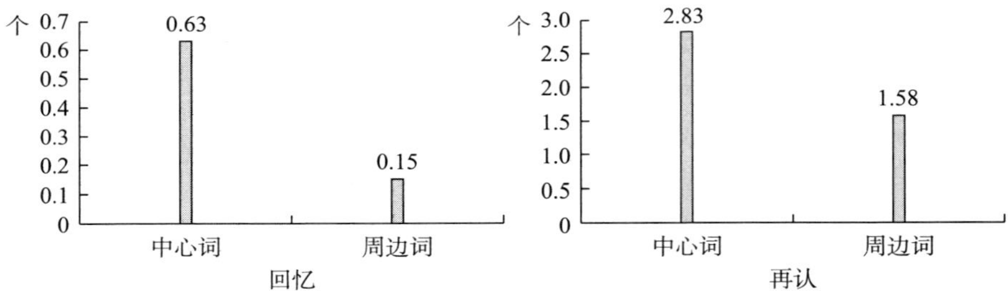

图7　不同词语类型错误记忆结果差异比较（$^{***}p<0.001$，$n=40$）

4. 讨论

本实验的五个因变量（正确回忆数、错误回忆数、回忆错误率、正确再认数与错误再认数）均不存在群组主效应，这说明两组用于记忆的目标词语的记忆难易程度是均等的。真实记忆中的再认任务在词语类型上差异不显著。被试对于记忆目标词的再认成绩良好，平均能够正确识别出包括中心词与周边词在内的67.68%的目标词。对中心词与周边词的再认差异不显著，这符合预期，即使被试在启动企业家概念后对中心词进行了有意义的概念加工，也不会导致被试再认任务水平的变化。

真实记忆中回忆任务的结果与预期不完全一致。词语类型对正确回忆数的主效应显著，相比于中心特征，被试回忆出更多的周边特征，这与假设正好相反。不过，这与 Fehr（1988）对爱情日常概念的研究结果相一致。这可能是由于企业家的周边特征倾向于描述更加具体的有画面感的特征，这些特征更容易激发被试运用多种通道的信息加工过程，即不仅采用言语代码来储存信息，还动用了表象代码来储存关于具体特征的信息(Paivio，1975)。因而，被试对周边特征的记忆可能会产生与某些具体事物或情境的关联，带来更好的记忆效果，尤其是与中心特征所包含的相对抽象又同质性较高的特征词放在一起时，这些周边特征会更加不容易被遗忘。回忆错误率不存在显著的词语类型差异，也从另一方面证实了这种可能存在的周边词语的特点。也许这些周边词语的独特性使被试在对它们进行编码的过程中同样深度化加工了，从而使被试回忆的精确性降低到与中心特征相同的水平。

错误记忆是指错误地声明一个以前未呈现过的词曾经呈现(郭秀艳、周楚、周梅花，2004)。本实验同样考察了被试在不同特征类型词语的错误记忆结果上的差异。结果发现，再认与回忆任务均出现显著的特征类型差异。7 个未呈现在记忆任务中的中心词有 2.83 个被错误地再认，显著高于周边词的错误再认数 1.58 个（共 7 个）；而被试错误地回忆出未曾出现的中心特征词数量比周边特征词数量多。因为在反复提及“企业家”这个词语以及向被试呈现企业家日常概念的特征时，被试的企业家概念就会被激活。这导致那些未呈现过，但与概念高度相关的词语出现在被试的记忆中，进而导致错误记忆的发生。中心词与周边词错误记忆的差异表明，被试采用了创造性的过程来回忆未呈现的中心词（Roediger & McDermott，1995)。

总之，企业家特征的中心性体现在信息加工过程中，尤其是工作记忆中。实验 3 与实验 4 表明，大学生对企业家的中心特征与周边特征进行了无意识的分类与编码，证实了中心特征与周边特征分类的合理性。可见，大学生的企业家日常概念的中心特征是基于对企业家的深入理解。下面我们将检验企业家的这些特征类别能否影响被试对企业家的识别。

（五）实验 5：特征词类型对概念认知的影响

1. 研究目的

企业家概念的启动会导致被试对中心特征与周边特征不同的认知加工过程，反过来，相应的企业家特征能否激发被试的企业家概念？本实验旨在验证在个体感知任务中，使用企业家的中心特征与周边特征来描述目标对象时是否会被被试认知为企业家。

2. 研究方法

（1）被试。采用整群抽样与随机取样相结合的方式在山东政法学院与山东师范大学获得有效被试105名，其中，男生25名，女生80名。最小年龄18岁，最大年龄23岁，平均年龄20.4岁。

（2）实验程序。要求被试仔细阅读两段用不同类型特征词组成的对个体的描述材料，然后测量被试将描述内容感知为企业家的程度。对目标个体的描述一共有三段，这三段描述使用的词语分别为17个中心词、17个周边词以及17个无关词。无关词是与企业家概念无关的积极形容词，选自《现代汉语形容词与形名粘合结构》（陈青松，2012）。将三段描述两两组合形成三种实验条件，分别是中心－周边、周边－无关、中心－无关。被试被随机分成三组，被分配到三种条件下。此外，每组被试再被分为两组，分别接受两段描述先后顺序颠倒的两份问卷中的一份。

以中心特征描述的目标为例："有这样一个人，他在生活中表现出勤奋，坚韧，严谨，沉着的特质；他善于交际，灵活变通，领导力强；他有雄心和远见卓识，能够把握机遇，并有执行力；他很有责任心，积极向上，不断创新；有人说他是个自信，智慧，果断有魄力的人。"该目标并非具体的人，也没有名字，这样可以排除被试由于先前认识目标而产生的对其评价的干扰。随后请被试根据描述评价对下列语句的同意程度，采用5点计分（1表示完全不同意，5表示完全同意）。具体有如下7个陈述句的评价：这个人：1. 此人具有企业家精神 2. 这个人是可爱的 3. 他可能是企业家 4. 这个人是有魅力的 5. 大多数人会同意他是企业家 6. 我可以和他相处得很愉快 7. 我认为基于以上描述这个人是企业家。其中，第1、3、5、7题是评价目标对象是否具有企业家身份的题目（四题内部一致性系数 $\alpha=0.82$），将这四题的平均值作为企业家识别程度的综合得分，第2、4、6题为干扰题目，评价目标对象的非企业家积极特点（三题内部一致性系数 $\alpha=0.77$）。

3. 研究结果

分别对三组实验条件下的结果进行配对样本 t 检验。结果（见表4）发现，在中心－周边条件下，被试对于用中心特征词描述的目标对象在企业家维度上的评分显著高于用周边特征词描述的目标对象，$t(35)=2.75$，$p=0.009$，$M_{diff}=0.40$，95% CI［0.10，0.69］，$d=0.58$。而被试对于可爱、有魅力、好相处的评价也存在差异。用中心词描述的对象比用周边词描述的对象更可爱，$t(35)=5.51$，$p<0.001$，$M_{diff}=1.08$，95% CI［0.68，1.48］，$d=1.20$；更有魅力，$t(35)=5.62$，$p<0.001$，$M_{diff}=1.08$，95%

CI［0.69，1.47］，$d=1.22$；更好相处，$t(35)=3.96$，$p<0.001$，$M_{diff}=0.89$，95% CI［0.43，1.34］，$d=1.05$。

在中心－无关条件下，用中心词描述的目标对象相比于用无关特征词描述的目标对象的企业家身份感知的评分更高，$t(34)=6.01$，$p<0.001$，$M_{diff}=0.83$，95% CI［0.55，1.11］，$d=1.29$。而在其他积极特征感知方面则恰好相反，以中心词描述对象的积极评价不如无关特征词描述的对象高，比如可爱，$t(34)=-6.35$，$p<0.001$，$M_{diff}=-1.26$，95% CI［－1.66，－0.85］，$d=-1.48$；有魅力，$t(34)=-2.87$，$p=0.007$，$M_{diff}=-0.43$，95% CI［－0.73，－0.12］，$d=-0.61$；好相处，$t(34)=-4.20$，$p<0.001$，$M_{diff}=-0.77$，95% CI［－1.14，－0.40］，$d=-0.88$。

在周边－无关条件下，用周边特征描述的目标对象相比于用无关特征描述的目标对象更容易被感知为企业家，$t(33)=3.22$，$p=0.003$，$M_{diff}=0.47$，95% CI［0.17，0.77］，$d=0.71$，在可爱、有魅力、好相处三个方面则相反。

表 4　各实验条件下因变量配对样本 t 检验结果（实验 5）

题目	中心词		周边词		无关词		t 检验	
	M	SD	M	SD	M	SD	t	df
中心－周边条件（$n=36$）：								
企业家题目								
此人具有企业家精神	4.06	0.63	3.39	0.99	–	–	3.57***	35
他可能是企业家	4.08	0.65	3.72	0.88	–	–	2.41**	35
大多数人会同意他是企业家	3.89	0.92	3.47	0.84	–	–	2.08*	35
我认为基于以上描述这个人是企业家	3.69	0.92	3.56	0.94	–	–	0.66	35
平均值	3.93	0.63	3.53	0.73	–	–	2.75**	35
非企业家题目								
这个人是可爱的	3.44	0.91	2.36	0.90	–	–	5.51***	35
这个人是有魅力的	4.28	0.57	3.19	1.11	–	–	5.62***	35
我可以和他相处得很愉快	3.47	0.88	2.58	0.81	–	–	3.96***	35
中心－无关条件（$n=35$）：								
企业家题目								

续表

题目	中心词		周边词		无关词		t 检验	
	M	SD	M	SD	M	SD	t	df
此人具有企业家精神	4.34	0.68	–	–	3.29	0.93	5.27***	34
他可能是企业家	4.03	0.75	–	–	3.37	0.97	3.50***	34
大多数人会同意他是企业家	3.91	0.70	–	–	3.20	0.93	3.94***	34
我认为基于以上描述这个人是企业家	3.97	0.86	–	–	3.09	0.82	4.63***	34
平均值	4.06	0.60	–	–	3.24	0.68	6.01***	34
非企业家题目								
这个人是可爱的	2.77	0.94	–	–	4.03	0.75	-6.35***	34
这个人是有魅力的	4.23	0.81	–	–	4.66	0.59	-2.87**	34
我可以和他相处得很愉快	3.43	1.07	–	–	4.20	0.63	-4.20***	34
周边－无关条件（$n=34$）：								
企业家题目								
此人具有企业家精神	–	–	3.68	0.98	3.38	1.10	1.30	33
他可能是企业家	–	–	3.74	0.71	3.38	0.60	2.10*	33
大多数人会同意他是企业家	–	–	3.74	0.79	3.12	1.07	3.12**	33
我认为基于以上描述这个人是企业家	–	–	3.65	0.73	3.03	0.76	3.19**	33
平均值	–	–	3.70	0.62	3.23	0.71	3.22**	33
非企业家题目								
这个人是可爱的	–	–	2.74	0.90	4.00	0.85	-6.65***	33
这个人是有魅力的	–	–	3.29	1.06	4.21	0.88	-4.57***	33
我可以和他相处得很愉快	–	–	2.87	0.82	4.09	0.79	-5.95***	33

注：M＝平均数，SD＝标准差；* $p<0.05$，** $p<0.01$，*** $p<0.001$。

以上研究结果表明，中心词和周边词能够激活人们对企业家的联想。具体而言，首先，当使用中心词描述目标对象时，被试将这个目标感知为企业家的程度最高，显著大于周边词与无关词。而用周边词描述的目标对象又比用无关词描述的对象更容易引发被试对企业家身份的认同。其次，使用不同中心性的特征词描述一个未知个体时，被试会激活不让人同程度的企业家概念：中心特征最明确，周边特征其次，无关特征最弱。

（六）实验6：企业家与领导者、科学家的概念区分

1. 研究目的

根据 Hisrich 和 Peters（1992）的代表性观点，大致可以将企业家视为创办新企业或带领企业成功转型的人，他们在商务活动中担任创新者、领导者、管理者、组织者、协调者以及风险承担者等多种角色。可见，企业家可以被视为企业的领导者，他们在企业内部拥有最大的权利，可以自主进行资源配置（汪纯宏，2007）。这意味着企业家与领导者在概念上存在相互重叠的部分。为了明确企业家的日常概念是如何与领导者相区分的，本实验的第一个目的是阐明企业家与领导者在日常概念上的差别。

此外，同样是创新型人才，企业家的日常概念是如何与科学家相区分的？研究表明，雄心、内驱力和毅力是企业家和科学家共有的特质，他们在面对困难和挫折时不会轻言放弃（Batey & Furnham，2006；Shalley & Gilson，2004）。但是科学家作为从事科学研究的人，他们的职能是对真实自然及未知生命、环境、现象进行客观的数字化的重现、认识、探索、实践、定义。这决定了科学家不仅具备创新活动应有的恒心、驱力以及韧性，还具备专业素质与功底、研究技能与策略以及有助于获得技能的尝试愿意（张景焕，2005）。两个群体的价值取向不同，企业家更倾向于商业的价值取向，科学家更倾向于科技的价值取向（杨殷平，2000），这都会导致两者在日常概念上的差异。本实验第二个目的是考察人们在考虑到企业家与科学家时对特征词的认同差异，旨在揭示企业家与科学家概念上的不同。

2. 研究方法

（1）被试。采用整群抽样与随机取样相结合的方式在山东政法学院与山东师范大学获得有效被试203名，其中，男生47人，女生154人（2人未报告性别）。最小年龄16岁，最大年龄24岁，平均年龄19.7岁（2人未报告）。

（2）实验程序。以企业家的问卷为例，首先呈现指导语："这是一项关于企业家的研究。首先请您写下一位你知道的或认识的企业家的名字。请判断下列特征与你写下的这位企业家是否相符。在下面表格中勾选出你的判断。答案不分对错，选出自己的看法即可。"领导者与科学家的问卷完全一致，只是把指导语中的企业家替换成领导者或科学家。

3. 研究结果

首先以特征词类的平均分作为因变量（中心特征 - 周边特征），进行多元方差分析。结果显示，不同原型类型下被试的特征词评分差异显著，

Wilk's Lambda $F(4, 398) = 5.27$，$p < 0.001$，$\eta_{p^2} = 0.05$，即当考虑到不同的原型类型时，被试对中心特征与周边特征符合原型程度的评价不同。随后的一元方差分析表明，不同原型类型下的被试对中心特征的评价不同，$F(2, 200) = 5.60$，$p < 0.01$，$\eta_{p^2} = 0.05$，对周边特征的评价也不同，$F(2, 200) = 5.69$，$p < 0.01$，$\eta_{p^2} = 0.05$。有计划的比较显示，在对企业家与领导者两种条件进行比较时，企业家条件下的被试对中心特征的评分不如领导者条件下对中心特征的评分高，企业家：$M = 7.04$，$SD = 1.03$，领导者：$M = 7.48$，$SD = 0.92$，$t(200) = -2.57$，$p = 0.011$，$d = -0.45$；但是对周边特征的评分并无显著差异，企业家：$M = 5.82$，$SD = 0.94$，领导者：$M = 5.91$，$SD = 0.67$，$t(200) = -0.62$，$p = 0.54$。在对企业家与科学家两种条件进行比较时，企业家条件下的被试对周边特征的评分大于科学家条件下被试对周边特征的评分，企业家：$M = 5.82$，$SD = 0.94$，科学家：$M = 5.45$，$SD = 0.86$，$t(200) = -2.57$，$p = 0.011$，$d = 0.41$；但是中心特征的评分两组条件无显著差异，企业家：$M = 7.04$，$SD = 1.03$，科学家：$M = 6.94$，$SD = 1.04$，$t(200) = 0.60$，$p = 0.55$。

以原型类型作为自变量，以特征得分作为因变量，进行多元方差分析。结果表明，不同原型类型的差异显著，即当考虑到不同类型的原型人物时，被试对企业家特征词的认同度是不一样的，Wilk's Lambda $F(34, 368) = 8.18$，$p < 0.001$，$\eta_{p^2} = 0.43$。随后的一元方差分析表明，原型的类型对多数特征词都会产生有显著差异的评分（见表5），包括把握机遇、自信、执行力、领导力强、善于交际、勤奋、沉着、远见卓识、严谨、灵活变通、大气、有气场、道德诚信、忙碌操劳、有钱、利益至上、节俭、西装革履、有家庭背景、其貌不扬、不择手段、虚荣浮躁等。有计划的比较（见表6）显示，企业家与领导者两种条件进行比较时，企业家条件下的被试对自信、执行力、领导力强、勤奋、沉着、远见卓识、严谨、大气、有气场、道德诚信、忙碌操劳、节俭、有家庭背景的评分均低于领导者条件下的评分，在有钱、其貌不扬、虚荣浮躁三个特征上的评分高于领导者条件下的评分。而在比较企业家与科学家两种条件时，企业家条件下的被试对勤奋、严谨、道德诚信、节俭四个特征上的评分低于科学家条件下的评分，而在把握机遇、领导力强、善于交际、有钱、利益至上、西装革履、不择手段等特征上的评分高于科学家条件下的评分。

表 5 企业家、领导者、科学家原型与在 34 个企业家特征上得分情况及相互比较

特征词	企业家（$n=69$）	领导者（$n=69$）	科学家（$n=65$）	F 检验		
	M（SD）	M（SD）	M（SD）	F	p	η_{p^2}
中心词：						
把握机遇	7.19（1.27）	7.42（1.35）	6.48（1.97）	6.65	0.002	0.06
自信	7.25（1.44）	7.80（0.43）	7.02（1.71）	6.42	0.002	0.06
执行力	7.07（1.23）	7.59（0.97）	6.97（1.51）	4.87	0.009	0.05
领导力强	6.97（1.61）	7.54（1.27）	5.80（1.99）	19.42	0.000	0.16
善于交际	7.01（1.62）	7.30（1.34）	5.02（2.17）	33.9	0.000	0.25
果断有魄力	7.26（1.08）	7.26（1.08）	7.29（1.25）	2.26	0.107	0.02
勤奋	6.93（1.50）	7.51（1.17）	7.57（1.04）	5.37	0.005	0.05
沉着	6.71（1.60）	7.49（1.16）	7.03（1.51）	5.18	0.006	0.05
远见卓识	6.96（1.47）	7.57（1.22）	7.20（1.53）	3.25	0.041	0.03
有雄心	7.11（1.39）	7.62（1.07）	7.30（1.30）	2.87	0.059	0.03
坚韧	7.26（1.01）	7.58（0.93）	7.60（0.92）	2.72	0.069	0.03
严谨	6.80（1.42）	7.30（1.30）	7.31（1.30）	3.29	0.039	0.03
创新	7.10（1.30）	7.13（1.65）	7.31（1.31）	0.41	0.665	0
智慧	7.32（1.65）	7.55（1.28）	7.14（1.44）	1.34	0.264	0.01
灵活变通	6.74（1.43）	7.20（1.37）	6.52（1.72）	3.54	0.031	0.03
积极向上	7.06（1.32）	7.39（1.29）	7.26（1.29）	1.16	0.317	0.01
责任心	6.95（1.06）	7.47（1.44）	7.13（1.56）	2.55	0.080	0.02
平均值	7.04（1.03）	7.48（0.92）	6.94（1.04）	5.60	0.004	0.05
周边词：						
敢于冒险	7.02（1.43）	7.39（1.13）	7.08（1.50）	1.52	0.221	0.01
成功	7.28（1.59）	7.43（1.49）	7.29（1.56）	0.22	0.803	0
大气	6.55（1.43	7.38（1.40）	6.94（1.32）	6.17	0.003	0.06
有气场	6.49（1.62）	7.37（1.33）	6.38（1.89）	7.57	0.001	0.07
道德诚信	6.52（1.46）	7.20（1.66）	7.46（0.95）	8.16	0.000	0.08
忙碌操劳	6.07（1.66）	7.19（1.22）	6.63（2.15）	7.44	0.001	0.07
有钱	6.93（1.99）	5.17（2.20）	4.69（2.34）	19.88	0.000	0.17
慈善	6.65（1.44）	7.03（1.55）	6.77（1.44）	1.18	0.309	0.01
利益至上	5.13（1.91）	4.63（2.28）	2.89（2.17）	20.25	0.000	0.17
节俭	6.92（1.42）	6.84（1.74）	5.75（1.77）	10.74	0.000	0.1

续表

特征词	企业家（n=69）	领导者（n=69）	科学家（n=65）	F检验		
	M（SD）	M（SD）	M（SD）	F	p	η_{p2}
西装革履	5.97（2.21）	6.14（2.46）	3.60（2.37）	24.22	0.000	0.19
男性	7.29（1.83）	7.29（1.86）	6.72（2.50）	1.64	0.197	0.02
有家庭背景	3.81（2.22）	5.36（2.41）	3.77（2.02）	11.32	0.000	0.1
其貌不扬	5.66（2.29）	3.12（2.19）	5.34（2.22）	26.37	0.000	0.21
年龄大	5.62（2.17）	6.07（1.95）	6.11（2.50）	1.01	0.365	0.01
不择手段	2.00（1.49）	2.77（2.38）	3.23（1.54）	7.46	0.001	0.07
虚荣浮躁	3.01（1.63）	2.09（1.90）	2.06（1.41）	7.26	0.001	0.07
平均值	5.82（0.94）	5.91（0.67）	5.45（0.86）	5.69	0.004	0.05

表6 企业家与领导者、科学家存在显著差异的特征词

词语	企业家－领导者		企业家－科学家	
	t	p	t	p
中心词：				
把握机遇	-0.88	0.382	2.65	0.009
自信	-2.50	0.013	1.00	0.319
执行力	-2.45	0.015	0.48	0.634
领导力强	-2.03	0.044	4.13	0.000
善于交际	-0.98	0.328	6.63	0.000
勤奋	-2.69	0.008	-2.96	0.003
沉着	-3.20	0.002	-1.29	0.199
远见卓识	-2.53	0.012	-1.00	0.319
严谨	-2.22	0.027	-2.21	0.028
灵活变通	-1.79	0.075	0.83	0.409
平均值	-2.57	0.011	0.60	0.547
周边词：				
大气	-3.51	0.001	-1.62	0.108
有气场	-3.18	0.002	0.39	0.701
道德诚信	-2.86	0.005	-3.89	0.000
忙碌操劳	-3.86	0.000	-1.90	0.058
有钱	4.75	0.000	5.95	0.000
利益至上	1.39	0.166	6.09	0.000

续表

词语	企业家 - 领导者		企业家 - 科学家	
	t	p	t	p
节俭	-3.88	0.000	-4.11	0.000
西装革履	-0.44	0.664	5.83	0.000
有家庭背景	-4.09	0.000	0.11	0.913
其貌不扬	6.69	0.000	0.84	0.403
不择手段	1.46	0.147	3.83	0.000
虚荣浮躁	3.27	0.001	3.31	0.001
平均值	-0.62	0.535	2.58	0.011

4. 讨论

企业家、领导者和科学家在被试评价的34个特征词中的得分具有显著差异，说明企业家、领导者与科学家的概念是不同的。但具体来讲仍然有很多共同的特征，比如领导者在中心特征上得分最高，甚至显著高于企业家在中心特征上的得分，但在周边特征上与企业家的差异不显著，这表明企业家概念中必然存在一些同样适用于领导者的特征。根据柯林斯和奎利恩提出的层次网络模型（Hierarchical Network Model），不同的概念具有不同程度的抽象水平和概括范围，在网络中，层次越高的概念，抽象概括的水平也越高（张积家，2015）。中心特征作为更接近本质属性的抽象特征，它们的抽象水平非常高，以至于用于描述企业家上一层次的概念也非常合适。领导者与企业家都是享有资源配置权利的人，只是企业家是企业的一把手，他们的资源配置权利局限在企业内部（汪纯宏，2007）。也许在大学生的概念模型中，领导者是比企业家层次更高的概念。这在一定程度上也反映了我国现阶段企业家与领导者社会地位差异的现状。

企业家在中心特征上的得分与科学家差异不显著，但在周边特征上的得分高于科学家，这表明周边特征对于企业家概念的构成具有独特地位。具体的分析发现，企业家在有钱、其貌不扬、虚荣浮躁三个特征上的评分高于领导者条件下的评分，这表明企业家概念与领导者概念的区别性特征。在把握机遇、领导力强、善于交际、有钱、利益至上、西装革履、不择手段等特征上企业家的评分高于科学家的评分，说明了企业家概念与科学家概念的区别性特征。有趣的是，并不是所有的特征词都是企业家高于其他类型，领导者被认为具有更明显的自信、执行力、领导力强、勤奋、沉着、远见卓识、严谨、大气、有气场、道德诚信、忙碌操劳、节俭、有家庭背景等特征，其中勤奋、严谨、道德诚信、节俭四个特征也被认为是科学家高于企业家的原型特征。由此可见，企业家、科学家、领导者这些都是成功人士的典型代表，他们具有公众心目中所认为的成功人士的普遍特征；但是由于所处领域的不同，他们也各有特点，这些区分性的特点使企业家与其他群体能够明显地区分开来。

三 总讨论

（一）关于企业家日常概念中心特征与周边特征的划分

在本研究中，对实验1中开放性答案的分析是本研究所有研究结论的基本来源，对被试答案进行准确的分析与归纳是取得准确结论的基本前提。对此，本研究在分析时借鉴已有研究（Hepper，Ritchie，Sedikides，& Wildschut，2012）中关于词类归纳的方法，采用两次编码归类，对词语意义进行准确把握并加以概括化，最终获得具有代表性的特征词语。由于两位主要评分者对企业家具有各自不同的内隐观念，同时中文词语存在一词多义、含义广泛等特点，这使得评分者对于特征的理解存在一定差异。鉴于此，我们首先参照以往研究制定详细标准化的编码与归纳原则。评分者在进行归类时严格按照原则。对于两位评分者评价不一致的地方，请第三位评分者加入讨论以获得一致性结论。两次编码的过程，最大限度地保证了词类特征合并的合理性，为得出关于企业家的概括性结论做好铺垫。然后本研究采用两位研究助手对评分结果再次归类的一致性作为信度指标，表明存在较高的一致性，这保证了研究结果的可靠性。

科学合理的实验顺序是进行多实验研究的重要基础。本研究共分为四个部分，每一部分都是在上一研究的基础之上进行的。根据实验1中对开放性答案的总结，我们获得了企业家日常概念的关键特征。其中特征的重要性水平是基于频次统计而得来，这种推断方式比较单一，说服力是不够充分的。为此，实验2采用5点量表计分的方式，收集更多被试关于这些特征词重要性程度的评价，由此区分出中心特征与周边特征。为了证实实验2结论的合理性，并使该结论具有更好的内部效度，我们分别设计了反应时（实验3）与记忆（实验4）任务的实验来对其进行验证。反应时的长短体现了被试观看到目标词后与企业家概念建立联系时心理过程的复杂程度，因此词语越接近中心性，其反应时越短。记忆任务水平则体现了被试对于企业家概念特征词语的编码程度，特征越接近本质属性，该词的编码程度越高；概括事物的词越接近本质属性，越脱离非本质属性，就越具有典型性。作为企业家概念内涵中具有不同程度典型性的特征，中心特征与周边特征必然对概念的激活起到不同的作用。实验 5 即基于这一思路从另一条路径对企业家概念进行验证。最后实验 6 做了拓展性探索，说明大学生关于企业家的日常概念明显不同于科学家与领导者，这三类成功人士在概念上具有清晰的边界及交叉。

从实验 1 到实验 5，我们获得了企业家日常概念的中心特征与周边特征，并对该结果进行相应的实验验证。其中，中心特征基本由企业家的能力（善于交际、领导力强、执行力、把握机遇、智慧、远见卓识、创新、灵活变通、自信）、性格品质（坚韧、沉着、果断有魄力、严谨、勤奋），以及动机（积极向上、有雄心）三方面的因素组成，还有责任心这一特质。这些特征具有高度概括性，抽象程度高，反映了大学生心目中企业家的本质属性。这些特征要素与企业家精神的研究有很大程度的吻合。

随着时代的变迁，人们对企业家的认识不断变化。在当代中国社会，企业家已经发展为一个复杂而综合的描述。为此，本研究对企业家日常概念的研究分中心特征与周边特征两个方面来描述。企业家的中心特征不仅包含企业家独特的人格（Chell，2008），如内部控制（Rauch & Frese，2000）、创新（Utsch，Rauch，Rothfuss，& Frese，1999）等；也包括企业家超过常人的能力与动机，体现出企业家这一群体的本质特点。而周边特征则主要由一些外在特点（西装革履、其貌不扬、有家庭背景、男性、年龄大）、创业过程的描述（忙碌操劳、利益至上、不择手段）、创业成功的结果（成功、有气场、有钱）以及企业家价值观（道德诚信、慈善）构成。这些特征是企业家群体较为常见的一般特征，较为具体，它们不能体现企业家群体的本质属性，不是所有的企业家都具有这些特征，但可以肯定的是，具有这些特征的企业家也不在少数。因此，周边特征也是企业家日常概念必不可少的组成部分。

对于一个日常概念来讲，既有事物的本质特征又要有非本质特征，因此中心特征与周边特征这两种词类共同构成了企业家完整的日常概念。两种词类既具有相对性又具有互补性，它们共同表征了企业家在普通大众心目中的形象。

（二）企业家概念与成功人士的共性及中心特征

企业家作为改革的代表，是典型的成功人士，他们的中心特征与其他成功人士是否有共性？本研究在与领导者、科学家这些成功人士的比较中来看待这些共性特征。研究发现，企业家存在大量不具有显著得分差异的特征词语，包括果断有魄力、有雄心、坚韧、创新、智慧、积极向上、敢于冒险、成功、慈善、男性、年龄大等。可见，这些特征并不是企业家所独有的，而是公众心目中认为的成功人士普遍具有的特征。比如通过与张景焕、金盛华（2007）提出的科学创造人才心理特征的比较发现，企业家日常概念中，认知（智慧、远见卓识、创新、灵活变通、自信）与动机（敢于冒险、积极向上、有雄心）方面的因素与科学家的心理特征存在高度的一致。在实验6中，这些特点也不存在显著差异。可见，这两方面的因素是杰出的创新型人才共同具备的优点，也是被社会公众广泛认同的优良品质，体现出大学生关于各类成功人士的日常概念存在交叉。

重要的是，这些与其他成功人士的共性特征并不否定企业家中心特征的合理性，即中心特征在激活企业家概念方面更有效。由于中心特征最接近企业家的本质，因此其表征的人物更容易被感知为企业家。而由于每个人的企业家原型和他人都不尽相同，因此每个人对于周边特征的认同程度存在差异，使用周边特征表征人物时相比于中心特征效果较弱，但仍好于无关特征。这证实了大学生的企业家日常概念中存在关于企业家的中心特征。

（三）本研究对大学生创新创业教育的启示与意义

本研究从中心特征与周边特征两个方面比较全面地揭示出大学生关于企业家的日常概念，包括一些企业家的一些消极特征（如利益至上、不择手段等）。这些特征尽管是企业家的周边特征，不代表企业家的根本形象，但周边特征也是企业家日常概念必不可少的组成部分。这些特征既反映了现阶段大学生对企业家的认识，也反映了企业家的一些消极社会形象，是创新创业教育中应该面对的问题。

企业的生存和发展离不开社会的稳定和繁荣，企业家回报社会，造福大众，实际上也是为企业的发展创造条件。大学生创新能力是促进区域经济增长与技术变革的关键。由于当前大学生对企业家的认识存在片面性与主观性，因此高校在开展创业教育时，应有针对性地丰富和完善大学生的知识结构，将现代企业家的道德形象融入大学生的创业创新意识中，使其更好地适应未来不断变化的社会并实现自我发展；应帮助大学生在全面认识企业家中心特征的基础上，结合个人的人格特点，有意识地提高自身的能力和道德形象，为塑造新时代企业家形象和追求自身价值做好准备。

参考文献

安汝磐，1990，《实用汉语形容词词典》，中国标准出版社。

陈光潮、张雪梅，2002，《企业家定义探析》，《暨南学报》（哲学社会科学版）第4期，第48－53页。

陈明生，2007，《不完全信息与企业家概念的界定》，《北方经济》第11期，第38－40页。

陈青松，2012，《现代汉语形容词与形名粘合结构》，中国社会科学出版社。

陈玉利、张鹏侠，2010，《浅析企业家的行为特征和心理特质》，《煤炭经济研究》第9期，第59－61页。

丁栋虹，2000，《论企业性质的异质型人力资本模式——兼论科斯交易费用模式的内在悖论性》，《财经研究》第5期，第3－8页。

高勇、高峰，2001，《企业家职能：理论的演进与发展》，《华东经济管理》第2期，第38－39页。

郭秀艳、周楚、周梅花，2004，《错误记忆影响因素的实验研究》，《应用心理学》第10期第1卷。

黄兆信、王志强，2013，《论高校创业教育与专业教育的融合》，《教育研究》第12期，第59－67页。

贾绪计，2016，《创业型民营企业家创造性特征及其影响因素研究》，博士学位论文，北京师范大学。

罗瑾琏、肖薇，2012，《女性职业生涯研究共识与现实矛盾梳理及未来研究展望》，《外国经济与管理》第8期，第57－63页。

毛蕴诗、梁西章，2007，《企业家与职业经理的心理特质差异——再论企业家与职业经理特征识别模型》，《中山大学学报》（社会科学版）第2期，第86－88页。

孟晓斌、王重鸣，2008，《创业精神模型的构思与测量研究进展》，《心理科学》第1期，第160－162页。

齐秀生，2002，《官本位意识的历史成因及对策》，《文史哲》第2期，第147－150页。

单强，2011，《企业家精神与高职院校领导人的角色转型》，《中国高教研究》第2期，第71－73页。

宋培林，2011，《试析企业成长不同阶段的企业家胜任力结构及其自我跃迁机理》，《经济管理》第3期，第183－190页。

谭保罗、钟智，2015，《回归常识：新一代创业者的价值观》，《南风窗》第1期。

汪纯宏，2007，《企业家：一个需要重新界定的概念》，《企业研究》第1期，第17－19页。

王金洲，2005，《企业家概念一个理论综述》，《湖北经济学院学报》第2期，第77－82期。

王天恩，1992，《日常概念、哲学概念和科学概念》，《江西社会科学》第3期，第47－52页。

辛向阳，1999，《谁能当中国的企业家——中国企业家成长的制度宣言》，江西人民出版社，第22页。

熊彼特，2009，《经济发展理论》，商务印书馆。

杨殷平，2000，《科学家企业家由合作到分手现象的理论思考》，《科研管理》第3期，第10－13页。

伊斯雷尔·柯兹纳，2013，《竞争与企业家精神》，浙江大学出版社。

张承芬、张景焕、毛伟宾、林泳海、孙建敏，1992，《优秀企业家心理特点初探》，《应用心理学》第1期，第29－33页。

张积家，2015，《普通心理学》，中国人民大学出版社，第326－327页。

张进，2000，《年薪革命》，文汇出版社。

张景焕、金盛华，2007，《具有创造成就的科学家关于创造的概念结构》，《心理学报》第1期，第135－145页。

张景焕，2005，《科学创造人才心理特征及影响因素研究》，博士学位论文，北京师范大学。

张盼、马海珍，2011，《安徽省民营企业家特质研究——基于64份问卷的调查与分析》，《中国集体经济》第18期，第71－72页。

张维迎，2015，《企业理论与中国企业改革》，北京大学出版社。

Batey, M., & Furnham, A. (2006). Creativity, intelligence, and personality: a critical review of the scattered literature. *Genetic Social & General Psychology Monographs*, 132 (4), 355－429.

Begley, T. M., & Boyd, D. P. (1987). Psychological characteristics associated with performance in entrepreneurial firms and smaller businesses. *Journal of Business Venturing*, 2 (1), 79－93.

Beverley, Fehr, James, A., Russell, Lawrence, & M., Ward. (1982). Prototypicality of emotions: a reaction time study. *Bulletin of the Psychonomic Society*, 20 (5), 253－254.

Brandstätter, H. (1997). Becoming an entrepreneur—a question of personality structure? *Journal of Economic Psychology*, 18 (s 2－3), 157－177.

Brice, J. (2004). The role of personality dimensions on the formation of entrepreneurial intentions. *Depaul Law Review*.

Busenitz, L. W. (1999). Entrepreneurial risk and strategic decision making: it's a matter of perspective. *The Journal of Applied Behavioral Science: a Publication of the NTL Institute*, 35 (3), 325－340.

Busenitz, L. W., & Barney, J. B. (1997). Differences between entrepreneurs and managers in large organizations: biases and heuristics in strategic decision-making. *Journal of Business Venturing*, 12 (1), 9－30.

Bourne, L. E., Dominowski, R. L. & Lofus. (1979). Cognitive Processes. *American Journal of Psychology*, 92 (4).

Cantor, N., & Mischel, W. (1977). Prototypes in person perception. *Advances in experimental social psychology*, 12, 3－52.

Casson, M. (1982). *The entrepreneur: an economic theory.* Oxford: Martin Robertson.

Chell, E. (2008). *The entrepreneurial personality: a social construction* (*2nd ed.*). London:

Routledge.

Chell, E., Haworth, J., & Brearley, S. (1991). *The entrepreneurial personality: concepts, cases, and categories.* London, New York: Routledge.

Cromie S. (2000). Assessing entrepreneurial inclinations: some approaches and empirical evidence. *European Journal of Work & Organizational Psychology*, 9 (1), 7-30.

Fehr, B. (1988). Prototype analysis of the concepts of love and commitment. *Journal of Personality & Social Psychology*, 55 (4), 557-579.

Ferguson, M. J., & Bargh, J. A. (2004). Liking is for doing: the effects of goal pursuit on automatic evaluation. *Journal of Personality and Social Psychology*, 87, 557-572.

Fitzpatrick, R. (1994). Competence at work: models for superior performance. *Personnel Psychology*, 47 (2), 448.

Gideon D. Markman, & Robert A. Baron. (2003). Person-entrepreneurship fit: why some people are more successful as entrepreneurs than others. *Human Resource Management Review*, 13: 281-301.

Gregg, A. P., Hart, C. M., Sedikides, C., & Kumashiro, M. (2008). Everyday conceptions of modesty: a prototype analysis. *Personality and Social Psychology Bulletin*, 34 (7), 978-992.

Grégoire, D. A., Noël, M. X., Déry, R., & Béchard, J. P. (2006). Is there conceptual convergence in entrepreneurship research? A co-citation analysis of frontiers of entrepreneurship research, 1981-2004. *Entrepreneurship Theory and Practice*, 30 (3), 333-373.

Harman, C., & Sivapalan, M. (2008). Everyday conceptions of modesty: a prototype analysis. *Personality and Social Psychology Bulletin*, 34 (7), 978-992.

Hepper, E. G., Ritchie, T. D., Sedikides, C., & Wildschut, T. (2012). Odyssey's end: lay conceptions of nostalgia reflect its original Homeric meaning. *Emotion*, 12: 102-119.

Hisrich, R. D., & Öztürk, S. A. (1999). Women entrepreneurs in a developing economy. *Journal of Management Development*, 18 (2), 114-125.

Hisrich, R. D., & Peters, M. P. (1992). *Entrepreneurship: starting, developing, and managing a new enterprise.* McGraw-Hill/Irwin.

Hisrich, R., Langanfox, J., & Grant, S. (2007). Entrepreneurship research and practice: a call to action for psychology. *American Psychologist*, 62 (6), 575-589.

Kinsella, E. L., Ritchie, T. D., & Igou, E. R. (2015). Zeroing in on heroes: a prototype analysis of hero features. *Journal of Personality & Social Psychology*, 108 (1), 114.

Knight, F. H. (2006). Risk, uncertainty and profit. *Books on Demand*, (4), 682-690.

Langan-Fox, J. (2005). Analyzing achievement, motivation and leadership in women entrepreneurs: a new integration. *International handbook of women and small business entrepreneurship*, 32-41.

Leibenstein, H. (1966). Allocative efficiency vs. "x-efficiency". *American Economic Review*, 56 (3), 392-415.

Lerner, M., Brush, C., & Hisrich, R. (1997). Israeli women entrepreneurs: an examination of factors affecting performance. *Journal of Business Venturing*, 124 (4), 315-339.

Mesmer-Magnus, J. R., & DeChurch, L. A. (2009). Information sharing and team performance: a meta-analysis. *Journal of Applied Psychology*, 94 (2), 535 - 546.

Paivio, A. (1975). Coding distinctions and repetition effects in memory. *Psychology of Learning & Motivation*, 9, 179 - 214.

Rauch, A., & Frese, M. (2000). Psychological approaches to entrepreneurial success: a general model and an overview of findings. Psychological approaches to entrepreneurship. Psychological Press in association with the International Association of Applied Psychology.

Robert D. Hisrich. (2000). Can psychological approaches be used effectively: an overview. *European Journal of Work and Organizational Psychology*, 9 (1), 93 - 96.

Roediger, H. L., & McDermott, K. B. (1995). Creating false memories: remembering words not presented in lists. *Journal of Experimental Psychology Learning Memory & Cognition*, 21 (4), 803 - 814.

Rosch, E. (1978). Principles of categorisation. *Cognition and Categorisation*, 27 - 48.

Schumpeter, J. A. (1934). *The theory of economic development*. Cambridge, Mass: Harvard University Press.

Smith E E, & Medin D L. (1981). Categories and concepts. *Furnishing the Mind Concepts & Their Perceptual Basis Mit Press*, 35, 381 - 389.

Stewart, W. H., Jr., & Roth, P. L. (2001). Risk propensity differences between entrepreneurs and managers: a meta-analytic review. *Journal of Applied Psychology*, 86, 145 - 153.

Shalley, C. E., & Gilson, L. L. (2004). What leaders need to know: a review of social and contextual factors that can foster or hinder creativity. *Leadership Quarterly*, 15 (1), 33 - 53.

Taormina, R. J., & Lao, K. M. (2007). Measuring Chinese entrepreneurial motivation: personality and environmental influences. *International Journal of Entrepreneurial Behavior & Research*, 13 (4), 200 - 221.

Timmons, J. A. (1978). Characteristics and role demands of entrepreneurship. *American Journal of Small Business*, 3, 5 - 17.

Timmons, J. A., Smollen, L. E., & Dingee, A. L. M. (1985). *New venture creation*. Homewood, Ill.: Irvine.

Utsch, A., Rauch, A. J., Rothfuss, R., & Frese, M. (1999). Who becomes a small scale entrepreneur in a post-socialist environment: on the differences between entrepreneurs and managers in east Germany. *Journal of Small Business Management*, 37 (3), 31 - 42.

Wennekers, S., & Thurik, R. (1999). Linking entrepreneurship and economic growth. *Small Business Economics*, 13 (1), 27 - 56.

Winslow, E. K., & Solomon, G. T. (1988). Entrepreneurs are more than non-conformists: they are mildly sociopathic. *Journal of Creative Behavior*, 21, 202 - 213.

《中国社会心理学评论》 第19辑
第93～112页

大学生创业者大六人格特质对创业绩效的线性和非线性影响

——创业自我效能感的中介作用*

穆蔚琦 李府桂 叶丽媛 王 斌 徐 洁 周明洁**

摘 要：本研究旨在探讨大学生的人格特征（包含文化普适性人格特征和文化特异性人格特征）如何影响其创业表现，利用大五人格量表和CPAI－2中的人际关系性量表，对208名大学生创业者进行问卷调查。结果显示，对于创业者的个人成长满意度，外向性、宜人性、开放性以及人际关系性具有正向线性预测作用，神经质具有负向线性预测作用，创业自我效能感在其中起到中介作用。此外，责任心和人际关系性与创业者主观个人绩效呈正U型曲线关系。本研究探究了在中国文化背景下，创业者的人格特质尤其是本土化人格特质对创业绩效的线性和非线性影响，以及创业自我效能感的中介作用，研究结果对指导大学生创业具有一定的现实意义。

关键词：大五人格 人际关系性 创业自我效能感 创业绩效

---

* 本研究得到国家自然科学基金项目（71774156）的资助。

** 穆蔚琦，中国科学院心理研究所、中国科学院大学心理学系博士研究生；李府桂，中国科学院心理研究所、中国科学院大学心理学系博士研究生；叶丽媛，中国科学院心理研究所、中国科学院大学心理学系硕士研究生；王斌，西南科技大学法学院副教授；徐洁，安阳师范学院讲师；周明洁，中国科学院心理研究所、中国科学院大学心理学系副研究员，通讯作者，E-mail：zhoumj@ psych. ac. cn。

一　引言

李克强总理在2015年政府工作报告中指出，要“推动大众创业、万众创新”。创新、创造的关键在人。2017年9月25日，《中共中央　国务院关于营造企业家健康成长环境弘扬优秀企业家精神更好发挥企业家作用的意见》正式公布。该意见指出，企业家是经济活动的重要主体，要培养一批具有全球战略眼光、市场开拓精神、管理创新能力和社会责任感的优秀企业家。大学生是创业者中的一支重要的力量。中国人民大学发布的《2017年中国大学生创业报告》显示，近年来，中国大学生的创业意愿持续高涨，26%的在校大学生有强烈或较强的创业意愿。全球化智库发布的《2017中国高校学生创新创业调查报告》也显示，作为创新创业的重要主体，高校学生所处的时期是生活压力相对较小、时间相对充裕、失败成本相对较低的阶段，因此高校学生也更愿意去尝试创新创业。但是，大学生创业项目的存活率不容乐观。麦可思研究院撰写的《2017年中国大学生就业报告》显示，2013届本科毕业生中，毕业后选择自主创业的人群中，三年后超过一半的创业人群退出创业市场，大学生创业失败风险不容忽视。因此，如何提升大学生创业的存活率与成功率成为一个亟待解决的问题。

人格理论是用来解释创业成功的经典理论（Rauch，2014；Rauch & Frese，2007a）。虽然很多研究者关注了创业环境（余绍忠，2013；Gnyawali & Fogel，1994）、创业动机（Collins，Hanges，& Locke，2004；Robichaud，McGraw，& Alain，2001）等因素对创业绩效的影响，但是人格差异一直属于创业研究中传统的心理学研究视角（Zhou et al.，2019），而且随着人格五因素理论被研究者们普遍接受以及元分析方法的发展，人格理论近年来重新回到了创业研究的舞台上（Zhao，Seibert，& Lumpkin，2010；Brandstätter，2011）。西方的创业研究较为完整与全面地揭示了某些文化普适性人格特征（如大五人格）与创业绩效的关系。但是将西方的研究结果应用到中国，目前还存在两个问题：（1）大五人格用来解释中国人的创业行为时，与西方研究结果相比，影响模式是否一致？（2）已有的研究多关注文化普适性的人格特征，没有关注与中国文化相关的本土化人格特征，如人际关系性（Cheung et al.，2001）。因此，有必要探究文化普适性人格特征与文化特异性人格特征如何影响中国大学生的创业表现，以及其中可能存在的机制。相比于人格特质，创业自我效能感作为创业绩效更近端的一个影响因素，是否在大六人格与创业绩效间起中介作用？研究结果不仅可以帮助大学生根据自身性格特点选择更适合自己的就业方向，也可以帮助已经创业的大学生从人格的角度进行相应的行为调整，进一步提高创业的存活率或成功率。

（一）大五人格与大六人格

人格五因素模型包含外向性、宜人性、责任心、神经质和开放性五个维度，因其具有文化普适性而被广泛应用于世界各国的创业研究中。外向性描述的是人们自信、强势、精力充沛、活跃、健谈和热情的程度（Costa & McCrae，1992）。外向性得分高的人往往是愉快的，他们喜欢寻求刺激；外向性得分低的人喜欢花更多的时间独处，他们的特点是保守、安静和独立。宜人性表示一个人的人际取向，高宜人性的个体是信任他人的、宽容的，并且关心他人、利他，具有合作价值观和积极人际关系偏好，低宜人性的个体控制欲强、以自我为中心、多疑、无情等（Costa & McCrae，1992）。责任心是指一个人在追求目标实现过程中的组织性、持久性、努力程度和动机。一些研究人员把这种结构看作意志或努力工作的能力指标（Barrick & Mount，1991）。它是所有类型的工作和职业中表现得最一致的人格预测因子（Barrick，Mount，& Judge，2001）。神经质高的人更容易受到心理压力的影响，更容易出现一系列频繁、强烈的负面情绪，包括焦虑和担忧、抑郁和自卑等，他们对负面反馈很敏感，往往因为小的失败而气馁。面对困难的情况，他们可能会有担心、绝望或恐慌的反应（Zhao，Seibert，& Lumpkin，2010）。开放性描述了一个人在多大程度上对知识充满好奇心、在多大程度上倾向于寻求新的经验和探索新的想法等。一个高开放性的人可以被描述为有创造力的、创新的、有想象力的、能反思的和非传统的，缺乏开放性的人可能更传统、兴趣狭隘和缺乏分析能力等(Zhao & Seibert，2006)。

20 世纪 90 年代，由香港地区学者张妙清教授发起，香港中文大学心理学系与中国科学院心理研究所的学者们采用文化普适性（Etic）和文化特殊性（Emic）相结合的方法，共同开发、编制了一套人格测量工具——跨文化（中国人）个性测量表［Cross-cultural（Chinese）Personality Assessment Inventory，CPAI］（宋维真等，1993；Cheung et al.，1996）。该量表既包括跨文化一致性的维度，又保留了文化特殊性的维度。研究者通过将 CPAI 的成人版量表 CPAI－2 与大五人格量表（NEO Five-factor Inventory，NEO-FFI）进行联合因素分析，得到了 6 个共同因子（Cheung et al.，2008），又称其为人格六因素模型。其中没有一个NEO-FFI的分量表负载在“人际关系性”因子上，同时CPAI－2的“多样化”、“多元思考”和“艺术感”均负载在“开放性”因子上。因此，这6个共同因子分别为大五人格的五个因子加上CPAI－2的文化特殊性因子——“人际关系性”。值得注意的是，人际关系性可以看作中国文化背景下具有文化特殊性的一个人格维度。“人际关系性”包含了众多“本土化”人格构念，显示出中国人在社会上如何“做人”的行为模式及文化内涵，如讲究往来人情、避免当面冲突、维持表面和谐、大家都有面子等，表明一个人主动寻求与他人建立互动交换关系的行为模式（张建新、周明洁，2006）。

随后，研究者们将CPAI－2翻译成英文、韩文、日文、荷兰文、罗马尼亚文和越南文等多个版本，并利用这些译本在相应文化群体中进行问卷调查。因素分析结果显示，人际关系性因素仍然不能为大五人格模型所涵盖，并且获得显著的经验支持和应用效度。这表明西方人格理论与测评可能存在一些“盲点”，占据主流地位的西方人格理论更倾向于关注人的内心世界或者与遗传相关的个体特质，而忽略了社会文化和人际关系的重要作用。因此，人格六因素模型比人格五因素模型具有更高的解释力。

（二）创业绩效

本研究将创业者定义为目前正在经营自己公司的企业创始人或企业所有者。从社会认知论的视角来看，创业绩效研究的重点在于将创业者（或团队）作为分析单元，认为创业企业的生存取决于创业者（或团队）的动机和行为（余绍忠，2013）。虽然财务标准通常被认为是测量新创企业成功的最佳标准之一，但许多创业者是受到生活方式或个人因素的激发而去创业的。Walker 和 Brown（2004）以澳大利亚西部地区的290名小企业主作为调查对象，发现财政标准和非财政的生活方式都被用来判断企业是否成功，但后者更为重要，即个人的满足和成就感、职业自豪感、灵活的生活方式一般比创造财富更重要（Walker & Brown，2004）。Gorgievski、Ascalon 和 Stephan（2011）调查了150名荷兰小企业主心目中对成功的理解与其个人价值之间的关系，要求企业主对十个成功标准进行排名。结果显示，大多数小企业主将个人和人际标准排在了商业标准之前，个人满意度被认为是最重要的成功标准，而利润和使利益相关者（顾客和客户）感到满意，以及维持工作和私人生活之间的平衡的重要性均排在了个人满意度之后。鉴于此，本研究主要关注创业者的主观创业绩效。

（三）大五人格与创业绩效

1. 大五人格对创业绩效的线性影响

大五人格与创业绩效有密切关系。有研究发现，中小型家族企业创始人的外向性、责任心和开放性对创业绩效有正向影响，神经质对创业绩效有负向影响（Franco & Prata，2019）。Mei 等人（2017）对 280 名中国大学生进行的研究表明，外向性、责任心、情绪稳定性（低神经质）与创业意向呈正相关，宜人性和开放性对创业意向没有显著影响。Beek（2017）的研究发现，创业者的外向性对其主观评价的创业绩效有积极影响，对其他四个维度则没有影响。元分析研究结果表明，外向性、责任心、情绪稳定性和开放性与创业意向和创业绩效都显著正相关（Zhao，Seibert，& Lumpkin，2010）。总体来说，外向性、宜人性、责任心和开放性可能与创业绩效呈正相关，而神经质与创业绩效呈负相关。

2. 大五人格对创业绩效的非线性影响

也有研究表明，大五人格与工作绩效的关系可能是非线性的。在 Barry 和 Stewart（1997）的研究中，289 名研究生被分配到 4 人或 5 人小组（共 61 个小组），在几个星期内参与一系列创造性问题解决任务。结果表明，在个体层面，外向性高的人被认为比外向性低的人对团体结果有更大的影响，对完成任务的投入和对促进成员间互动的投入在其中起到中介作用；在团队层面，团体中比较外向的成员比例与任务关注度呈正 U 型曲线关系，与团队绩效呈倒 U 型曲线关系；而责任心与个体或团体层面的过程和结果均无关。Le 等人（2011）的研究结果表明，责任心和情绪稳定性与工作绩效呈倒 U 型曲线关系，尤其是情绪稳定性能显著预测组织公民行为和反工作行为。LaHuis、Martin 和 Avis（2005）对文职人员的研究也表明，责任心与上级评价的绩效呈倒 U 型曲线关系。也有研究者通过个人问题、社会因素、业务要素和服务项目四个维度对社会企业的绩效进行评估，研究结果表明外向性积极影响了服务项目维度，开放性消极影响了服务项目维度，神经质和责任心正向预测了个人问题和服务项目维度，宜人性积极预测了社会企业绩效的上述四个维度。研究结果还表明，神经质和个人问题、社会因素之间均呈正 U 型曲线关系，宜人性与社会企业绩效的上述四个维度均呈倒 U 型曲线关系（Liang et al.，2015）。Uppal（2017）利用印度人寿保险行业的数据对神经质与工作绩效之间的关系进行了研究，发现二者呈倒 U 型曲线关系。这些研究表明，对于不同职业的不同绩效，大五人格特质的非线性影响可能是不同的。大五人格特质对中国大学生创业绩效的影响还需进一步的研究。

（四）人际关系性与创业绩效

1. 人际关系性对创业绩效的线性影响

在中国社会，熟人文化的特征是非常明显的，关系是反映中国文化中人文伦理精神的一面镜子（张建新、周明洁，2006）。关系——一种利用商业关系中的联系建立起来的社交网络纽带，被认为是帮助组织保持竞争优势和取得卓越业绩的强有力的战略工具。Luo、Huang和Wang（2012）对涉及20212个组织的53项研究进行元分析，探讨“关系”和绩效之间的联系，结果表明，关系-绩效的总体效应量是显著正向的，他们认为和商业伙伴以及和政府当局的“关系”更紧密确实能提高组织绩效，而且商业关系和政府关系在中国大陆比在海外更重要。因此，我们有理由推测，如果创业者善于与他人，尤其是商业伙伴和拥有相关资源的人建立良好的关系，那么创业会更容易成功。

此外，人际关系水平高的人往往能与他人保持和谐的人际关系（王登峰、崔红，2008），他们乐观、富有同情心，非常在意自己的威望并且重视与他人的情感（张建新、周明洁，2006），通常会发展出与他人熟练沟通的能力。Mei等人（2017）的研究表明，人际关系性与创业意向呈正相关。张珊珊等人（2012）对餐饮服务企业的服务人员进行的研究也表明，人际关系性的分维度——和谐性与直接上级领导评价的工作绩效具有正向的线性关系，即一个人在人际关系中越能以和为贵，与人相处越和睦，越容易得到领导的高评价。我们有理由推测，在中国文化背景下，创业者的人际关系性会对其创业绩效产生影响，一个乐于与他人构建和谐关系的人更容易在创业舞台上施展自己的才华。

2. 人际关系性对创业绩效的非线性影响

也有研究表明，关系与企业销售增长呈倒U型曲线关系。也就是说，随着关系的发展，关系对企业绩效产生的负面影响会逐渐抵消其带来的正面影响并导致企业绩效的下降（Nie et al.，2011）。这意味着，一个人的人际关系性对其创业绩效的影响可能是复杂的。有研究表明，人际关系性的分维度中，面子与工作绩效呈倒U型曲线关系，而人情与工作绩效呈正U型曲线关系，其他本土化人格特质与工作绩效的关系均不显著（张珊珊等，2012）。因此，创业者的人际关系性与其创业绩效间的关系可能也是曲线的，本研究对此将进行进一步的探究。

（五）创业自我效能感的中介作用

人格取向的大多数研究者都赞成人格特质与创业成功是通过更具体、更近端的变量建立关系的（李海垒、宫燕明、张文新，2012）。自我效能感作为一种鼓励人们评价自己的信心和信念，是影响创业成功的重要因素（Jung et al.，2001）。创业自我效能感（entrepreneurial self-efficacy，ESE）是自我效能概念延伸到创业领域后产生的新概念，描述的是人们在多大程度上认为自己有能力成功应对创业中的不同角色和挑战（Hmieleski & Baron，2010）。Mei 等人（2017）将创业自我效能感定义为个人对自己有信心识别新想法的潜在价值、说服他人采纳新想法、在创业活动（如营销、创新、管理、风险承担、财务控制等）中与团队成员合作等能力的信念。如果一个人的创业自我效能感水平很低，那么他就不太可能充分参与新的创业过程。

首先，人格影响自我效能感。Wang 等人（2016）的研究表明外向性、宜人性、责任心和开放性能正向影响自我效能感，而神经质对自我效能感则没有显著影响。Thoms、Moore 和 Scott（1996）的研究表明神经质与加入自我管理的工作小组的自我效能感呈负相关，外向性和责任心与其呈正相关，而宜人性和开放性对自我效能感的影响不显著。Karwowski 等人（2013）的研究表明，创造性自我效能感与外向性、宜人性和开放性呈正相关，与神经质和宜人性呈负相关。同时，有研究表明，关系能正向影响企业效能感（Nie et al.，2011）。

其次，由于创业自我效能感包含个体能够有效地管理并执行特定行动的信念，因此它能够更合理地解释和预测人们在创业活动中的表现。Hmieleski 和 Corbett（2008）的研究表明创业自我效能感与新创企业的销售增长以及创业者的个人工作满意度之间均存在显著的正相关。Khedhaouria、Gurău 和 Torres（2015）的研究表明，自我效能感能显著预测小企业主对自己公司的财务利润、市场价值和销售额的主观评价。Siddiqui（2016）的研究也表明，创业自我效能感能显著正向预测创业者自评的创业绩效。

由于人格特质能影响自我效能感，而自我效能感又能预测创业绩效，因此我们推测创业自我效能感在人格特质与创业绩效之间起中介作用。众多研究表明，大五人格特质对创业意向有预测作用，且创业自我效能感在其中起到中介作用（Wang et al.，2016；Mei et al.，2017）。Tabak 等人

(2009) 发现，自我效能感在大学生责任心和学业表现之间起中介作用，责任心水平越高，自我效能感越高，学业表现越好。关于人际关系性与创业意向之间的关系，也有研究表明，创业自我效能感在其中起到中介作用(Mei et al.，2017)。因此，本研究假设创业者的人格特质能通过影响创业自我效能感进而影响其创业绩效。

综上所述，本研究将探究大六人格特质（包括大五人格的五个维度和人际关系性）与创业绩效的线性和非线性关系，并对其中的机制（创业自我效能感的中介作用）进行探讨。

二 方法

（一）被试

对四川、湖南、河南的3所高校的256名大学生创业者进行问卷调查，剔除问卷中出现大量空白以及被试作答不认真、大量选项连续选择相同选项的问卷后，回收208份有效问卷，有效作答率为81.25%。其中，男生占55.28%，来自乡镇或农村的被试占63.86%，平均年龄21.5岁（*SD* = 2.45)。

（二）工具

1. 因变量

本研究将主观创业绩效作为因变量，包含“个人成长满意度”和“价值目标实现”两个维度。个人成长满意度由“我对我朝着我进步目标取得的进展感到满意”和“我对自己能力提高的进度感到满意”两道题进行测量，Cronbach's α 系数为0.86。价值目标实现由“我已经在我的职业生涯中完成了一些有价值的事情”、“我已经在我的职业生涯中做成一些我想做的事情”、“我已经在我的职业生涯中让我的职业理想实现”、“我从我的工作中获得了成就感”、“通过我的创业行为，我的愿景和信仰得到证明，我非常有成就感”，以及“通过创业，我有了独立、自由、自豪的感觉”六道题进行测量，Cronbach's α 系数为0.86。均采用7点计分方式（1 = 完全不同意，7 = 完全同意）。

2. 自变量

自变量包括大五人格和本土化人格特质“人际关系性”。本研究使用由44道题组成的大五人格量表（John & Srivastava，1999）测量大五人格的5个维度（外向性、宜人性、责任心、神经质、开放性），采用5点计分方式（1 = 非常不同意，5 = 非常同意）。Cronbach's α 系数分别为：外向性 0.74，宜人性 0.70，责任心 0.73，神经质 0.72，开放性 0.68。人际关系性借鉴 Obschonka 等人（2019）的研究中使用的 CPAI－2 人际关系性分量表进行测量，Cronbach's α 系数为 0.81。

3. 中介变量

中介变量——创业自我效能感采用由 Mcgee 等人（2010）编制的量表进行测量，该量表共19题，采用7点计分方式（1 = 非常没有信心，7 = 非常有信心），Cronbach's α 系数为 0.90。

4. 控制变量

控制变量包括年龄、性别、负债（"家庭是否因上大学而负债?"，1 = 是，0 = 否）、资助（"您是否接受过各类助学金的资助?"，1 = 是，0 = 否）、父母创业经历（"您的父亲是否曾经创过业?""您的母亲是否曾经创过业?"，1 = 是，0 = 否）、个人受教育程度、父母受教育程度、家庭经济状况等。本研究还控制了个体对创业环境的满意度和创业动机。有研究表明，创业环境的一个关键作用就是帮助创业者发展创业倾向和能力，各种环境条件的存在有助于创业项目的出现和发展（Gnyawali & Fogel，1994）。创业动机也是微小企业成功的关键因素之一，它是指创业者通过创业活动来寻求目标的实现，这些目标决定了企业家的行为模式并间接地决定了企业的成功（Robichaud，McGraw，& Alain，2001）。对创业环境满意度的测量采用由易文婷（2012）编制的量表，对创业动机的测量采用由丁珂（2016）编制的量表。

（三）数据分析

研究采用 SPSS 22 和 R 3.4.3 对数据进行统计分析和处理。使用分层多项式回归分析分别检验人格特质各维度与两个主观创业绩效指标之间的非线性关系。首先，对各变量进行标准化处理，再使用标准化后的数据计算各人格维度的平方项。对每个人格维度与创业绩效的两个维度分别构建分层多项式回归方程（模型2）。具体来说，第一步，放入控制变量；第二步，放入人格特质一次项，如果回归系数显著，则说明人格特质与创业绩效具有线性关系；第三步，放入人格特质平方项，如果平方项回归系数显著且 R^2 改变量具有显著意义，则说明二者之间具有非线性关系，且平方项的回归系数为正时说明二者存在正U型曲线关系，平方项的回归系数为负时则说明二者存在倒U型曲线关系。

接下来，通过 Bootstrap 检验创业自我效能感（ESE）在人格特质各维度与创业绩效的线性关系间的中介作用。本研究还试图探究创业自我效能感是否在人格特质与创业绩效的曲线关系间起中介作用，借鉴 De Dreu（2006）的分析方式，创业自我效能感在曲线关系间的中介作用的成立需满足以下几个条件：（1）人格与 ESE 之间具有曲线关系；（2）ESE 与创业绩效相关；（3）当 ESE 被控制之后，人格与创业绩效不再相关；（4）ESE 被控制前后，创业绩效被人格所解释的变异量的减少是显著的。因此，分别对每个人格维度与 ESE 构建分层多项式回归方程（模型 1）。与模型 2 的建构过程类似，把模型 2 中的因变量替换为 ESE。如果第三步加入人格平方项后，平方项回归系数显著且 R^2 改变量具有显著意义，则表明人格与 ESE 之间具有曲线关系，从而验证条件（1）。而后，将 ESE 添加到控制变量中，重新对每个人格维度与创业绩效的两个维度分别构建分层多项式回归方程（模型 3）。如果此时人格特质平方项的回归系数不再显著，则验证条件（3）。将模型 3 与模型 1 的 R^2 进行比较，如果 R^2 改变量在统计上显著，则验证条件（4）。

三 结果

（一）描述性统计和相关分析

各变量的平均数、标准差以及变量间相关关系如表 1 所示。

表 1 描述性统计和相关分析结果

	平均数	标准差	1	2	3	4	5	6	7
1 外向性	3.42	0.56	–						
2 宜人性	3.74	0.49	0.44***	–					
3 责任心	3.44	0.53	0.46***	0.59***	–				
4 神经质	2.72	0.56	-0.51***	-0.46***	-0.62***	–			
5 开放性	3.51	0.49	0.46***	0.31***	0.49***	-0.36***	–		

续表

	平均数	标准差	1	2	3	4	5	6	7
6 人际关系性总分	3. 19	0. 45	0. 06	-0. 02	0. 00	0. 05	0. 16 *	-	
7 创业自我效能感	4. 84	0. 76	0. 39 ***	0. 32 ***	0. 48 ***	-0. 35 ***	0. 46 ***	0. 30 ***	-
8 个人成长满意度	4. 76	1. 03	0. 27 ***	0. 27 ***	0. 26 ***	-0. 27 ***	0. 24 ***	0. 26 ***	0. 47 ***

注：* $p<0.05$，*** $p<0.001$。

（二）人格对创业绩效的线性影响以及创业自我效能感的中介作用

外向性、开放性和人际关系性的一次项对个人成长满意度的回归系数显著为正（$B_L=0.17$，$SE=0.06$，$p<0.01$；$B_L=0.19$，$SE=0.06$，$p<0.01$；$B_L=0.20$，$SE=0.07$，$p<0.01$），且平方项回归系数不显著（见表2）。线性中介的 Bootstrap 结果（见表3）显示，对于个人成长满意度，外向性、宜人性、神经质、开放性和人际关系性对其间接影响的95%置信区间都不包括0，且宜人性和神经质的总效应边缘显著。这表明创业自我效能感在外向性、宜人性、神经质、开放性和人际关系性等各人格维度与个人成长满意度之间的中介作用稳定存在。

（三）人格对创业绩效的非线性影响

责任心的平方项对个人成长满意度和价值目标实现的回归系数均显著为正（$B_Q=0.13$，$SE=0.05$，$p<0.01$；$B_Q=0.11$，$SE=0.05$，$p<0.05$），且 R^2 增量显著（$\Delta R^2=0.03$，$p<0.01$；$\Delta R^2=0.02$，$p<0.05$），说明责任心与个人成长满意度和价值目标实现都呈正 U 型曲线关系（见图1）。即随着责任心水平的提高，个人成长满意度和价值目标实现的水平均先下降后上升。人际关系性平方项对价值目标实现的回归系数均显著为正（$B_Q=0.10$，$SE=0.04$，$p<0.05$），且 R^2 增量显著（$\Delta R^2=0.03$，$p<0.05$），说明人际关系性与价值目标实现呈正 U 型曲线关系（见图2）。即随着人际关系性的提高，价值目标实现先下降后上升。而人际关系性平方项对个人成长满意度的回归系数也为正（$B_Q=0.07$，$SE=0.04$，$p<0.1$），说明人际关系性对个人主观创业绩效的影响是一致的。

表2 人格、ESE和创业绩效的分层多项式回归

		ESE			个人成长满意度						价值目标实现					
		模型1			模型2			模型3			模型2			模型3		
		$B(SE)$	R^2	ΔR^2	$B(SE)$	R^2	ΔR^2	$B(SE)$	R^2	ΔR^2	$B(SE)$	R^2	ΔR^2	$B(SE)$	R^2	ΔR^2
第一步	ESE							0.34(0.07)***						0.32(0.07)***		
第二步	外向性	0.31(0.06)***	0.34	0.08***	0.17(0.06)**	0.33	0.02**	0.07(0.06)	0.40	0.00	0.05(0.07)	0.25	0.00	-0.05(0.07)	0.33	0.00
第三步	外向性平方项	0.05(0.05)	0.35	0.00	0.00(0.05)	0.33	0.00	-0.02(0.04)	0.40	0.00	0.04(0.05)	0.25	0.00	0.02(0.05)	0.33	0.00
第二步	宜人性	0.27(0.07)***	0.31	0.05***	0.13(0.07)+	0.32	0.01+	0.04(0.07)	0.40	0.00	-0.02(0.07)	0.24	0.00	-0.11(0.07)	0.33	0.01
第三步	宜人性平方项	-0.07(0.04)	0.32	0.01	-0.01(0.04)	0.32	0.00	0.01(0.04)	0.40	0.00	0.05(0.04)	0.25	0.01	0.08(0.04)+	0.35	0.01+
第二步	责任心	0.42(0.07)***	0.39	0.13***	0.14(0.07)*	0.32	0.02*	-0.00(0.07)	0.39	0.00	0.16(0.07)*	0.26	0.02*	0.03(0.08)	0.32	0.00
第三步	责任心平方项	0.02(0.05)	0.39	0.00	0.13(0.05)**	0.35	0.03**	0.12(0.04)**	0.42	0.02**	0.11(0.05)*	0.29	0.02*	0.11(0.05)*	0.34	0.02*
第二步	神经质	-0.24(0.07)**	0.30	0.04**	-0.12(0.07)+	0.32	0.01+	-0.04(0.07)	0.40	0.00	-0.11(0.07)	0.25	0.01	-0.04(0.07)	0.33	0.00
第三步	神经质平方项	0.01(0.04)	0.30	0.00	0.01(0.04)	0.32	0.00	0.00(0.04)	0.40	0.00	0.03(0.04)	0.26	0.00	0.03(0.04)	0.33	0.00
第二步	开放性	0.40(0.06)***	0.39	0.13***	0.19(0.06)**	0.34	0.03**	0.06(0.07)	0.40	0.00	0.09(0.07)	0.25	0.01	-0.05(0.07)	0.33	0.00
第三步	开放性平方项	-0.00(0.03)	0.39	0.00	0.06(0.04)+	0.35	0.01+	0.06(0.03)+	0.41	0.01+	0.06(0.04)	0.26	0.01	0.06(0.04)+	0.34	0.01+
第二步	人际关系性	0.22(0.07)**	0.30	0.04**	0.20(0.07)**	0.34	0.03**	0.14(0.07)*	0.41	0.01*	0.10(0.07)	0.25	0.01	0.03(0.07)	0.32	0.00
第三步	人际关系性平方项	0.04(0.04)	0.30	0.01	0.07(0.04)+	0.35	0.01+	0.06(0.04)+	0.42	0.01+	0.10(0.04)*	0.28	0.03*	0.09(0.04)+	0.34	0.02*

注：+ $p<0.1$，* $p<0.05$，** $p<0.01$，*** $p<0.001$，回归系数为非标准化回归系数，括号内为标准误。

表 3 线性中介的 Bootstrap 结果

		个人成长满意度		价值目标实现	
		p	95% CI	p	95% CI
外向性	总效应	0.01	[0.04, 0.29]	0.43	[−0.08, 0.19]
	直接效应	0.26	[−0.05, 0.20]	0.44	[−0.19, 0.08]
	间接效应		[0.04, 0.17]		[0.04, 0.18]
宜人性	总效应	0.07	[−0.01, 0.26]	0.80	[−0.16, 0.12]
	直接效应	0.56	[−0.09, 0.17]	0.11	[−0.25, 0.03]
	间接效应		[0.03, 0.15]		[0.03, 0.17]
责任心	总效应	0.04	[0.00, 0.27]	0.02	[0.02, 0.30]
	直接效应	0.98	[−0.14, 0.14]	0.68	[−0.12, 0.18]
	间接效应		[0.06, 0.23]		[0.06, 0.21]
神经质	总效应	0.08	[−0.26, 0.02]	0.11	[−0.26, 0.03]
	直接效应	0.53	[−0.17, 0.09]	0.57	[−0.18, 0.10]
	间接效应		[−0.15, −0.02]		[−0.15, −0.03]
开放性	总效应	0.00	[0.06, 0.31]	0.21	[−0.05, 0.22]
	直接效应	0.35	[−0.07, 0.20]	0.46	[−0.19, 0.09]
	间接效应		[0.05, 0.21]		[0.07, 0.22]
人际关系性	总效应	0.00	[0.07, 0.34]	0.15	[−0.04, 0.24]
	直接效应	0.04	[0.01, 0.26]	0.65	[−0.11, 0.17]
	间接效应		[0.02, 0.13]		[0.02, 0.13]

根据表 2，人格各维度的平方项对创业自我效能感的系数均不显著，结合上文数据分析部分提到的变量在曲线关系中的中介作用的判断方法，可知创业自我效能感在人格特质和创业绩效之间的曲线关系中并没有起到中介作用，不需要进行进一步的检验。

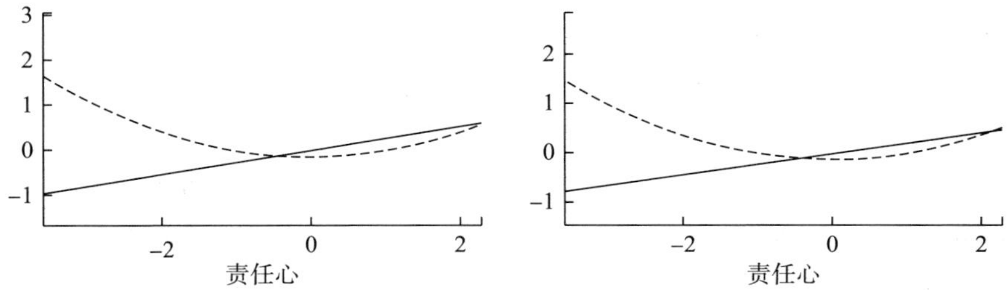

图 1 责任心与创业绩效的曲线关系（左图为责任心与个人成长满意度的关系，右图为责任心与价值目标实现的关系）

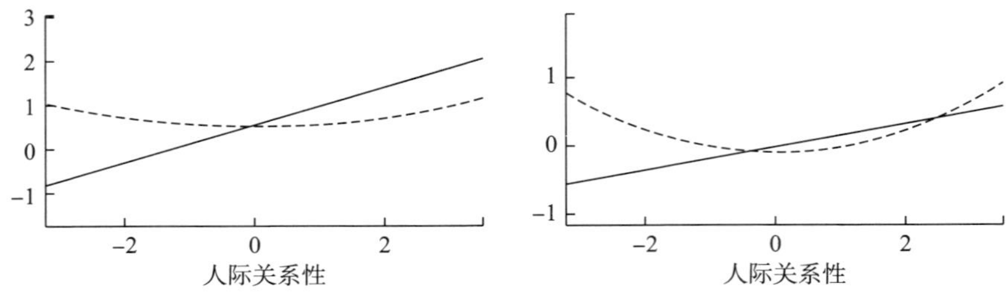

图2 人际关系性与创业绩效的曲线关系（左图为人际关系性与个人成长满意度的关系，右图为人际关系性与价值目标实现的关系）

四 讨论

在大力推动“大众创业，万众创新”的时代背景下，众多大学生具有极强的创业意愿，并积极创业。然而创业项目的存活率不容乐观，这说明并不是所有人都适合创业。从人-境匹配的视角来看，人们所选择的工作是与其个性相匹配的。具有某些人格特征的个体更容易选择创业，也更容易创业成功。因此，本研究探究了人格特质对主观创业绩效的影响。结果表明，大五人格中的外向性、宜人性、开放性对个人成长满意度的影响都是正向的，神经质对个人成长满意度的影响是负向的。其中，宜人性和神经质是边缘显著。这与以往的元分析研究结果（Zhao，Seibert，& Lumpkin，2010）基本一致。以往研究发现宜人性对创业绩效没有显著影响，本研究发现宜人性对大学生创业者的个人成长满意度具有正向预测作用，这可能是由于在讲究关系的中国社会，创业者表现得越友好，就越能更好地与他人合作，也更容易在与他人的协作中达成目标、提升自己。

由于中国独特的熟人文化，“关系”对创业成功的影响在中国显得十分重要，这种社会文化培育了中国人本土化的人格特质——“人际关系性”。所以本研究在大五人格之外，又探究了“人际关系性”对创业绩效的影响。结果表明，人际关系性对个人成长满意度具有正向预测作用，一个人际关系性水平高的人，更乐于也更善于与他人保持和谐的人际关系。这可能是由于个体对自身的评价易受到他人评价的影响，创业者若善于与利益相关方（合作伙伴和客户等）保持良好的互动，那么和谐的关系会引发创业者对自身更高的评价。

有研究表明，人格特质与创业绩效之间的关系可能不是线性的，因而本研究还探究了人格特质对创业绩效的非线性影响。研究结果表明责任心与个人成长满意度和价值目标实现都呈正 U 型曲线关系，即随着责任心水平的提高，个人成长满意度和价值目标实现的水平均先下降后上升。这与以往对公共机构员工的研究结果（Le et al.，2011；LaHuis，Martin，& Avis，2005）不一致。这可能是被试的职业特点不同导致的。相比于公共机构的一般文职员工，创业者需要更强烈的工作动机，责任心强意味着创业者的创业动机比较强烈，创业者能有组织性地坚持创业，从而提升自己并实现创业目标。另一方面，有研究表明，责任心与黑暗人格中的马基雅维利主义和心理病态均呈负相关（Paulhus & Williams，2002），而黑暗人格水平高的个体相比于黑暗人格水平低的个体更倾向于从事创业活动（Hmieleski & Lerner，2016；Do & Dadvari，2017），因此责任心较弱的个体也可能比较适合创业。

本研究还发现，人际关系性与创业绩效呈正 U 型曲线关系。从结果可以看出，人际关系性对个人主观创业绩效的影响整体上是正向的。人际关系性低的个体之所以也容易获得较高的创业绩效，可能是因为在西方文化背景下，“会做人”并没有像在中国社会中那样被如此刻意地强调，这些人际关系性较低的个体会更多地体现出西方文化下的创业精神，即更倾向于通过法律规章来获得自己的利益而不是依赖于“人情网络”的庇护，因此也会取得较高的创业绩效（童光来，2004）。

为了探究人格特质对主观创业绩效的作用机制，本研究检验了创业自我效能感的中介作用。结果表明，创业自我效能感在外向性、宜人性、神经质、开放性和人际关系性等人格维度与个人成长满意度的线性关系之间的中介作用是稳定的。这表明越外向、宜人性越高、情绪越稳定、越开放、人际关系性越高的个体，其越有信心应对创业过程中的挑战，对自身成长的评价越积极。

本研究的理论意义首先在于不仅验证了大五人格对创业绩效的影响，而且探究了在中国文化背景下，本土化人格特质——人际关系性对大学生创业者主观创业绩效的影响。其次，在线性关系之外，本研究探讨了大五人格和人际关系性对创业绩效的非线性影响，更贴切地显示二者之间的复杂关系。最后，本研究探讨了人格特质对大学生创业绩效的影响机制，即创业自我效能感的中介作用。本研究对指导大学生创业也具有一定的现实意义，大学生创业者可根据自身性格特点来考虑自己是否适合创业；人格虽然相对稳定，但并非不可改变（Roberts et al.，2017；Hudson & Fraley，2015），本研究也可以指导已经创业的大学生从人格的角度进行行为调整。

本研究也存在一些不足。首先，人格五因素模型描述的是一种普遍的人格模式，针对多变的创业过程，大五人格的解释难免有些笼统。有研究表明，与没有与任务相匹配的特质相比，与任务相匹配的特质（如主动性人格）与创业行为（商业创新、商业成功）的相关显著更高（Rauch & Frese，2007b）。Leutner等人（2014）通过测量个体在创业行为（机会认知、机会利用、创新和价值创造）倾向上的差异程度来评估创业人格，研究结果也表明这些更狭义的人格特质对不同形式的创业成功的预测效果要优于传统的大五人格。因此，之后的研究可以将大五人格的每个维度与狭义的创业人格相对应，从而更好地估计创业者人格特质对创业绩效的影响。其次，创业绩效的指标选取较为单一。在理论界，关于创业成功的研究分为定性与定量研究两类，研究对象分为创业企业与创业者两种。定性与定量研究使创业成功的研究方法分为主观方法与客观方法两类，其研究对象（创业企业与创业者）使创业成功的内涵又分为创建新企业的成功与创业者事业的成功两种（张秀娥、赵敏慧，2018）。严格来说，本研究仅讨论了人格特质对创业者事业成功的影响，以后的研究可以探讨人格特质对创业者主、客观创业绩效的影响有无差异。

参考文献

丁珂，2016，《大学生创业的社会支持、自身创业动机对创业绩效的影响》，硕士学位论文，陕西师范大学。

李海垒、宫燕明、张文新，2012，《创业人格研究述评》，《心理科学进展》第3期，第91－99页。

宋维真、张建新、张建平、张妙清、梁觉，1993，《编制中国人个性测量表（CPAI）的意义与程序》，《心理学报》第4期，第400－407页。

童光来，2004，《中国人人格界定六维说》，《北京科技报》第9期。

王登峰、崔红，2008，《中国人的人格特点（Ⅵ）：人际关系》，《心理学探新》第4期，第41－45页。

易文婷，2012，《基于创业动机的大学生创业环境研究》，硕士学位论文，湖北工业大学。

余绍忠，2013，《创业绩效研究述评》，《外国经济与管理》第2期，第34－42页。

张建新、周明洁，2006，《中国人人格结构探索——人格特质六因素假说》，《心理科学进展》第4期，第574－585页。

张珊珊、周明洁、陈爽、张建新，2012，《本土化人格特质与工作绩效的关系：线性与非线性》，《心理科学》第6期，第1440－1444页。

张秀娥、赵敏慧，2018，《创业成功的内涵、维度及其测量》，《科学学研究》第3期，第474－483页。

Barrick, M. R. , & Mount, M. K. (1991) . The big five personality dimensions and job performance: a meta-analysis. *Personnel Psychology*, 44 (1), 1 - 26.

Barrick, M. R. , Mount, M. K. , &Judge, T. A. (2001) . Personality and performance at the beginning of the new millennium: What do we know and where do we go next? *International Journal of Selection and Assessment*, 9 (1 - 2), 9 - 30.

Barry, B. , & Stewart, G. L. (1997) . Composition, process, and performance in self-managed groups: the role of personality. *Journal of Applied psychology*, 82 (1), 62 - 78.

Beek, R. C. (2017) . The influence of personality on entrepreneurial performance: an investigation of the effects of the big five personality factors and entrepreneurial learning on the subjective performance of start-up entrepreneurs (Master's thesis, University of Twente).

Brandstätter, H. (2011) . Personality aspects of entrepreneurship: a look at five meta-analysis. *Personality and Individual Differences*, 51 (3), 222 - 230.

Cheung, F. M. , Cheung, S. F. , Zhang, J. , Leung, K. , Leong, F. T. , & Yeh, K. H. (2008) . Relevance of Openness as a Personality Dimension in Chinese Culture Aspects of its Cultural Relevance. *Journal of Cross-Cultural Psychology*, 39 (1), 81 - 108.

Cheung, F. M. , Leung, K. , Fan, R. M. , Song, W. Z. , Zhang, J. X. , & Zhang, J. P. (1996) . Development of the Chinese personality assessment inventory. *Journal of Cross-Cultural Psychology*, 27 (2), 181 - 199.

Cheung, F. M. , Leung, K. , Zhang, J. X. , Sun, H. F. , Gan, Y. Q. , Song, W. Z. , & Xie, D. (2001) . Indigenous Chinese personality constructs: is the five-factor model complete? *Journal of Cross-Cultural Psychology*, 32 (4), 407 - 433.

Collins, C. J. , Hanges, P. J. , & Locke, E. A. (2004) . The relationship of achievement motivation to entrepreneurial behavior: a meta-analysis. *Human performance*, 17 (1), 95 - 117.

Costa, P. T. , & MacCrae, R. R. (1992) . *Revised NEO personality inventory (NEO PI-R) and NEO five-factor inventory (NEO-FFI): Professional manual.* Psychological Assessment Resources, Incorporated.

De Dreu, C. K. W. (2006) . When too little or too much hurts: evidence for a curvilinear relationship between task conflict and innovation in teams. *Journal of Management*, 32 (1), 83 - 107.

Do, B. R. , & Dadvari, A. (2017) . The influence of the dark triad on the relationship between entrepreneurial attitude orientation and entrepreneurial intention: a study among students in Taiwan University. *Asia Pacific Management Review*, 22 (4), 185 - 191.

Franco, M. , & Prata, M. (2019) . Influence of the individual characteristics and personality traits of the founder on the performance of family SMEs. *European Journal of International Management*, 13 (1), 41 - 68.

Gnyawali, D. R. , & Fogel, D. S. (1994) . Environments for entrepreneurship development: key dimensions and research implications. *Entrepreneurship Theory and Practice*, 18 (4), 43 - 62.

Gorgievski, M. J., Ascalon, M. E., & Stephan, U. (2011). Small business owners' success criteria, a values approach to personal differences. *Journal of Small Business Management*, 49 (2), 207-232.

Hmieleski, K. M., & Baron, R. A. (2010). When does entrepreneurial self-efficacy enhance versus reduce firm performance? *Strategic Entrepreneurship Journal*, 2 (1), 57-72.

Hmieleski, K. M., & Corbett, A. C. (2008). The contrasting interaction effects of improvisational behavior with entrepreneurial self-efficacy on new venture performance and entrepreneur work satisfaction. *Journal of Business Venturing*, 23 (4), 482-496.

Hmieleski, K. M., & Lerner, D. A. (2016). The dark triad and nascent entrepreneurship: an examination of unproductive versus productive entrepreneurial motives. *Journal of Small Business Management*, 54 (S1), 7-32.

Hudson, N. W., & Fraley, R. C. (2015). Volitional personality trait change: can people choose to change their personality traits? *Journal of Personality and Social Psychology*, 109 (3), 490.

John, O. P., & Srivastava, S. (1999). The big five trait taxonomy: history, measurement, and theoretical perspectives. In L. A. Pervin & O. P. John (Eds.), *Handbook of personality: Theory and research* (pp. 102-138). New York, NY, US: Guilford Press.

Jung, D. I., Ehrlich, S. B., De Noble, A. F., & Baik, K. B. (2001). Entrepreneurial self-efficacy and its relationship to entrepreneurial action: a comparative study between the US and Korea. *Management International*, 6 (1), 41.

Karwowski, M., Lebuda, I., Wisniewska, E., & Gralewski, J. (2013). Big five personality traits as the predictors of creative self-efficacy and creative personal identity: Does gender matter? *The Journal of Creative Behavior*, 47 (3), 215-232.

Khedhaouria, A., Gurău, C., & Torres, O. (2015). Creativity, self-efficacy, and small-firm performance: the mediating role of entrepreneurial orientation. Small Business Economics, 44 (3), 485-504.

LaHuis, D. M., Martin, N. R., & Avis, J. M. (2005). Investigating nonlinear conscientiousness-job performance relations for clerical employees. *Human Performance*, 18 (3), 199-212.

Le, H., Oh, I. S., Robbins, S. B., Ilies, R., Holland, E., & Westrick, P. (2011). Too much of a good thing: curvilinear relationships between personality traits and job performance. *Journal of Applied Psychology*, 96 (1), 113-133.

Leutner, F., Ahmetoglu, G., Akhtar, R., & Chamorro-Premuzic, T. (2014). The relationship between the entrepreneurial personality and the big five personality traits. *Personality and Individual Differences*, 63, 58-63.

Liang, C. T., Peng, L. P., Yao, S. N., & Liang, C. (2015). Developing asocial enterprise performance scale and examining the relationship between entrepreneurs' personality traits and their perceived enterprise performance. *Journal of Entrepreneurship, Management and Innovation*, 11 (3), 89-116.

Luo, Y., Huang, Y., & Wang, S. L. (2012). Guanxi and organizational performance: a meta-analysis. *Management and Organization Review*, 8 (1), 139 - 172.

Mcgee, J. E. , Peterson, M. , Mueller, S. L. , & Sequeira, J. (2010). Entrepreneurial self-efficacy: refining the measure. *Social Science Electronic Publishing*, 33 (4), 965 - 988.

Mei, H. , Ma, Z. , Jiao, S. , Chen, X. , Lv, X. , & Zhan, Z. (2017). The sustainable personality in entrepreneurship: the relationship between big six personality, entrepreneurial Self-Efficacy, and Entrepreneurial Intention in the Chinese Context. *Sustainability*, 9 (9), 1649.

Nie, R. , Zhong, W. , Zhou, M. , Jiang, W. , & Wang, X. (2011). A bittersweet phenomenon: the internal structure, functional mechanism, and effect of guanxi on firm performance. *Industrial Marketing Management*, 40 (4), 540 - 549.

Obschonka, M. , Zhou, M. , Zhou, Y. , Zhang, J. , & Silbereisen, R. K. (2019). "Confucian" traits, entrepreneurial personality, and entrepreneurship in China: a regional analysis. *Small Business Economics*, 53 (4), 96 - 979.

Paulhus, D. L. , & Williams, K. M. (2002). The dark triad of personality: narcissism, machiavellianism, and psychopathy. *Journal of Research in Personality*, 36 (6), 556 - 563.

Rauch, A. (2014). "Predictions of entrepreneurial behavior: A personality approach" . In E. Chell & M. Karats-Özkan (Eds.), *Handbook of Research on Small Business and Entrepreneurship* (pp. 165 - 183). Cheltenham, UK: Edward Elgar Publishing.

Rauch, A. , & Frese, M. (2007a). Born tobe an Entrepreneur? Revisiting the personality approach to entrepreneurship. In J. R. Baum, M. Frese, & R. A. Baron (Eds.), *The Psychology of Entrepreneurship* (pp. 41 - 65) (The organizational frontiers series). Mahwah: Lawrence Erlbaum Associates.

Rauch, A. , & Frese, M. (2007b). Let's put the person back into entrepreneurship research: a meta-analysis on the relationship between business owners' personality traits, business creation, and success. *European Journal of Work and Organizational Psychology*, 16 (4), 353 - 385.

Roberts, B. W. , Luo, J. , Briley, D. A. , Chow, P. I. , Su, R. , & Hill, P. L. (2017). A systematic review of personality trait change through intervention. *Psychological Bulletin*, 143 (2), 117.

Robichaud, Y. , McGraw, E. , & Alain, R. (2001). Toward the development of a measuring instrument for entrepreneurial motivation. *Journal of Developmental Entrepreneurship*, 6 (2), 189.

Siddiqui, M. A. (2016). Entrepreneurialpassion as mediator of the entrepreneurial self efficacy and entrepreneurial performance, relationship: an Empirical study in small medium businesses. *Journal of Entrepreneurship & Organization Management*, 5 (3), 1 - 7.

Tabak, F. , Nguyen, N. , Basuray, T. , & Darrow, W. (2009). Exploring the impact of personality on performance: how time-on-task moderates the mediation by self-efficacy. *Personality and Individual Differences*, 47 (8), 823 - 828.

Thoms, P. , Moore, K. S. , & Scott, K. S. (1996). The relationship between self-efficacy for participating in self-managed work groups and the big five personality dimensions. *Journal of Organizational Behavior*, 17 (4), 349 - 362.

Uppal, N. (2017). Moderation effects of perceived organizational support on curvilinear relationship between neuroticism and job performance. *Personality and Individual Differences*, 105, 47 - 53.

Walker, E., & Brown, A. (2004). What success factors are important to small business owners? *International Small Business Journal*, 22 (6), 577 - 594.

Wang, J. H., Chang, C. C., Yao, S. N., & Liang, C. (2016). The contribution of self-efficacy to the relationship between personality traits and entrepreneurial intention. *Higher Education*, 72 (2), 209 - 224.

Zhao, H., & Seibert, S. E. (2006). The big five personality dimensions and entrepreneurial status: a meta-analytical review. *Journal of Applied Psychology*, 91 (2), 259.

Zhao, H., Seibert, S. E., & Lumpkin, G. T. (2010). The relationship of personality to entrepreneurial intentions and performance: a meta-analytic review. *Journal of Management*, 36 (2), 381 - 404.

Zhou, M., Zhou, Y., Zhang, J., Obschonka, M., & Silbereisen, R. K. (2019). Person-city personality fit and entrepreneurial success: an explorative study in China. *International Journal of Psychology*, 54 (2), 155 - 163.

《中国社会心理学评论》 第 19 辑
第 113 ~ 126 页

创业风险感知在男女大学生创新自我效能感与创业意愿关系间的调节效应*

应小萍 王金凯**

摘 要：立足进化心理学角度，本研究基于对 312 名在校大学生的创业心态调查，探讨男女大学生的创业风险感知、创新自我效能感和创业意愿之间的关系。结果表明，男女大学生的创新自我效能感与创业意愿显著正相关；女大学生的创业意愿显著低于男大学生；女大学生的创业风险感知与创业意愿显著负相关；女大学生的创业风险感知在创新自我效能感和创业意愿之间起调节作用。研究结果支持进化心理学关于性别差异的相关理论学说，对引导和促进大学生的创业意愿具有一定的指导意义。

关键词：创新自我效能感 创业意愿 创业风险感知 进化心理学 性别差异

一 引言

2020 年，普通高校毕业生规模继续创历史新高，将会达到 874 万人①，

---

* 本研究得到国家社会科学基金重大项目“社会心理建设：社会管理的心理学路径”（16ZDA231）的资助。

** 应小萍，中国社会科学院社会学研究所、中国社会科学院社会学研究所社会心理学研究中心、中国社会科学院社会心理与行为实验室副研究员，通讯作者，E-mail：yingxp@cass.org.cn；王金凯，中国社会科学院－上海市人民政府上海研究院硕士研究生。

① 《2020 届高校毕业生规模预计达 874 万人》，http://www.xinhuanet.com/2019－10/31/c_1125178211.htm，最后访问时间：2020 年 3 月 8 日。

学生、学校、家庭和社会各方面都将面临巨大的就业压力。着力促进高校毕业生的就业创业，是2018年政府工作报告中提高保障和改善民生水平的一项强有力措施，并且政府针对高校820多万毕业生的就业提出了具体明确的建议，鼓励多渠道就业，支持以创业带动就业①。2019年政府工作报告中也再次提出要扎实做好高校毕业生重点群体就业工作②。已有调查数据显示，2014~2018届大学毕业生半年后自主创业的比例分别为2.9%、3.0%、3.0%、2.9%、2.7%，追踪调查发现2014届和2015届大学毕业生三年后自主创业的比例为6.3%、6.2%。近年来，大学生的自主创业比例呈现基本持平但略微下降的趋势（王伯庆、马妍，2019）。

研究在校大学生的创业意愿（entrepreneurial intention）是了解大学生毕业后进行自主创业的关键指标。创业意愿是预测个体创业行为的核心指标，内在个人因素或外在环境因素都必须通过创业意愿而对创业行为产生积极或消极影响（Bird，1988）。对大学生创业意愿的研究能够为理解个体创业原因、给予创业支持提供有价值的指导信息。创业意愿是一个人自我认可的信念，即有意识地和有计划地在未来建立一个新的企业（Thompson，2009）。

以往研究发现，创业意愿受到个体自身与社会的多种因素的影响，如勇敢、韧性、希望和乐观等（柯江林、冯静颖、邓建光，2013；Zhao et al.，2019），自主、安全、普遍主义等价值观（Yang，Hsiung，& Chiu，2015；Bolzani & Foo，2018），对创业环境的认知和预判（乐国安、张艺、陈浩，2012；叶宝娟、方小婷，2017），以及所拥有的创业资源（Kong et al.，2019）等。其中，自我效能感（self-efficacy）对创业意愿的积极预测作用在很多研究中都得到了证实，个体的自我效能感越强，个体越有可能进行创业活动（Molino et al.，2018；Esfandiar et al.，2019）。自我效能感是指个体感到自己有能力完成某项任务（Bandura，1977），对自己能力与效率的积极信念有助于我们获得成功。而某一特定领域的自我效能感可以有效地预测个体在该领域的表现（Bandura，1986）。创新自我效能感（creative self-efficacy）是Tierney和Farmer（2002）在自我效能感框架的基础上提出的，指的是个体对自己有能力产生创造性成果的信念。创新自我效能

① 《2018年政府工作报告——2018年3月5日在第十三届全国人民代表大会第一次会议上》，http://www.gov.cn/guowuyuan/2018zfgzbg.htm，最后访问时间：2020年3月8日。

② 《2019年政府工作报告——2019年3月5日在第十三届全国人民代表大会第二次会议上》，http://www.gov.cn/guowuyuan/2019zfgzbg.htm，最后访问时间：2019年8月16日。

感作为一种具体的自我效能，能够显著提高发散性思维的流畅性（Hass, Katz-Buonincontro, & Reiter-Palmon, 2019），激发个体的创造力（Richter et al., 2012; Li et al., 2020），增强个体的创新动机（陈培峰、王亚婷，2014），激励个体进行创新创造行为（Tierney & Farmer, 2011; Newman et al., 2018），在自主创业中会有更多的变革性和前瞻性行为（孙春玲等，2015），参与更多的创业活动（Kalar, 2020）。大众创业，万众创新，创新和创业相连一体、共生共存，开展创业活动需要一定的创新能力，创新自我效能感是创新能力的核心成分，创新自我效能感越强的大学生，其创业意愿就越强（师保国等，2017; Fuller et al., 2018）。

本研究旨在考察大学生创新自我效能感与创业意愿之间的关系。本研究将大学生创业意愿界定为：创业心态视角下，在校大学生对未来创业活动的积极态度，包括创业兴趣、三年内创业可能性和创业准备程度三个指标；将创新自我效能感界定为：个体对执行某种创新行为能力的主观判断（师保国等，2017）。已有研究结果一致显示大学生的创新自我效能感能正向预测其创业意愿，但对其中的机制仍然缺乏研究。

全球创业观察（Global Entrepreneurship Monitor, GEM）报告指出，与男性相比，无论是在要素驱动经济、效率驱动经济，还是创新驱动经济中，女性参与创业的可能性都更低（Global Entrepreneurship Research Association, 2018）。在中国，开始早期创业活动的男性比例为9.4%，而女性为7.9%；成功建立固定企业的男性比例为10.4%，而女性仅为8.2%（Niels et al., 2020），中国女性在创业中的参与程度明显低于男性。

基于进化心理学的解释，男女工作场所中的差异被认为是男女在演化过程中承受的是不一样的自然选择而带来的压力，进而演化为具有性别差异的心理特点和认知风格。在漫长的人类进化发展史上，由于男女的生理构成、承担的角色、面临的问题等方面存在着区别，因而男性和女性有着不同的心理机制。不同的推断、决策规则、偏好和动机等都会导致男性和女性基于相同的信息做出不同的决策（Cosmides & Tooby, 2013）。男性和女性有着不同的社会分工，男性为了成功繁衍后代，需要获得更多的物质资源和社会地位，而女性成功繁衍后代的主要方法是照顾子女（米勒、金泽哲，2010；巴斯，2015）。和普通工作相比，创业活动意味着需要投入更多的时间和精力。当然，对创业前景的预期是可能获得更多的回报，如金钱或社会地位。现代女性不愿意承受创业所带来的风险，因为女性长期承担养育后代、采摘和养殖等职责，相比于男性负责狩猎和进行战争的职责，女性更加注重对自身和后代安全的保护，承担风险的后果是自己和孩子更容易被淘汰。女性与男性相比，也不愿意获得因创业而可能带来的高的社会地位，因为高地位与成功繁衍后代的关系不大。女性也不愿意处于创业活动所带来的竞争环境中，因为女性不像男性那样需要通过互相竞争争取配偶以获得后代繁衍。和男性不同，女性将工作看作福利和成长以获得成就感的地方。面对可能带来高收入和地位的创业（代价是付出极大的牺牲），女性放弃创业的可能性会更高。

已有研究表明，创业风险感知与创业意愿呈显著的负相关（Laguía González et al.，2019）。一方面，那些敢于直面风险、冒险倾向高的个体更倾向于从事创业活动（Zhao，Seibert，& Lumpkin，2009；李海垒、宫燕明、张文新，2013；Gu et al.，2018）；另一方面，惯于规避风险、注重安全感的个体则创业意愿较弱（赵向阳、李海、孙川，2014；Yang，Hsiung，& Chiu，2015）。根据安全感的控制维度（丛中、安莉娟，2004），本研究将创业风险感知界定为对生活和创业的预测、确定感和控制感。

已有研究也发现在校女大学生的创业意愿显著低于男大学生（师保国等，2017；Díaz-García & Jiménez-Moreno，2010；乐国安、张艺、陈浩，2012；胡闲秋、李海垒、张文新，2016），她们倾向于选择轻松、稳定和工作压力较小的职业，而较少选择自主创业。在创业社会心态方面，研究发现创业支持缺乏、自我效能感等因素对创业意愿的影响在男性和女性身上有着程度上的差别。对男性来说，创业支持缺乏与创业意愿的负相关关系比女性要弱（Shinnar，Giacomin，& Janssen，2012），而自我效能感对创业意愿的影响强于女性（Molino et al.，2018）。同样地，男性与女性在风险感知方面是明显不同的。大量证据显示，风险环境下所做的决策存在着性别差异（Byrnes，Miller，& Schafer，1999；单雯等，2010；Fisher & Yao，2017）。概括地说，男性比女性更敢于承担风险，更喜欢冒险。

进化心理学提出的女性化创新创业的“安全创业兼顾”假说（应小萍，2016）认为，女性具有与男性不同的创业基本方式和特征，反映在大学生的创业风险感知、创新自我效能感和创业意愿关系上，而不是简单地反映在创业意愿上的性别差异，如女大学生比男大学生的创业意愿弱、创业风险感知高。性别差异体现在创新自我效能感影响创业意愿的内在机制上，对于女大学生而言，创业风险感知在其中起调节作用，创业风险感知越高的女大学生，其创新自我效能感对创业意愿的正向预测作用越弱；而创业风险感知越低的女大学生，其创新自我效能感对创业意愿的正向预测作用越强。而在男大学生创业活动中不需要“安全创业兼顾”，创业风险感知将不会影响创新自我效能感与创业意愿之间的关系。因此，本研究也将为检验基于进化心理学的女性化“安全创业兼顾”提供一个可验证框架，同时有助于根据男女大学生的不同创业特点提出更适合的建议。

二　方法

（一）被试

数据来自在问卷宝 App 完成的创业心态问卷，数据收集时间为 2015 年 11 月 24 日至 12 月 2 日。问卷分为主问卷和附加问卷（创业风险感知量表在附加问卷），附加问卷由系统推送给完成主问卷的前 3000 名有效被调查者。参与调查的有效样本量为 11767 人，参与附加问卷的样本量为 3009 人。选取同时回答附加问卷的在校大学生 312 人，其中，女生 128 人，男生 184 人；专科学历者 110 人，本科学历者 202 人。

（二）测量

1. 创业意愿

创业意愿包括与创业兴趣、三年内创业的可能性、创业准备状况相关的三道题，要求被试采用李克特 5 点计分法进行评分，1 代表“完全不符合”，5 代表“完全符合”，分数越高，表示创业意愿越强。内部一致性系数为 0.77，信度较好。

2. 创新自我效能感

根据 Tierney 和 Farmer（2002）的创新自我效能感概念和测量题目，以及阳莉华（2007）编制的大学生创新自我效能感量表，编制四题“您经常能提出新的点子和建议、您易于接受新鲜事物、您自身创造力强、您对新任务中的挑战能自如应付”测量创新自我效能感。要求被试采用李克特 5 点计分法，1 代表“完全不符合”，5 代表“完全符合”，对题目进行评分，得分越高，表明创新自我效能感越强。内部一致性系数为 0.83，验证性因素分析结果为 RMSEA = 0.00，χ^2/df = 0.91，CFI = 1.00，表明此量表的信度和效度较好。

3. 创业风险感知

根据丛中和安莉娟（2004）的安全感量表的控制确定感维度的题目，编制测量对生活和创业的预测、确定感和控制感的创业风险感知量表。该量表包括七题：总是担心创业过程中会发生什么不测、从不敢拒绝朋友的请求、一直觉得自己挺倒霉、总是担心太好的创业伙伴关系以后会变坏、常担心思维或情感会失去控制、总是担心创业项目会变得一团糟、感到无力应对和处理创业中突如其来的危险。要求被试采用李克特5点计分法，1代表"完全不符合"，5代表"完全符合"，对题目进行评分，得分越高，表明对创业的风险感知越高。内部一致性系数为0.80，验证性因素分析结果为RMSEA =0.07，$\chi^2/df=2.69$，CFI =0.96，表明此量表信度和效度较好。

三　结果

（一）创业意愿、创新自我效能感、创业风险感知的相关分析

表1列出了在校大学生被试、男大学生被试和女大学生被试的创新自我效能感、创业风险感知、创业意愿的相关分析，同时列出了各变量的描述统计结果。

表1　创业意愿、创新自我效能感、创业风险感知的描述统计和相关分析

	$M \pm SD$	取值范围	内部一致性系数	1	2	3
总体（$N=312$）						
1 创业风险感知	2.87 ±0.67	1.00 -4.71	0.80	-		
2 创新自我效能感	3.37 ±0.70	1.00 -5.00	0.83	-0.04	-	
3 创业意愿	3.08 ±0.78	1.00 -5.00	0.77	-0.08	0.53***	-
男性（$N=184$）						
1 创业风险感知	2.92 ±0.69	1.00 -4.71	0.81	-		
2 创新自我效能感	3.41 ±0.68	1.00 -5.00	0.81	0.05	-	
3 创业意愿	3.21 ±0.76	1.00 -5.00	0.75	0.01	0.54***	-
女性（$N=128$）						
1 创业风险感知	2.80 ±0.65	1.00 -4.29	0.79	-		
2 创新自我效能感	3.30 ±0.72	1.00 -5.00	0.85	-0.20*	-	
3 创业意愿	2.89 ±0.78	1.00 -4.67	0.76	-0.27**	0.50***	-
性别差异 t 检验				1.58	1.37	3.72***

注：* $p<0.05$，** $p<0.01$，*** $p<0.001$。

1. 性别差异分析

表1列出了男女在校大学生被试的创业意愿的独立样本 t 检验的结果（$t_{(310)}=3.72$，$p<0.001$，$d=0.43$），男生的创业意愿（3.21）显著高于女生（2.89）。男女大学生被试的创业风险感知的平均分分别是2.92和2.80，均低于1～5分的中间分3，男女间的独立样本 t 检验（$t_{(310)}=1.58$，$p=0.12$，$d=0.16$）显示男女之间不存在显著差异。男女大学生被

试的创新自我效能感平均分均超过 3，分别是 3.41 和 3.30，独立样本 t 检验显示男女间不存在显著差异（$t_{(310)}=1.37$，$p=0.17$，$d=0.18$）。

2. 相关分析

表 1 列出了相关分析结果，显示男女大学生的创新自我效能感和创业意愿显著正相关，Pearson 相关系数分别为 $r=0.54$（$p<0.001$），$r=0.50$（$p<0.001$）。大学生的创新自我效能感越强，说明其希望创业的意愿会越强。创业风险感知只在女大学生被试中显示和创业意愿显著负相关（$r=-0.27$，$p<0.01$），说明女生感知到的创业风险越大，创业意愿越弱；对男生而言，创业风险感知与创业意愿相关不显著。创业风险感知和创新自我效能感也只在女大学生中显著负相关（$r=-0.20$，$p<0.05$），说明女生感知到的创业风险越小，创新自我效能感越强。

（二）女大学生创业风险感知在创新自我效能感和创业意愿之间的调节效应

1. 调节效应分析

为检验创业风险感知在创新自我效能感与创业意愿间的调节效应，研究分别对全体被试、男女大学生被试的创业意愿进行回归分析。回归方程的预测变量是三个：一是平均数中心化（mean-centred）处理之后的创业风险感知；二是平均数中心化处理之后的创新自我效能感；三是上述两者的交互乘积项。在回归分析中，第一步进入的是平均数中心化后的创业风险感知和创新自我效能感；第二步再纳入两者的交互乘积项，结果见表 2。

表 2　创业风险感知、创新自我效能感以及交互效应对创业意愿的回归分析

预测变量	总体（$N=312$）	男生（$N=184$）	女生（$N=128$）
第一步			
创业风险感知	−0.06	−0.02	−0.18*
创新自我效能感	0.52***	0.54***	0.46***
第二步			
创业风险感知 × 创新自我效能感	−0.11*	−0.11	−0.17*
R^2	0.29***	0.31***	0.30***
R^2 change	0.01*	0.01	0.03*

注：回归系数为标准化值 β；* $p<0.05$，*** $p<0.001$。

回归分析的第一步的结果显示，显著的创业风险感知主效应只在女大学生被试中出现（$\beta=-0.18$，$t=-2.26$，$p<0.05$），创业风险感知主效应在

全体被试（$\beta = -0.06$，$t = -1.20$，$p = 0.23$）和男大学生被试（$\beta = -0.02$，$t = -0.30$，$p = 0.77$）中不显著，表明女大学生的创业风险感知越消极，其创业意愿越强，但对男大学生而言，创业风险感知积极抑或消极不会影响其创业意愿。创新自我效能感的主效应在全体被试（$\beta = 0.52$，$t = 10.85$，$p < 0.001$）、男大学生被试（$\beta = 0.54$，$t = 8.72$，$p < 0.001$）、女大学生被试（$\beta = 0.46$，$t = 5.95$，$p < 0.001$）中均显著，表明不论是男大学生还是女大学生，创新自我效能感越强，创业意愿就越强烈。

回归分析的第二步的结果检验的是创业风险感知和创新自我效能感的交互效应的预测作用，结果显示交互效应对全体被试（$\beta = -0.11$，$t = -2.18$，$p < 0.05$）和女大学生被试（$\beta = -0.17$，$t = -2.11$，$p < 0.05$）是显著的，但对男大学生被试（$\beta = -0.11$，$t = -1.78$，$p = 0.08$）而言，交互效应不显著。这表明创业风险感知不对男大学生被试的创新自我效能感和创业意愿有调节作用，而对女大学生被试有调节作用。

2. 简单斜率检验

为进一步考察女大学生的创业意愿和自变量创新自我效能感的关系是如何受到创业风险感知调节的，接下来通过将平均数中心化转换后的创新自我效能感进行一个标准差以下和一个标准差以上的处理，对创业意愿进行简单斜率分析，结果如图 1 所示。由图 1 可知，创业风险感知较低的女大学生，创新自我效能感越强，创业意愿升高也显著（$\beta = 0.58$，$t = 6.38$，$p < 0.001$）；创业风险感知较高的女大学生，创新自我效能感越强，创业意愿升高也显著（$\beta = 0.32$，$t = 2.75$，$p < 0.01$），但斜率低于前者，说明创业风险感知对创新自我效能感的影响减弱。

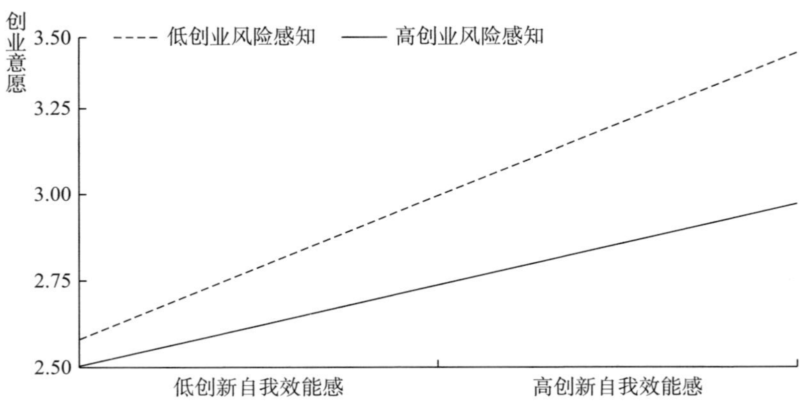

图 1　女大学生创业风险感知和创新自我效能感对创业意愿的交互效应

四 结论与讨论

（一）大学生创业意愿的性别差异

表1的结果显示，在校女大学生的创业意愿分数（2.89）低于1～5分的中间分3，并显著低于男大学生（3.21），结果与已有研究一致（Díaz-García & Jiménez-Moreno，2010；乐国安、张艺、陈浩，2012；胡闲秋、李海垒、张文新，2016）——大学生创业意愿上存在显著的性别差异。本研究结果支持进化心理学对男女创业活动差异的理论解释，相比于男生，女生更愿意选择普通的、安稳的职场工作而不愿意选择伴随风险、不确定性的创业活动。

（二）创新自我效能感和创业风险感知与创业意愿的关系

表1的结果也显示，无论男女大学生，其创新自我效能感和创业意愿显著正相关，与以往结果一致（Fuller et al.，2018）——创新自我效能感越强，创业意愿越强。创新自我效能感代表个体对自身创新创造能力的感知，创新自我效能感越强，说明其越相信自己具有高的创造性思维，越愿意进行创造性的活动（Salanova，Lorente，& Martínez，2012）。也就是说，对自己创新创造能力的肯定有助于个体产生创业想法，开展创业活动。创业意愿是决定大学生自主创业的关键指标，在高校的创业教育和培训中，增强与创新和创业相关的自我效能感，将有助增强大学生的创业意愿。表1的结果也显示，女大学生的创业风险感知与创业意愿显著负相关。有研究支持创业风险感知与创业意愿的负相关，但没有进一步分析是否在男性和女性中都存在负相关（Laguía González et al.，2019），本研究只在女大学生被试中发现两者存在负相关。已有的人格特质和创业意愿研究结果显示，工作安全感是影响女性创业的显著因素，但相比于女性，男性的冒险倾向则更有助于预测创业意愿（Yukongdi & Lopa，2017）。本研究中的创业风险感知不同于安全感和冒险倾向人格特质，更强调对生活和创业的预测和控制感，所以只是看似不一致性的结果。进化心理学和“安全创业兼顾”假说支持在大学生创业风险感知与创业意愿的相关上存在男女差异。进化过程形成的心理特点和认知风格，让女大学生不仅仅是为了金钱和地位而创业，更多的是为了个体的福利和成长，而且不愿意承担创业可能带来的风险，安全和创业两个方面都需要兼顾。因而，女大学生感知到的创

业风险越大，就越不愿意进行创业活动，两者呈现负相关。男生则相反，进化过程中形成了对创业活动伴随的竞争性和风险性的偏好，所以本研究中，男大学生被试的创业风险感知和创业意愿的相关不是负向而是正向的，虽然相关没有达到显著水平。

（三）女大学生的创业风险感知在创新自我效能感和创业意愿中的调节效应

表2的结果显示，无论男女大学生，其创新自我效能感可以正向预测创业意愿，越相信自己具备创新能力，就越愿意进行创业活动。只有女大学生的创业风险感知负向预测创业意愿，女大学生的创业意愿随着感知到的创业风险而变化，感知到的风险越高就越逃避创业活动，而感知到的风险越低就越有可能在未来进行创业活动。也只有女大学生的创业风险感知在创新自我效能感对创业意愿的影响中起调节作用，图1显示，相比于创业风险感知高的女大学生，提升创业风险感知低的女大学生的创新自我效能感对增强创业意愿更具有成效。而较之风险感知水平高的个体，创新自我效能对创业意愿的影响减弱。该结果验证了进化心理学关于风险敏感性影响个体决策的研究（Mishra，2014）。由于个体识别到了创业中的高风险，心理上就会增添不确定感和不可控感，因此创业风险感知高的女大学生即使有较强的创新自我效能感，也会充满担忧，她们倾向于规避风险，不愿承担风险和利用创业机会（Alsaad，2018），或者选择风险较小、稳定、体制内的工作（赵向阳、李海、孙川，2014），创业意愿受到创新自我效能感的影响减弱。而对于创业风险感知水平低的女大学生，她们感受到了更多的安全感，在心理上可控、确定的环境内，创新自我效能感和创造力都容易得到提升（Hu et al.，2018；王永跃、张玲，2018），提升同样水平的创新自我效能感，可以更容易提升女大学生的创业意愿。由于生理构成及进化机制的差异，男性和女性的深层理性并不一致（蒋京川、葛茜，2015）。在评估创业环境时，女生会比男生更加理性地思考，会对各方面优劣利弊做出细致的衡量，意识到的危机与风险也就越多（谷海洁、刘成城、李纪珍，2016）。男性为了社会地位、资源、择偶机会而在许多领域与他人竞争（Mishra，2014），因而即使面临困难，他们也敢于承担风险，冒险尝试并努力实现（Gowen，Filipowicz，& Ingram，2019），付出更多来满足需求；女性则没有那样明显的冒险倾向，她们更注重安全感。从进化过程来看，人类早期女性承担的主要任务是养育幼儿，安全和谐的环境对她们来说尤为重要（Schwartz & Rubel，2005），事关人类生存繁衍，

故而这种安全偏好也被保留下来。时至今日，在女性的创业活动中依然能看到她们对安全感的重视，她们倾向于选择传统行业，创业企业的发展规模相对小，表现出一种“保证大稳妥，追求小优势”的安全兼顾特点（应小萍，2016）。

参考文献

艾伦·米勒、金泽哲，2010，《生猛的进化心理学》，吴婷婷译，万卷出版公司。

陈培峰、王亚婷，2014，《大学生创新自我效能感的中介作用研究》，《重庆大学学报》（社会科学版）第 20 卷第 3 期，第 184－192 页。

丛中、安莉娟，2004，《安全感量表的初步编制及信度、效度检验》，《中国心理卫生杂志》第 18 卷第 2 期，第 97－99 页。

戴维·巴斯，2015，《进化心理学：心理的新科学》（第 4 版），张勇、蒋柯译，商务印书馆。

谷海洁、刘成城、李纪珍，2016，《女性创业进入决策的影响因素及创业合法性的调节作用——基于 GEM 第 2013 期数据》，《技术经济》第 35 卷第 5 期，第 83－91 页。

胡闲秋、李海垒、张文新，2016，《大学生认知风格与创业意向的关系：性别的调节作用》，《心理与行为研究》第 14 卷第 1 期，第 87－94 页。

蒋京川、葛茜，2015，《社会决策的深层理性——基于进化心理学的阐释》，《自然辩证法通讯》第 37 卷第 2 期，第 99－104 页。

柯江林、冯静颖、邓建光，2013，《大学生心理资本对创业意向影响的实证研究》，《青年研究》第 3 期，第 40－49、95 页。

乐国安、张艺、陈浩，2012，《当代大学生创业意向影响因素研究》，《心理学探新》第 32 卷第 2 期，第 146－152 页。

李海垒、宫燕明、张文新，2013，《大学生的冒险性与创业意向的关系：感知的创业文化的调节作用》，《心理发展与教育》第 29 卷第 2 期，第 152－158 页。

单雯、金盛华、张卫青、盛瑞鑫，2010，《从进化心理学视角看两性冒险行为》，《心理科学进展》第 18 卷第 11 期，第 1828－1838 页。

师保国、李俊、王黎静、应小萍，2017，《越敢创新，越可能创业：创新效能感对大学生创业倾向的预测作用》，《河南师范大学学报》（哲学社会科学版）第 44 卷第 4 期，第 152－156 页。

孙春玲、张梦晓、赵占博、杨强，2015，《创新能力、创新自我效能感对大学生自主创业行为的影响研究》，《科学管理研究》第 33 卷第 4 期，第 87－90 页。

王伯庆、马妍，2019，《2019 年中国高职高专生就业报告》，社会科学文献出版社。

王永跃、张玲，2018，《心理弹性如何影响员工创造力：心理安全感与创造力自我效能感的作用》，《心理科学》第 41 卷第 1 期，第 118－124 页。

阳莉华，2007，《大学生创新效能感量表的初步编制》，《中国健康心理学杂志》第 15 卷第 4 期，第 297－299 页。

叶宝娟、方小婷，2017，《创业环境与大学生创业意向的关系：有调节的中介模型》，

《心理科学》第40卷第6期，第1442－1448页。

应小萍，2016，《心理安全视角的女性创业心态分析》，《哈尔滨工业大学学报》（社会科学版）第18卷第6期，第46－53页。

赵向阳、李海、孙川，2014，《从个人价值观到创业意愿：创造力作为中介变量》，《北京师范大学学报》（社会科学版）第3期，第115－130页。

Alsaad, A. (2018). The individualistic view of culture and the nascent entrepreneurship: an examination of Schwartz's cultural values. *Journal of Developmental Entrepreneurship*, 23(4), 1850026－1－1850026－14.

Bandura, A. (1977). Self-efficacy: toward a unifying theory of behavioral change. *Psychological Review*, 84(2), 191－215.

Bandura, A. (1986). *Social foundation of thought and action: a social cognitive theory*. Englewood Cliffs, New Jersey: Prentice-Hall.

Bird, B. (1988). Implementing entrepreneurial ideas: the case for intention. *Academy of Management Review*, 13(3), 442－453.

Bolzani, D., & Foo, M. D. (2018). The "why" of international entrepreneurship: uncovering entrepreneurs' personal values. *Small Business Economics*, 51(3), 639－666.

Byrnes, J., Miller, D., & Schafer, W. (1999). Gender differences in risk taking: a meta-analysis. *Psychological Bulletin*, 125(3), 367－383.

Cosmides, L., & Tooby, J. (2013). Evolutionary psychology: new perspectives on cognition and motivation. *Annual Review of Psychology*, 64(1), 201－229.

Díaz-García, M. C., & Jiménez-Moreno, J. (2010). Entrepreneurial intention: the role of gender. *International Entrepreneurship and Management Journal*, 6(3), 261－283.

Esfandiar, K., Sharifi-Tehrani, M., Pratt, S., & Altinay, L. (2019). Understanding entrepreneurial intentions: a developed integrated structural model approach. *Journal of Business Research*, 94, 172－182.

Fisher, P. J., & Yao, R. (2017). Gender differences in financial risk tolerance. *Journal of Economic Psychology*, 61, 191－202.

Fuller, B., Liu, Y., Bajaba, S., Marler, L. E., & Pratt, J. (2018). Examining how the personality, self-efficacy, and anticipatory cognitions of potential entrepreneurs shape their entrepreneurial intentions. *Personality and Individual Differences*, 125, 120－125.

Global Entrepreneurship Research Association. (2018). Global entrepreneurship monitor global report 2017/18.

Gowen, R., Filipowicz, A., & Ingram, K. K. (2019). Chronotype mediates gender differences in risk propensity and risk-taking. *Plos One*, 14(5).

Gu, J., Hu, L., Wu, J., & Lado, A. A. (2018). Risk propensity, self-regulation, and entrepreneurial intention: empirical evidence from China. *Current Psychology*, 37(3), 648－660.

Hass, R. W., Katz-Buonincontro, J., & Reiter-Palmon, R. (2019). The creative self and creative thinking: an exploration of predictive effects using bayes factor analyses. *Psychology of Aesthetics Creativity and the Arts*, 13(4), 375－387.

Hu, J., Erdogan, B., Jiang, K., Bauer, T. N., & Liu, S. (2018). Leader humility and team creativity: the role of team information sharing, psychological safety, and power distance. *Journal of Applied Psychology*, 103(3), 313 – 323.

Kalar, B. (2020). The role of creativity in the context of academic entrepreneurship. *Creativity and Innovation Management*.

Kong, F. Z., Zhao, L., Zhang, X. B., Tsai, C. H., & Lin, D. D. (2019). Farmers' work-life quality and entrepreneurship will in China. *Frontiers in Psychology*, 10.

Laguía González, A., Jaen, I., Topa, G., & Moriano, J. (2019). University environment and entrepreneurial intention: the mediating role of the components of the theory of planned behaviour. *Revista De Psicologia Social*, 34(1), 137 – 167.

Li, C. R., Yang, Y., Lin, C. J., & Xu, Y. (2020). Within-person relationship between creative self-efficacy and individual creativity: the mediator of creative process engagement and the moderator of regulatory focus. *Journal of Creative Behavior*.

Mishra, S. (2014). Decision-making under risk: integrating perspectives from biology, economics, and psychology. *Personality and Social Psychology Review*, 18(3), 280 – 307.

Molino, M., Dolce, V., Cortese, C. G., & Ghislieri, C. (2018). Personality and social support as determinants of entrepreneurial intention. Gender differences in Italy. *Plos One*, 13(6).

Newman, A., Tse, H. H. M., Schwarz, G., & Nielsen, I. (2018). The effects of employees' creative self-efficacy on innovative behavior: the role of entrepreneurial leadership. *Journal of Business Research*, 89, 1 – 9.

Niels, B., Stephen, H., Aileen, I. S., Donna, K., Jonathan, L., Anna, T., & Global Entrepreneurship Research Association. (2020). *Global entrepreneurship monitor* 2019/2020 *Global Report*.

Richter, A. W., Hirst, G., van Knippenberg, D., & Baer, M. (2012). Creative self-efficacy and individual creativity in team contexts: cross-level interactions with team informational resources. *The Journal of Applied Psychology*, 97(6), 1282 – 1290.

Salanova, M., Lorente, L., & Martínez, I. M. (2012). The dark and bright sides of self-efficacy in predicting learning, innovative and risky performances. *The Spanish Journal of Psychology*, 15(3), 1123 – 1132.

Schwartz, S. H., & Rubel, T. (2005). Sex differences in value priorities: cross-cultural and multimethod studies. *Journal of Personality and Social Psychology*, 89(6), 1010 – 1028.

Shinnar, R. S., Giacomin, O., & Janssen, F. (2012). Entrepreneurial perceptions and intentions: the role of gender and culture. *Entrepreneurship Theory and Practice*, 36(3), 465 – 493.

Thompson, E. R. (2009). Individual entrepreneurial intent: construct clarification and development of an internationally reliable metric. *Entrepreneurship Theory and Practice*, 33(3), 669 – 694.

Tierney, P., & Farmer, S. M. (2002). Creative self-efficacy: its potential antecedents and relationship to creative performance. *Academy of Management Journal*, 45(6), 1137 – 1148.

Tierney, P., & Farmer, S. M. (2011). Creative self-efficacy development and creative performance over time. *The Journal of Applied Psychology*, 96(2), 277-293.

Yang, K. P., Hsiung, H. H., & Chiu, Y. J. (2015). The comfort zone of the value circumplex for entrepreneurship: a structural analysis. *Career Development International*, 20(6), 663-683.

Yukongdi, V., & Lopa, N. Z. (2017). Entrepreneurial intention: a study of individual, situational and gender differences. *Journal of Small Business and Enterprise Development*, 24(2), 333-352.

Zhao, H., Seibert, S. E., & Lumpkin, G. T. (2009). The relationship of personality to entrepreneurial intentions and performance: a meta-analytic review. *Journal of Management*, 36(2), 381-404.

Zhao, J., Wei, G., Chen, K. H., & Yien, J. M. (2019). Psychological capital and university students' entrepreneurial intention in China: mediation effect of entrepreneurial capitals. *Frontiers in psychology*, 10.

《中国社会心理学评论》 第19辑
第127～152页

领导认可你的创造力吗？

——员工与主管特征对员工创造力评价的影响 *

周意勇　白新文　齐舒婷 **

摘　要：创造力评价决定了个体和组织能否慧眼识珠，精确识别出高质量的创意或高潜质的创造者，它是促进创意转化、实现创新发展的最关键因素。作为创新领域的新兴议题，如何正确理解创造力评价的影响因素、降低创新评价偏差已成为学术界和实践领域亟待突破的瓶颈。本研究以创造者为评价对象，从人际交互层面探究主管对员工的创造力评价问题，两个现场的调查研究发现：（1）员工的工作动机对创造力评价存在显著的调节作用，销售导向负向调节主管对其创造力的评分，在高的销售导向下，主管对员工创造力的评分更低，而客户导向表现出相反的调节模式，随着客户导向的增强，主管对员工创造力的评分提高；（2）员工的工作绩效和主管的绩效趋近导向交互影响创造力评分的结果，员工的高绩效表现只有在主管的绩效导向也高的情况下，主管对其创造力的评分才高。

关键词：创造力　创造力评价　工作绩效　绩效趋近导向

一　引言

面对日益复杂和波诡云谲的竞争环境，创造力与创新在个体和组织获

---

* 本研究是国家自然科学基金面上项目（71871214）的阶段性成果。

** 周意勇，中国科学院心理研究所硕士研究生；白新文，中国科学院心理研究所副研究员、硕士生导师，通讯作者，E-mail：baixw@ psych. ac. cn；齐舒婷，中国科学院心理研究所博士研究生。

得相对竞争优势、谋求长足发展中的重要驱动作用日益凸显。但越来越多的学者和管理实践者指出，组织创新的瓶颈并不是缺乏创造者，而是不能精准识别有价值的创意或具有创造潜能的个体（Lu et al.，2019；Pier et al.，2018；Zhou et al.，2017）。创造力评价的准确性直接影响个体和组织能否在诸多创意中去芜存菁，进行资源的最优匹配（Criscuolo et al.，2017），也影响其在人员招聘、安置和晋升决策等诸多组织管理活动中能否慧眼识珠，识别出真正具有创造潜能的人员（Bratton & Gold，2012；Schuh et al.，2018），而对创造力的识别结果更是直接决定了组织创新启动的方向（Kornish & Hutchison-Krupat，2017；白新文等，2019）。

然而，创造力的评价偏差问题广泛存在于组织创新实践（Berg，2016；Mueller et al.，2018）、商业活动（Huang，2018；Huang & Pearce，2015）和科学研究（Boudreau et al.，2016；Pier et al.，2018；Siler，Lee，& Bero，2015）等诸多领域。为何创造力难以被精确识别和评估呢？近年来，一系列研究发现不同于创造力产生阶段的认知加工本质，创新评价的整个过程和结果深受包括评估主体、评估客体和社会环境三个子系统在内的诸多因素的影响（齐舒婷等，2019），导致在创新实践过程中，高质量、高新颖性的创意和创新产品被扼杀甚至惩罚创造者的事例比比皆是。另一方面，现有研究主要集中于对创意或创新产品的评估，对创造者本人的创造力识别讨论不足，这不仅割裂了创造者与创新产出的关系，也不利于理解创造力评价的社会属性。

事实上，相比于创意或创新产品，对创造者个人的评价可能存在更大偏差。一方面，创新评价并非评估者的单向行为，创造者往往会主动通过言语或言语沟通技巧（Clarke，Cornelissen，& Healey，2018；Lu et al.，2019）、创造潜能（Huang，2018；Huang & Pearce，2015）和情绪状态（Li et al.，2017；Mitteness，Sudek，& Cardon，2012）等对评估者施加影响，以寻求评估者的认可和支持（Lu et al.，2019；Perry-Smith & Mannucci，2017）。另一方面，评估者的认知原型（Mueller et al.，2018）、刻板印象（Luksyte & Spitzmueller，2016；Proudfoot，Kay，& Koval，2015）也会影响其最终的评估结果。此外，Schuh 等人（2018）还发现了来自人际交互层面的影响因素，如创造者与评估者之间既定的关系质量、在人口特征方面的相似性等。可见，对于创造者个人的评价是更为复杂的社会化过程，正确理解这一过程是降低创造力评价偏差的关键。

鉴于此，本研究将创造力评价的对象转换为创造者本身，探究员工特征如何影响，以及其与主管特征如何交互影响这种自上而下的创造力评价结果。从员工这一创造主体来看，员工对自己的评价会受到其行为动机和结果的影响（Urbach，Fay，& Lauche，2016），而在实际的工作情境中，员工的工作动机会影响其在工作中的创造力表现，绩效结果则是员工发挥创造力的目标追求和外显结果，因此两者都将不可避免地影响主管对其创造力的评价结果。此外，创造力的评价过程离不开评价者本身特征的影响（Silvia，2008），尤其是在上下级评价体系中，主管的目标导向是影响其对员工评价的重要情境变量，因此也有必要考虑主管的目标导向在其中的交互影响。本研究的概念框架如图 1 所示。

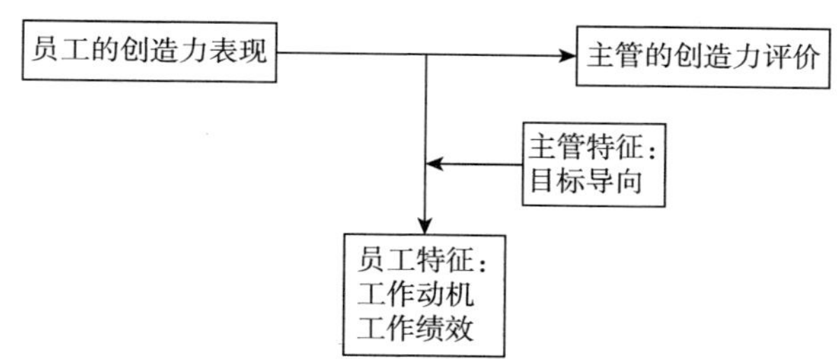

图 1　本研究的总体框架

二　文献综述与问题提出

（一）创造力评价

对于高质量创新产出和高创造潜质人员的准确识别一直是创新活动的主要组成部分之一，关于其重要性的研究最早可追溯到 20 世纪 80 年代的同感评估技术（Consensus Assessment Technique，CAT）（Amabile，1983），但对于创造力的甄别并未获得研究者的重视和进一步发展，创新领域在后续的 30 年间主要集中于对创意的产生和实施这两个阶段的割裂式研究，忽略了创造力评价在其中的桥梁作用。直到 Mueller 等人（2012）将创造力评估作为独立议题提出，创造力的识别问题才重新进入研究者的视野，系列研究分别从评价主体、评估对象和评估环境这三个方面建立了创造力评价的影响过程模型（齐舒婷等，2019）。

首先，评估者的个体特征直接影响其评估结果。研究发现，评估者的聚合与发散性的思维模式（Berg，2016）、促进与预防的动机定向（de Buisonjé et al.，2017；Zhou et al.，2017）、心智模式（Mueller et al.，2018）、知识结构（Kaufman，et al.，2013）等均会影响创新评价的精确性。其次，由于创新行为往往具有高不确定性和高风险性（Mueller，Melwani，& Goncalo，2012；Mueller，Wakslak，& Krishnan，2014），在实践过程中还涉及对组织资源的占用（Urbach et al.，2016）和对现状和既定流程的挑战（Frese & Fay，2001），创造力这些自带的属性特征也会影响最终的评估结果，表现为惩罚高新颖性创意（Boudreau et al.，2016；Criscuolo et al.，2017）和将其理解为反生产行为（Urbach et al.，2016）等。最后，对于创新评价社会属性的认识还使学者关注到评估双方的人际互动和所处情境的潜在影响，如组织文化（Kornish & Hutchison-Krupat，2017；Zhou & Wu，2010）、环境线索（Mueller et al.，2018；Mueller et al.，2014）、社会规范与文化（Kwan et al.，2018；Loewenstein & Mueller，2016；McCarthy，Chen，& McNamee，2018）等。

总的来说，影响过程模型为理解影响创造力评估正确率的因素提供了有益启示，但对于创造者评估问题的讨论仍不充分，只有最近几个研究敏锐地注意到创造者这一关键因素。如 Kay 等（2018）发现人们在创意评估过程中存在基本归因错误，即在评估一个创新性的团队产出成果时，评价者往往会放大焦点成员的作用而忽视团队的付出，将团队的创新产出归功于团队个人的努力。有趣的是，Burgmer 等人（2018）却发现人们在评价创意的提出者（creator）和实施者（labor）时，会认为创意的执行者拥有该创意的所有权，且理应获得更多的由此带来的经济收益，表现为一种实施者评估效应（labor effect）。这两个研究提供了有关创造者评价的一些有趣发现，但都以创意为媒介，缺乏对创造者本人的直接评价，这也使得它们并未涉及评估双方的互动情况。

事实上，创造者作为创意评估的对象，并非完全被动地接受评价，他也会实施策略，影响评价者。例如，Lu 等人（2019）将创造力评价视为创造者主动施加影响策略说服他人并成功兜售创意的过程，在整个“兜售”过程中，对于高新颖性的创意而言，创造者可以通过创意包装（idea enactment）和影响策略（influence tactics）来提升评价者对其创意的评价结果；而当创意的新颖性较低时，上述策略还会表现出负向的影响。此外，评估者也会通过搜寻信息、换位思考等方式提高对创意和创造者本人的理解，力求评价结果的客观性和准确性（Han，Long，& Pang，2017；Huang & Pearce，2015）。然而，上述研究缺乏对创造力评价双方在特定的组织情境下相互作用、交互影响的直接探讨。

由此，本研究将创造力评价过程嵌入上下级框架，同时探究来自员工和主管两方面的因素如何影响主管对员工创造力评价的最终结果。

（二）员工特征的影响

1. 工作动机

人们对他人行为如何反应，取决于其对行为原因的认知（Rioux & Penner, 2001），这种对工作动机的认识普遍存在于评价他人工作行为的情境中（Grant & Ashford, 2008）。以销售情境为例，销售人员在销售过程中存在关注点和决策思路的个体差异，体现为销售导向和客户导向两种相对立的工作动机（Goad & Jaramillo, 2014）。其中，销售导向关注自我，以提高个人业绩指标或获得领导的积极评价为工作指南（路琳、常河山，2007），在实际的销售活动中往往采取暴力的、以牺牲客户满意为代价的销售策略来获得短期销售额的提高（Saxe & Weitz, 1982）；客户导向则关注他人，强调对客户进行换位思考，在充分理解和尊重客户需求的基础上，帮助客户做出最符合其利益的决策（Saxe & Weitz, 1982；陆柯雯、任孝鹏，2012）。

对行为背后动机的识别以及识别出的动机类型和性质会直接影响领导对下属的评价（Cheung, Peng, & Wong, 2014）。有关说服和纳谏的大量研究均证实，信息源的动机（利己还是利他）关乎信息的客观性和可靠性，是决定说服效果的必要条件（Hovland, Janis, & Kelley, 1953；张龙、李想，2016）。当员工建言表现出亲社会或亲组织的动机倾向时，领导会给予认可和奖赏；而当领导认为员工是基于利己或印象管理动机时，则会产生拒绝甚至惩罚等消极反应（Whiting et al., 2012；严瑜、何亚男，2016）。无独有偶，创造力评价的研究也发现，当评估者认为个体进行创造性活动是出于满足自我目标的利己动机时，会产生负面情绪的唤起和负面归因，对创意表现出较低的支持水平（Urbach et al., 2016）。因此从理论上推论，当员工向上级展示创造力时，销售导向和客户导向这两种不同性质的动机会影响主管对其创造行为的态度。

2. 工作绩效

一般意义上的绩效指的是个体或组织的"行为或表现，以及工作状况"，具有行为和结果两个层面的内涵。行为视角的学者关注绩效与组织目标的关系，以及员工为实现既定目标而付出的努力（Campbell, McHenry, & Wise, 1990），并基于行为导向提出了工作绩效的多种类型，如情境绩效和任务绩效（Borman & Motowidlo, 1993）、角色内和角色外绩效（Williams & Anderson, 1991）、组织公民行为和亲社会行为（Smith, Organ, & Near, 1983）等。持结果视角的学者则强调员工对组织目标的贡献程度，将工作绩效视为工作的完成情况，是个人的效率、效能和效力三方面的结果指标，致力于探究如何提高个体在工作中的绩效表现。如Appelbaum等人（2000）提出的AMO模型认为，个体的工作绩效是能力、动机和机会三者的函数，据此建议人力资源管理者应提高员工工作技能、提供相应的支持和激励措施、创造条件来提升绩效等。相关的影响因素研究还涉及个体的特质差异（Barrick & Mount，1991）、知识结构（Lawler，1994）、领导者特征、社会关系（Joo，2012）等。

遵循这一研究思路，在创造力领域，现有学者要么将个体的创造力/创新绩效和工作绩效视为个体的学习目标（宋文豪、顾琴轩、于洪彦，2014）、组织公平、领导风格（韩杨、罗瑾琏、钟竞，2016）等因素影响下共变的行为结果，要么集中探讨不同的创造水平对个体、团队和组织层面的绩效的影响（Janssen & Giebels，2013；刘超、刘新梅、李沐涵，2013）。但从创造力识别和评价的角度来看，高创新性的想法或行为往往具有高风险性和不确定性，评价者会出现对创造力的低估偏差（Mueller et al.，2012；Mueller et al.，2018）。此时，员工的高工作绩效无疑给了评价者一剂"定心丸"，使其建立起创造力表现和工作绩效间的积极关系，从而对员工的创造力予以相应的肯定。而当员工工作业绩不佳时，主管容易将员工的创新行为，如采用新的工作方式，理解为"不务正业"，降低对其包括创造力在内的工作行为的评价。鉴于此，绩效结果是影响评价者对员工创造力评价的重要因素。

（三）主管特征的影响

本研究中的主管特征集中于目标导向。目标导向作为个体在成就情境中的行为取向，能够解释个体对从事某一任务的目的或原因的认知，以及实现特定目标的信念，兼具认知、情感和行为的特征（Goad & Jaramillo，2014；陈菲、白新文，2014）。基于成就目标取向的差异，早期研究（Dweck，1986）将目标导向分为学习导向和绩效导向两种类型，学习导向强调通过外在学习和获得新技能来获得成就感；而绩效导向则关注与他人比较的结果，个体以追求积极赞赏和规避消极评价为目标。此后，Elliot和Harackiewicz（1996）基于"趋近-回避"框架，将绩效导向细分为绩效趋近导向和绩效回避导向，前者强调对赞许性评价的追求，力求表现得比他人更好，而后者强调对可能的失败和负面评价的规避。

创新领域的研究者注意到了评估者的目标导向是影响创造力评价结果的个体特征和情境线索，且在创意识别的过程中存在维度上的差异，如促进定向的个体更准确地识别出创意的新颖性，而预防定向的个体则对创意的实用性评价更精确（Herman & Reiter-Palmon，2011），这一结论在后续两个研究中得到了部分验证。Zhou 等人（2017）通过两个实验室研究和现场调查发现，持促进定向的人对创意新颖性的评价精确度高于持预防定向的人。

领导者作为组织的代理人，其目标导向决定了其进行团队管理的手段和方式（Dragoni，2005），并会反映在具体的组织管理活动中。如领导者通常会鼓励组织成员追求卓越的绩效表现，并辅之以奖赏分明的考核机制，体现其高的绩效趋近目标导向特征（杨洪涛、肖峥嵘，2017）。在创新研究领域，Sijbom 等人（2015）也发现不同目标导向的主管对员工提出的创新性想法的评价不同。来自两个实验室的研究结果证实，与精熟目标导向的主管相比，绩效目标导向的主管会产生更高的威胁评价和更少的学习机会评价，进而更少支持员工提出的创新想法。本研究还预期，当主管评价的对象是创造者而非创意时，其评价过程可能还受到员工工作绩效的影响，绩效表现较好的员工，其创造力表现更有可能得到主管的认可。

（四）研究概览

本研究将创造力的评价对象由创意转变为创造者，通过两个现场问卷调查探究影响员工创造力评价结果的因素。研究 1 初步探究员工的两种工作动机如何影响主管对其创造力的评价，研究 2 则进一步探究绩效产出的影响，同时纳入了主管的目标导向这一情境因素，从人际交互的层面探究员工的工作绩效与主管的目标导向对这一创造力评价过程的交互影响。本研究对创新与创造力评价领域兼具理论和实践意义。

三　研究 1：员工工作动机的影响

不同于其他职业，销售类工作具有自主性高、独立性强、工作弹性大等重要特征（Grant，2013），员工的创造力需求贯穿于销售的各个环节（陈菲、白新文，2014）。面对这一高创新要求的群体，正确识别出具有创造潜力的人员、进行合适的人－岗匹配显得至关重要，而创造力评价领域尚未涉足于此。

事实上，获得赞赏性评价是销售人员通过销售灵活性提高销售额的根本动力所在（陈菲、白新文，2014）。在实际的营销过程中，无论是目的明确指向绩效，还是以通过满足客户间接实现自己的目标，即表现出销售导向和客户导向，均被证实是有效的营销策略，而主管对这两种动机性质的认识直接影响其对员工工作行为的态度（Cheung et al.，2014）。创造力评价的相关研究发现，当评估者意识到创造者的创造力表现是出于满足自我目标时，会对其做出更高的自利倾向（egoistic intentions）归因，进而降低对其创意的支持水平；而当创造者的创造力表现是出于利他动机或亲社会动机时，其创新性想法能获得更多的认可（Urbach et al.，2016）。销售导向和客户导向这两种营销策略被证实存在遗传和神经学上的差异，其中销售导向的员工更冲动、更关注自我利益的即时满足（Bagozzi et al.，2012），在销售过程中为提高个人绩效而“不择手段”（路琳、常河山，2007），且从长远来看会损害组织绩效和客户满意度（Guenzi & Lauren，2010；Wachner，Plouffe，& Gregoire，2009）。因此不难理解，这种损人利己的创造动机会降低主管对其创造力的认可和评价。而客户导向的员工以维护客户利益、满足客户需求为出发点（Bagozzi et al.，2012），信息源的非利己、亲社会的动机特征能够有效强化信息的说服效果（Colquitt，Scott，& LePine，2007；张龙、李想，2016）。当主管认为员工创新的出发点是维护组织利益而非满足个人需求时，就会增强对员工创新行为客观性和可靠性的认识，对员工表现出更多的理解和支持。综上所述，本研究提出如下假设。

假设1：销售导向负向调节员工的创造力表现与主管对其创造力的认可之间的关系，具体表现为与低销售导向的员工相比，主管对高销售导向的员工的创造力表现认可程度更低。

假设2：客户导向正向调节员工的创造力表现与主管对其创造力的认可之间的关系，具体表现为与低客户导向的员工相比，主管对高客户导向的员工的创造力表现认可程度更高。

（一）被试与程序

研究1的对象是从事房地产顾问服务的置业顾问人员和主管，共发放300份问卷，回收290份。剔除不认真作答的问卷后，有效问卷282份（其中包括38名主管和244名销售员工），问卷的有效回收率为94%。所有销售人员的平均年龄为27.4岁（$SD=3.6$），平均工作年限为1.26年（$SD=1.4$），平均销售经验为3.8年（$SD=3$），其中男性133人，占比47.2%。

（二）变量的测量

1. 员工创造力表现

为了对员工创造力进行全面、综合的考量，本研究分别从创造技能、创造行为、创造结果三个方面来测量员工的创造力表现。每个方面各选择一个代表性量表，三个子量表得分的均分作为员工创造力表现的综合指标，分数越高，代表创造力越强。其中，创造技能的测量采用认知灵活性量表（Martin & Rubin, 1995），该量表包括 12 道题，示范题目有“我能用多种不同方式来交流一个想法”，量纲由 1（非常不同意）到 7（非常同意），本研究中量表的 α 系数为 0.75；行为方面的测量采用具体的销售灵活性量表（Spiro & Weitz, 1990），该量表包括 6 道题，示范题目有“我分析该客户的特点后，制定了有针对性的拜访销售方案”，量纲由 1（非常不同意）到 7（非常同意），本研究中量表的 α 系数为 0.89；结果方面的测量采用销售创造力量表（Gong, Huang, & Farh, 2009），该量表共有 4 道题，要求作答者在和公司的其他同事相比后评价自己的销售水平，从 1（远低于平均）到 7（远超于平均）中进行评分，示范题目有“用灵活的销售方式满足客户的个性化需求”，本研究中量表的 α 系数为 0.95。

2. 主管的创造力评价

考虑到主管主要是评价员工具体的创新行为，因此采用 Gong 等学者（2009）的销售创造力量表，要求主管从 1（从不）到 7（总是）进行评分，频次越高代表创造性的行为表现越多，示范题目有“（员工姓名）灵活地通过不同方式拓展和培养客户”，本研究中量表的 α 系数为 0.89。

3. 销售导向

借鉴前人的做法（Harris, Mowen, & Brown, 2005），从 Saxe 和 Weitz（1982）的销售导向量表中选择题总相关最高的 6 个项目进行测量，要求员工在与销售行为相关的题项上从 1（从不）到 7（总是）进行频次打分，分数越高，代表销售导向越强，示范题目有“我努力促成客户最终成交，而不是力求令客户满意”。本研究中量表的 α 系数为 0.83。

4. 客户导向

借鉴前人的做法（Brown et al., 2002），从 Saxe 和 Weitz（1982）客户导向量表中选择题总相关最高的 6 个项目进行测量，要求员工在与客户服务相关的题项上从 1（从不）到 7（总是）进行频次打分，分数越高，代表客户导向越强，示范题目有“我通过满足客户需求来实现我自己的目标”。本研究中量表的 α 系数为 0.87。

5. 控制变量

考虑到上下级人口特征的相似性会影响评价结果，参考以往研究（Schuh et al., 2018），把员工和主管的性别相似性和共事时间作为控制变量。其中，性别的相似性为虚拟变量（0 为相似，1 为差异），共事时间是两人在同一团队任职时长差的绝对值。

（三）研究结果

1. 描述性统计

相关分析发现，员工创造力与创造力评价显著正相关（$r=0.16$，$p<0.01$），客户导向（$r=0.09$，$p>0.05$）和销售导向（$r=-0.02$，$p>0.05$）与主管的创造力评价不相关，员工与主管的性别相似性和共事时间与创造力评价也不相关。研究1的各主要变量的均值、标准差和相关系数的情况见表1。

表1 各主要变量的描述性统计结果（研究1）

	均值	标准差	1	2	3	4	5	6	7	8
1. 创造力评价	4.34	1.09	**0.89**							
2. 员工创造力	5.26	0.72	0.16**	–						
3. 认知灵活性	4.94	0.65	0.08	0.75**	**0.75**					
4. 销售创造力	5.07	1.03	0.16**	0.88**	0.51**	**0.95**				
5. 销售灵活性	5.76	0.92	0.15*	0.85**	0.48**	0.58**	**0.89**			
6. 客户导向	5.44	0.99	0.09	0.68**	0.53**	0.56**	0.59**	**0.87**		
7. 销售导向	3.61	1.19	-0.02	0.05	-0.04	0.12*	0.00	0.10	**0.83**	
8. 性别匹配[a]	0.56	0.50	0.01	0.09	0.02	0.09	0.10	0.05	-0.09	–
9. 共事时间	1.27	1.62	0.11	0.06	0.02	0.03	0.08	0.03	-0.02	0.11

注：$N=282$，a为类别变量：0为性别匹配，1为性别不匹配；$^{*}p<0.05$，$^{**}p<0.01$；对角线上加粗的数字为量表的内部一致性系数α。

2. 假设检验

分层回归的结果表明，在控制主管和员工的性别相似性和共事时间后，员工创造力对主管创造力评价的影响显著（$\beta=0.16$，$t=3.00$，$p<0.01$）；销售导向（$\beta=-0.03$，$t=-0.48$，$p=0.81$）和客户导向（$\beta=-0.04$，$t=-0.53$，$p=0.91$）对主管的创造力评价影响均不显著；创造力与销售导向的交互作用显著（$\beta=-0.26$，$t=-3.62$，$p<0.01$），说明销售导向在主管-员工的创造力评价中起负向调节作用，假设1得到了支持；创造力与客户导向的交互作用显著（$\beta=0.15$，$t=1.94$，$p=0.05$），说明客户导向在主管-员工的创造力评价过程中起正向调节作用，假设2也得到了支持。研究1的回归分析结果见表2。

表 2　影响主管创造力评价的回归分析（$n=282$）

变量	模型 1	模型 2	模型 3	模型 4
控制变量				
性别匹配	0.01	0.00	0.00	-0.03
共事时间	0.06	0.06	0.06	0.07
自变量				
员工创造力		0.16**	0.19*	0.25**
销售导向			-0.03	0.00
客户导向			-0.04	-0.07
交互项				
创造力*销售导向				-0.26**
创造力*客户导向				0.15*
R^2	0.00	0.03	0.03	0.08
ΔR^2	0.00	0.03	0.00	0.04
F	0.46	2.83	1.80	3.20
ΔF	0.46	7.53	0.28	6.52

注：* $p<0.05$，** $p<0.01$。

通过进行简单斜率分析，进一步明确客户导向和销售导向分别在主管对员工的创造力评价中的调节模式。分别计算高销售导向（即 +1 个标准差）和低销售导向（即 -1 个标准差）条件下的简单斜率，结果发现，在低销售导向的情境下，员工创造力对主管创造力评价的促进作用更加明显（$b=0.67$，$t=5.16$，$p<0.01$）；在高销售导向的情境下，员工创造力对主管创造力评价的影响不显著（$b=0.09$，$t=0.57$，$p=0.57$）。结果详见图 2。

同理，以正负 1 个标准差为依据，分别得到"低客户导向"和"高客户导向"条件下的简单斜率，发现在低客户导向的情况下，员工创造力对主管创造力评价的影响不显著（$b=0.25$，$t=1.60$，$p=0.11$）；在高客户导向的情况下，员工创造力对主管创造力评价的正向作用被强化，主管会对员工给出更高的创造力评价（$b=0.51$，$t=4.46$，$p<0.01$）。结果详见图 3。

（四）讨论

研究 1 证实了员工两种不同类型的工作动机在主管对其创造力评价的

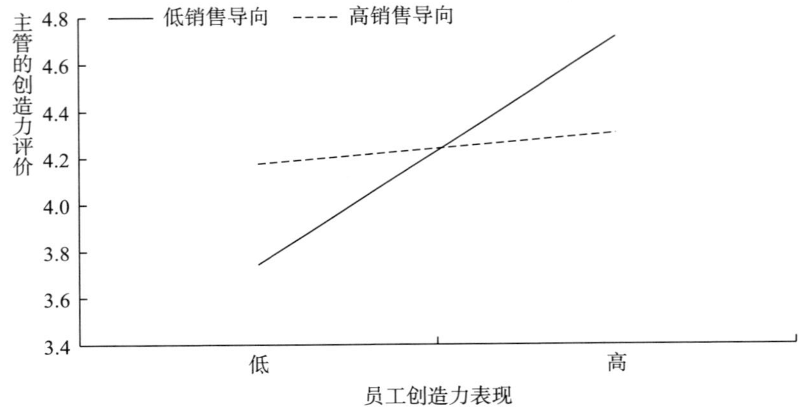

图2 销售导向与员工创造力表现的交互作用

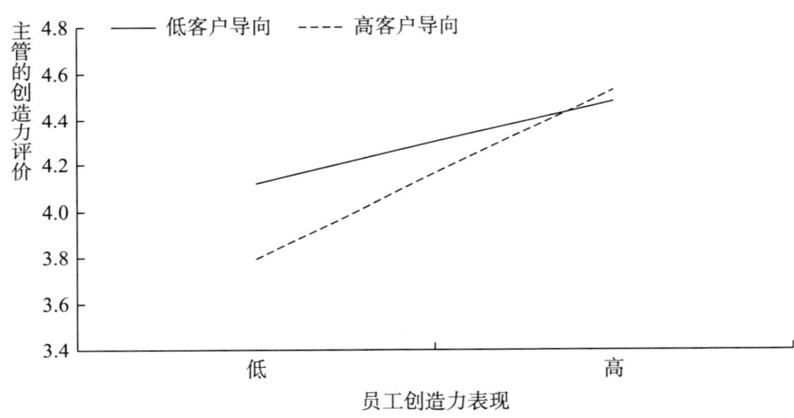

图3 客户导向与员工创造力表现的交互作用

过程中存在的两种相反的影响模式：销售导向负向调节员工创造力与主管创造力评价的关系，与低销售导向员工相比，高销售导向员工会损害主管对其创造力的评价。在实际的销售情境下，员工表现出过激的、以提高销售额为目的的高销售导向行为可能被贴上“自私功利”“不择手段”的标签，这种自利动机的暴露会导致其采取的创新性销售手段也不被看好，进而降低主管对其创新评分。而以客户利益和客户满意度为目标导向的员工则更容易表现出亲组织和亲社会的特征，有利于提高主管对其创新行为的认可，表现出与销售导向相反的影响模式，假设1和假设2均得到了支持。

此外，员工发挥创造力的最终目的是提高工作绩效，而员工的绩效结果作为上下级评价的核心部分，势必也会影响主管对其工作行为的认识和评价。而领导者作为组织代理人，其目标导向不仅涉及团队的管理方式，还是主管评价员工创造力的重要情境因素。因此，研究 2 将从人际互动层面考虑员工的工作绩效和主管的目标导向对创造力评价的交互影响。值得提出的是，销售类工作具有高度的结果和绩效导向特征，不适应绩效回避型个体（陈菲、白新文，2014）。从这一现实因素考虑，研究 2 只探究主管的绩效趋近导向的影响。

四　研究 2：员工工作绩效与主管绩效趋近导向的交互作用

员工在工作场所中的创造力表现为独立自主地安排工作进程和工作方式，依靠灵活的工作技巧来独立完成任务等（陈菲、白新文，2014）。但由于创造力往往伴随着高不确定性和高风险性，人们对高创新性的创意存在内隐偏见（Mueller et al.，2012；Mueller et al.，2014）。此外，员工的创造力在创新实践活动中还可能占用工作时间和组织资源，与组织安排和既定流程也会存在冲突等（Frese & Fay，2001；Urbach et al.，2016）。因此，员工的创造力表现有时候难以被正确理解和评价，甚至还可能被归类为反生产行为（Urbach et al.，2016）。在这种情况下，员工的工作绩效作为其创新性工作方式的直接目标结果，是影响创造力评价结果的重要指标。不难理解，当员工采用新的工作方式开展工作并取得了高绩效产出时，主管出于对员工工作表现的认可，更有可能支持其创新行为。但如果员工采用了创造性的方法和途径开展工作，但其工作绩效却欠佳，主管则可能会批评甚至惩罚员工。在这种情况下，创造力失败的风险性和对现状的挑战性进一步被放大，主管则会降低对员工创造力的评价。因此，本研究预期：

假设 3：员工的工作绩效正向调节员工的创造力表现与主管的创造力认可之间的关系。具体而言，当员工工作绩效较高时，主管对员工的创造力表现的认可程度更高。

另一方面，本研究认为，员工的工作绩效对创造力评分的影响，对于绩效导向的主管而言更加显著。主管的高绩效趋近导向表现为主管鼓励员工以高绩效为工作指南，并通过绩效考核的方式，如完善的奖惩机制，鼓励员工在完成任务过程中证明自己（杨洪涛、肖峥嵘，2017）。因此，当主管具有绩效趋近导向时，员工的高绩效表现容易被解释为响应领导号召，能够满足主管的动机期望。根据 Urbach 等人（2016）的研究，创造力的识别结果是创新内容与评估者成就目标的函数，即当创造者的创新想法或行为满足评估者的成就动机时，评估者会对创新内容做出积极的归因，表现出对创造力更高的支持水平。此外，主管的目标导向往往体现了组织的意愿和期望，面对高绩效的目标需求，员工的高绩效产出因满足主管而非个人的目标导向而更容易被归因为亲组织和利他的积极动机，员工也会获得更多的支持（Urbach et al.，2016）。而当主管绩效趋近导向不明显时，工作绩效并非唯一的考核指标，主管较少关注员工通过业绩来与他人做比较和竞争，因此员工的业绩表现对主管评价其创造力的结果影响不显著。据此，本研究提出如下假设。

假设 4：主管的绩效趋近导向、员工的工作绩效和创造力表现存在三阶交互作用。具体表现为，当主管具有高绩效趋近导向时，对工作绩效高的员工的创造力表现认可程度更高（H4a）；当主管具有低绩效趋近导向时，员工工作绩效不会显著影响主管对其创造力表现的认可（H4b）。

（一）被试与程序

研究 2 的对象是从事互联网系统开发及服务的企业销售人员和主管，在排除处于试用期的新入职员工后，向正式员工和主管共发放 236 份问卷，回收 217 份，剔除不认真作答的 5 份问卷，最后剩下包括 45 名主管和 167 名员工在内的 212 份数据，问卷的有效回收率为 89.8%。所有的人员平均年龄为 25.1 岁（$SD=2.3$），平均工作年限为 2 年（$SD=1.7$），平均销售经验为 2.7 年（$SD=2.1$），其中男性 145 人，占比 68.4%。

（二）变量的测量

（1）员工创造力。考虑到在现实的组织情境下，主管往往基于员工的具体行为表现对其进行创造力评价，并不涉及对员工认知方面的评判，研究 1 的相关分析也进一步佐证，员工的认知灵活性与主管的创造力评价不存在显著相关（$r=0.08$，$p>0.05$）。因此，研究 2 直接采用销售灵活性量表（Spiro & Weitz，1990）中的 6 道外显行为题项来测量员工的创造力表现。在本研究中，该量表的 α 系数为 0.88。

（2）创造力评价。同研究 1，α 系数为 0.95。

（3）工作绩效。采用绩效量表（Silver，Dwyer，& Alford，2006），该量表包括 6 道题，要求员工在与公司其他从事销售的同事进行比较后自评（1 = 远低于平均，7 = 远超于平均），分数越高代表绩效水平越高，示范题目有“（与公司其他同事相比）我所获得的佣金或提成”。本研究中的 α 系数为 0.90。

（4）绩效趋近导向。采用绩效趋近导向量表（Elliot & Church, 1997），该量表包括 6 道题，要求主管从 1（从不）到 7（总是）进行自我评分，分数越高代表绩效趋近导向越强，示范题目有“对我而言，在工作上表现得比其他人好是很重要的”。本研究中的 α 系数为 0.77。

（5）控制变量。同研究 1。

（三）研究结果

1. 描述性统计

相关分析发现，员工的创造力与主管对其创造力评价显著正相关（$r=0.22$，$p<0.01$），工作绩效与创造力评价也呈显著的正相关（$r=0.67$，$p<0.01$），其他变量均与创造力评价不相关。研究 2 的各主要变量的均值、标准差和相关系数的情况见表 3。

表 3　各主要变量的描述性统计结果（研究 2）

	均值	标准差	1	2	3	4	5
1. 创造力评价	3.99	1.06	**0.95**				
2. 员工创造力	5.48	0.96	0.22**	**0.88**			
3. 工作绩效	4.31	1.27	0.67**	0.21**	**0.90**		
4. 绩效趋近导向	5.88	0.81	-0.12	0.04	-0.06	**0.77**	
5. 性别匹配[a]	0.43	0.50	0.04	-0.05	0.07	0.03	-
6. 共事时间	1.50	1.50	0.04	0.10	-0.02	0.06	0.19**

注：$N=212$，a 为类别变量：0 为性别匹配，1 为性别不匹配；* $p<0.05$，** $p<0.01$；对角线上加粗的数字为量表的内部一致性系数 α 。

2. 回归分析

分层回归的结果表明，在控制主管和员工的性别相似性与共事时间后，员工创造力对主管的创造力评价影响显著（$\beta=0.22$，$t=3.14$，$p<0.01$）；员工创造力与工作绩效的交互作用不显著（$\beta=-0.06$，$t=-1.17$，$p=0.16$），故不再纳入后面的简单斜率分析；员工的创造力、工作绩效和主管绩效趋近导向的三阶交互显著（$\beta=0.11$，$t=2.04$，$p<0.05$）。回归分析的具体结果见表 4。

表4 影响主管创造力评价的回归分析（$n=206$）

变量	模型1	模型2	模型3	模型4	模型5
控制变量					
性别匹配	0.03	0.05	-0.01	0.00	-0.02
共事时间	0.03	0.00	0.05	0.05	0.04
自变量					
员工创造力		0.22**	0.07	0.06	0.49
工作绩效			0.66**	0.67**	0.68**
主管绩效趋近导向			-0.08	-0.09	-0.11*
交互项					
创造力×工作绩效				-0.06	-0.05
创造力×主管绩效趋近导向				0.09	0.12*
创造力×工作绩效×主管绩效趋近导向					0.11*
R^2	0.00	0.05	0.48	0.49	0.50
ΔR^2		0.05**	0.43**	0.01	0.01*
F	0.23	3.45*	36.47**	26.96**	24.48**
ΔF	0.23	9.87	81.84	2.14	4.15

注：* $p<0.05$，** $p<0.01$。

进一步进行简单斜率分析（见图4a和4b），结果发现当主管具有高的绩效趋近导向时，相比于低工作绩效的员工（$b=0.13$，$t=1.25$，$p=0.21$），高工作绩效的员工的创造力评分最高（$b=0.27$，$t=2.23$，$p<0.05$），假设4a得到验证。当主管具有低的绩效趋近导向时，主管对工作

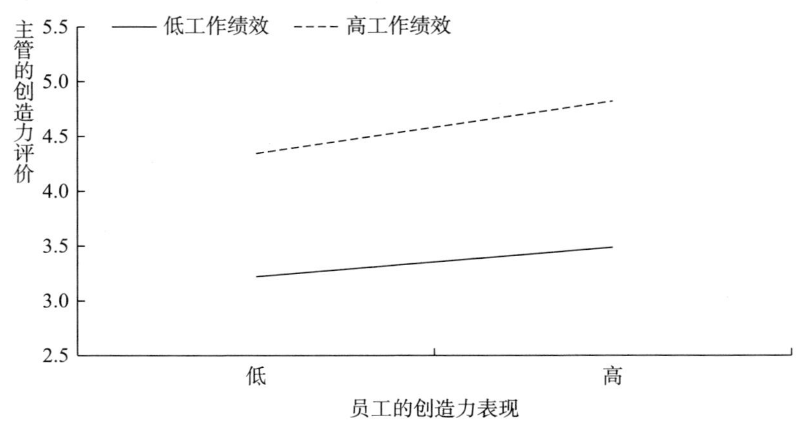

图4a 员工工作绩效与创造力表现的交互作用（主管绩效趋近导向高）

绩效较高的员工的创造力评分反而越低（$b = -0.30$，$t = -2.30$，$p < 0.05$）；对于工作绩效低的员工，其创造力表现和主管的创造力评价无显著相关（$b = 0.06$，$t = 0.58$，$p = 0.56$），两者的简单斜率存在显著差异（$t = -2.40$，$p < 0.05$）。由于假设 4b 预期，当主管绩效趋近导向低时，下属的工作绩效不会显著影响其创造力评估结果，因而假设 4b 没有得到验证。

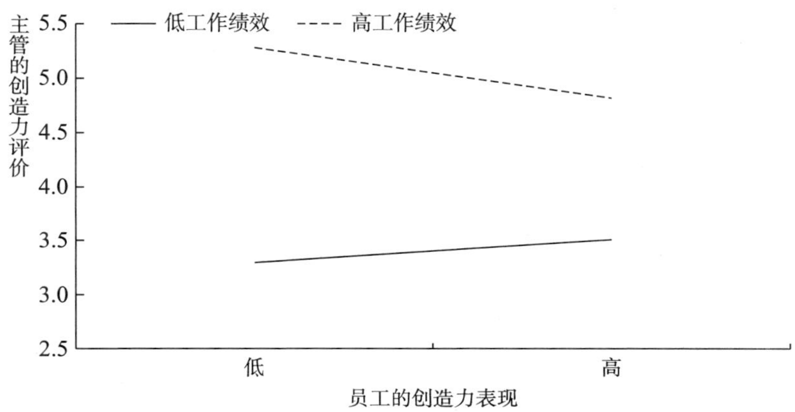

图 4b　员工工作绩效与创造力表现的交互作用（主管绩效趋近导向低）

（四）讨论

研究 2 发现，主管的绩效趋近导向和员工的工作绩效会交互影响主管对员工创造力表现的评价结果，当主管的绩效趋近导向和员工的工作绩效都高时，主管对员工的创造力评分最高。这一研究结果与 Urbach 等人（2016）的发现相呼应，即当员工的绩效表现“匹配”上主管的绩效趋近导向时，即满足主管的成就动机时，其绩效表现会被归因为满足领导要求、维护领导和组织利益的亲社会动机，其创造力表现具有更高的可靠性，进而在创造力评价中得到更多的认可。

值得提出的是，我们还意外地发现当主管表现出低绩效趋近导向时，员工的高工作绩效反而会阻碍主管对其创造力的评价。遵循上述逻辑，从主管的目标动机角度来看，当主管不倡导通过绩效来实现自我证明时，员工的高绩效表现与主管的成就动机相违背，主管会对员工的创造动机产生负向归因（Urbach et al.，2016），如将其理解为违逆领导意愿、过度追求自我表现、自私的行为等，进而降低对其创造力的评价。此外，工作绩效对创造力评分的调节作用（假设 3）没有得到验证，可能的原因在于，尽管提高工作绩效是员工提高工作创造力的主要目的，但创造力的评分过程深受评价双方的影响，其中主管的目标导向及对员工创造动机的认识，即评价双方的目标和动机是否相匹配，相比于单方面的绩效表现而言，对最终的评分结果影响更大。

五 总体讨论与结论

创造力评价作为创造力研究领域和创新实践活动中重要的新兴议题引起了广泛关注，但相关探讨仍处于起步阶段，研究深度和议题多元化均有待加强。本研究从创造者个人这一重要但被忽视的评估对象入手，探究在自上而下的创造力评价过程中的影响因素。两个实地调研先后探究了员工两种不同类型的工作动机对主管对其创造力评价的影响，以及主管的目标导向和员工的工作绩效在其中的交互作用，研究结果验证了我们先前的猜想：（1）员工的工作动机影响主管的创造力评价结果，员工的销售导向会降低主管对其创造力的评价，而客户导向会促进主管对其创造力的评价；（2）从人际交互的层面来看，员工的工作绩效对创造力评价过程的影响受到主管的绩效趋近导向的二次调节，只有在主管表现出高的绩效目标导向时，员工的高工作绩效才会促进主管对其创造力的评价，否则会适得其反，出现工作绩效越高、创造力评分反而越低的情况。

本研究对创造力评价领域和创新实践均有一定的贡献和启示，同时这里指出了研究存在的局限性和未来研究的展望。

（一）理论贡献与启示

第一，将评价主体从创意转向对创造者本身的评价，为创造力评价提供视角借鉴。创新评价研究的一大局限性在于识别对象多为既定的创意或创新性产品，这既割裂了创造产出和创造者的关系，在理论解释方面忽略了创造者这一评估客体的影响，也无法满足人员招聘和晋升决策等管理实践中，准确识别具有创造潜质的员工的刚需。本研究将评估对象转换为创造者本身，实证检验了创造者两种不同类型的创造动机对创新评价的影响，还纳入了评估者的目标导向这一情境因素，同时探究了评估主、客体对创造力评估结果的交互影响。这为创新评价领域提供了视角的借鉴。

第二，为创造力评价提供了基于创造者视角的解释理论。以往研究多从评估者的认知和动机两大方面寻求创新评价的解释机制，如调节焦点理论解释了评估者两种不同类型的定向水平对目标创意新颖性水平的评价差异（Herman & Reiter-Palmon, 2011; Zhou et al., 2017），动机性信息加工理论则综合考虑了评估者的认知动机和社会动机如何协同影响创意的选择（Licuanan, Dailey, & Mumford, 2007; Steinel, Utz, & Koning, 2010）。当把评估客体由创造产出转向创造者主体时，评估者进行创造力的识别与评估势必会涉及对创造者动机的评估的考虑（Urbach et al., 2016），增加来自创造者动机的解读有利于加深对创造力评价结果的理解。以创造者的工作绩效这一影响因素为例，通常来说，绩效产出是上下级评估的核心指标，当员工具有高的绩效目标追求和绩效产出时，主管无疑会给予其更多认可和奖赏，这一现象在高绩效导向的销售群体中应尤为普遍。但本研究意外发现，销售人员的高销售导向带有“损人利己”的属性，其创造力易被视为自私谋利的手段，这种自利动机一旦被察觉反而会降低主管对其评价（研究1），哪怕是在员工为组织带来了实际销售盈利的情况下，也只有高绩效趋近导向的主管才会认可员工的创造力表现；否则，员工的绩效表现越好，主管对其创造力的评价反而越低（研究2）。这一“反常”的结论揭示了创造动机对创造力评价结果的影响，启示我们当评估对象为创造者而非特定的创意时，整个评价过程会更加复杂，评价者将不可避免地受到创造主体行为动机和行为结果的影响，仅从评估者视角解释这一现象存在局限性。

第三，从人际交互层面动态地探究了创造力评价过程的边界条件，拓展了创造力评估的研究内涵。在创造力评价的三大子系统中，已有学者意识到了影响创新评价过程和结果的一些社会因素，包括组织文化和情境线索，以及宏观的文化规范和社会背景，但对于识别主客体的人际互动层面的影响因素则止步于既定的上下级关系质量（Urbach et al., 2016），抑或从评估者或创造者的角度进行单方面研究（Han et al., 2017; Lu et al., 2019）。但创造力的最终评定结果是评估主客体互相影响的产物，创造者会通过各种影响策略使自己的创新性想法或创造行为获得更多支持（Lu et al., 2019），评估者也会主动获取更多相关信息以力求客观（Criscuolo et al., 2017）。本研究着力于此，创新性地探究了创造者的行为结果与评估者的目标导向对创新评价的交互影响，这一动态研究视角不仅有利于加深对创造力评价的社会属性的理解，同时也有效补充了环境子系统的研究内涵。

本研究对创新实践过程中的创造者和评价者双方均有一定的启示。对于员工这一创造主体而言，在工作中除了以任务绩效为导向外，还应适当表现出更多的利他和亲组织的行为，如组织公民行为和帮助行为等，以提高其行为的客观性和可信度（Hovland et al., 1953），避免他人对自己工作行为的误解甚至负面归因。此外，在创造过程中，还可以向上采取一些影响策略，如借鉴一些言语或非言语技巧、包装自己的创造力表现等，以获得更多的支持和接纳（Lu et al.，2019）。而对于主管这一创造力的评价方而言，在评价员工的创造力表现时则要力求客观，尽量避免受到员工的工作动机或双方在人口特征方面的相似性的影响。此外，主管还应加强自身的创造力评估能力，如参加领导培训、建立评估决策小组等，以提高创造力评估结果的准确性。

（二）研究局限与展望

第一，研究方法上，一次施测的问卷调查难以揭示因果关系。本研究中，尽管两个问卷都通过多来源回答控制了同源方差问题，但横截面数据难以推断因果关系。考虑到创造力评价是一个动态交互的过程，可尝试进行纵向追踪调查，更好地刻画组织中创造力评价的动态过程。同时，这种调查方式也可进一步探究主管对员工创造力的评价如何影响员工下一次的创造力表现，如主管的负性评价是否会削弱员工下次的创造意愿和创造力表现，即产生创造力的“沉默螺旋效应”，这很值得未来研究关注。

第二，研究对象上，销售样本限制结论的生态效度。考虑到销售类工作存在高自主性和独立性等特征（Grant，2013），员工的创造力需求贯穿于销售的各个环节，正确识别出具有创造潜力的人员至关重要，所以本研究以销售群体为样本。研究结果揭示了销售人员两种不同类型的动机导向对上下级的创造力评价过程所具有的截然相反的影响作用，以及主管的绩效趋近导向和员工的绩效表现在其中的交互作用。这对理解销售人群的创造力评价的影响因素具有启示作用，但这种效应可能只存在于高自主性、高绩效导向的销售群体中，在一般工作情境下，工作绩效对创造力评价的作用或许不会这么“反常”，通常来说，绩效越高的员工可能也会获得越高的包括创造力在内的行为评价。因此，未来研究或可基于其他特征样本，继续探究绩效对创造力评价的影响，以及创造者的工作动机和绩效结果对其创造力评分的交互影响。此外，非销售类群体的研究还应考虑主管的绩效回避导向对创造力评分过程的影响。未来研究可考虑在其他情境下进行验证，优化本研究的生态效度。

第三，优化对员工创造力表现的测量。为了降低同源误差，员工的创造力表现是员工自评。尽管本研究从创造技能、创造行为和创造结果三个方面进行综合测量，并根据样本特征采用了有针对性的指标（如测量了销售情境独特的销售灵活性表现），而且两个研究一致表明，员工自评和主管的创造力评价显著相关。然而，后续研究还应该尝试采用其他方法，比如借助客观指标，如研发绩效、专利数量、作品被引用率等，更准确、多方面衡量员工的创造力表现。

（三）结论

本研究将创造力评价的对象由以往的创意转变为创造者个人，首先探究了创造者动机对创造力评价结果的影响，紧接着纳入评价者视角，从人际交互层面探究了创造者的绩效表现和评价者的目标导向对下行的创造力评价结果的影响。两个研究揭示了创造力评价过程中的一些影响因素，对从理论层面上理解创造力评价的社会属性并在组织实践中提高创造力评价的准确性均有一定启示。

参考文献

白新文、齐舒婷、明晓东、周意勇、黄明权，2019，《骏马易见，伯乐难寻：决策者心智模式影响创意识别的机制及边界条件》，《心理科学进展》第 27 期，第 1 - 16 页。

陈菲、白新文，2014，《绩效趋近目标导向与交易型领导对销售绩效的影响》，《浙江大学学报》（理学版）第 41 期，第 558 - 565 页。

韩杨、罗瑾琏、钟竞，2016，《双元领导对团队创新绩效影响研究——基于惯例视角》，《管理科学》第 29 期，第 70 - 85 页。

刘超、刘新梅、李沐涵，2013，《组织创造力与组织创新绩效：战略导向的调节效应》，《科研管理》第 34 期，第 95 - 102 页。

陆柯雯、任孝鹏，2012，《销售人员的责任心与绩效：客户导向的中介作用》，《人类工效学》第 18 期，第 24 - 27 页。

路琳、常河山，2007，《目标导向对个体创新行为的影响研究》，《研究与发展管理》第 19 期，第 44 - 55 页。

齐舒婷、白新文、林琳，2019，《慧眼识珠：创意识别的研究现状及未来方向》，《外国经济与管理》第 41 期，第 42 ~ 57 页。

宋文豪、顾琴轩、于洪彦，2014，《学习目标导向对员工创造力和工作绩效的影响》，《工业工程与管理》第 19 期，第 28 - 34 页。

严瑜、何亚男，2016，《领导对建言反应的动机感知作用机制：基于归因理论的阐释》，《心理科学进展》第 24 期，第 1457 - 1466 页。

杨洪涛、肖峥嵘，2017，《团队成员和主管目标导向对个人创造力的跨层次影响》，《管理学报》第 14 期，第 1340 - 1350 页。

张龙、李想，2016，《管理者为什么纳言？——基于说服理论的研究》，《外国经济与管理》第38期，第80－92页。

Amabile, T. M. (1983). The social psychology of creativity: a componential conceptualization. *Journal of Personality and Social Psychology*, 45 (2), 357－376.

Appelbaum, E., Bailey, T., Berg, P., & Kalleberg, A. L. (2000). *Manufacturing advantage: why high-performance work systems pay off.* Cornell University Press.

Bagozzi, R. P., Verbeke, W., van den Berg, W. E., Rietdijk, W. J. R., Dietvorst, R. C., & Worm, L. (2012). Genetic and neurological foundations of customer orientation: field and experimental evidence. *Journal of the Academy of Marketing Science*, 40 (5), 639－658.

Barrick, M. R., & Mount, M. K. (1991). The big five personality dimensions and job performance: a meta-analysis. *Personnel Psychology*, 44 (1), 1－26.

Berg, J. M. (2016). Balancing on the creative high-wire: forecasting the success of novel ideas in organizations. *Administrative Science Quarterly*, 61 (3), 433－468.

Borman, W. C., & Motowidlo, S. J. (1993). Expanding the criterion domain to include elements of contextual performance. In Schmitt, N. & Borman, W. C. (Eds.) *Personnel selection in organizations* (pp. 71－98). San Francisco: Jossey-Bass.

Boudreau, K., Guinan, E. C., Lakhani, K. R., & Riedl, C. (2016). Looking across and looking beyond the knowledge frontier: intellectual distance, novelty, and resource allocation in science. *Management Science*, 62 (10), 2765－2783.

Bratton, J. & Gold, J. (2012). *Human resource management: theory and practice.* England: Palgrave Macmillan.

Brown, T. J., Mowen, J. C., Donavan, D. T., & Licata, J. W. (2002). The customer orientation of service workers: personality trait effects on self-and supervisor performance ratings. *Journal of Marketing Research*, 39 (1), 110－119.

Campbell, J. P., McHenry, J. J., & Wise, L. L. (1990). Modeling job performance in a population of jobs. *Personnel Psychology*, 43 (2), 313－575.

Cheung, M., Peng, K. Z., & Wong, C. S. (2014). Supervisor attribution of subordinates' organizational citizenship behavior motives. *Journal of Managerial Psychology*, 29 (8), 922－937.

Clarke, J. S., Cornelissen, J. P., & Healey, M. (2019). Actions speak louder than words: how figurative language and gesturing in entrepreneurial pitches influences investment judgments. *Academy of Management Journal*, 62 (2), 335－360.

Colquitt, J. A., Scott, B. A., & LePine, J. A. (2007). Trust, trustworthiness, and trust propensity: a meta-analytic test of their unique relationships with risk taking and job performance. *Journal of Applied Psychology*, 92 (4), 909－927.

Criscuolo, P., Dahlander, L., Crohsjean, T., & Salter, A. (2017). Evaluating novelty: the role of panels in the selection of R & D projects. *Academy of Management Journal*, 60 (2), 433－460.

de Buisonjé, D. R., Ritter, S. M., de Bruin, S., ter Horst, J. M. -L., & Meeldijk, A. (2017). Facilitating creative idea selection: the combined effects of self-affirmation, promotion focus and positive affect. *Creativity Research Journal*, 29 (2), 174－181.

Dewck, C. S. (1986). Motivational processes affecting learning. *American Psychologist*, 41 (10), 1040 - 1048.

Dragoni, L. (2005). Understanding the emergence of state goal orientation in organizational work groups: the role of leadership and multilevel climate perceptions. *Journal of Applied Psychology*, 90 (6), 1084 - 1095.

Dutton, J. E., & Ashford, S. J. (1993). Selling issue to top management. *Academy of Management Review*, 18 (3), 397 - 428.

Elliot, A. J., & Harackiewicz, J. M. (1996). Approach and avoidance achievement goals and intrinsic motivation: a mediational analysis. *Journal of Personality and Social Psychology*, 70 (3), 461 - 475.

Elliot, A. J., & Church, M. A. (1997). A hierarchical model of approach and avoidance achievement motivation. *Journal of Personality & Social Psychology*, 72 (1), 218 - 232.

Frese, M., & Fay, D. (2001). Personal initiative (PI): an active performance concept for work in the 21st century. *Research in Organizational Behavior*, 23, 133 - 187.

George, J. M. (2007). Creativity in organizations. *Academy of Management Annals*, 1 (1), 439 - 477.

Goad, E. A., & Jaramillo, F. (2014). The good, the bad and the effective: a meta-analytic examination of selling orientation and customer orientation on sales performance. *Journal of Personal Selling & Sales Management*, 285 - 301.

Gong, Y., Huang, J. C., & Farh, J. L. (2009). Employee learning orientation, transformational leadership, and employee creativity: the mediating role of employee creative self-efficacy. *Academy of Management Journal*, 52 (4), 765 - 778.

Grant, A. M. (2013). Rethinking the extraverted sales ideal: the ambivert advantage. *Psychological Science*, 24 (6), 1024 - 1030.

Grant, A. M., & Ashford, S. J. (2008). The dynamics of proactivity at work. *Research in Organizational Behavior*, 28 (28), 3 - 34.

Guenzi, P., & Lauren, G. (2010). Interpersonal trust in commercial relationships: antecedents and consequences of customer trust in the salesperson. *European Journal of Marketing*, 44, 114 - 138.

Han, J., Long, H., & Pang, W. (2017). Putting raters in ratees' shoes: perspective taking and assessment of creative products. *Creativity Research Journal*, 29 (3), 270 - 281.

Harris, E. G., Mowen, J. C., & Brown, T. J. (2005). Re-examining salesperson goal orientations: personality influencers, customer orientation, and work satisfaction. *Journal of the Academy of Marketing Science*, 33 (1), 19 - 35.

Herman, A., & Reiter-Palmon, R. (2011). The effect of regulatory focus on idea generation and idea evaluation. *Psychology of Aesthetics, Creativity, and the Arts*, 5 (1), 13 - 20.

Hovland, C. I., Janis, I. L., & Kelley, H. H. (1953). *Communication and persuasion: psychological studies of opinion change.* Yale University Press.

Huang, L. (2018). The role of investor gut feel in managing complexity and extreme risk. *Academy of Management Journal*, 61 (5), 1821 - 1847.

Huang, L., & Pearce, J. L. (2015). Managing the unknowable: the effectiveness of early-stage investor gut feel in entrepreneurial investment decisions. *Administrative Science Quarterly*, 60 (4), 634 – 670.

Janssen, O., & Giebels, E. (2013). When and why creativity-related conflict with coworkers can hamper creative employees' individual job performance. *European Journal of Work & Organizational Psychology*, 22 (5), 574 – 587.

Joo, B. K. B. (2012). Leader-member exchange quality and in-role job performance the moderating role of learning organization culture. *Journal of Leadership & Organization Studies*, 19 (1), 25 – 34.

Kaufman, J. C., Baer, J., Cropley, D. H., Reiter-Palmon, R., & Sinnett, S. (2013). Furious activity vs. understanding: how much expertise is needed to evaluate creative work? *Psychology of Aesthetics, Creativity, and the Arts*, 7 (4), 332 – 340.

Kay, M. B., Proudfoot, D., & Larrick, R. P. (2018). There's no team in I: How observers perceive individual creativity in a team setting. *Journal of Applied Psychology*, 103 (4), 432 – 442.

Kornish, L. J., & Hutchison-Krupat, J. (2017). Research on idea generation and selection: implications for management of technology. *Production & Operations Management*, 26 (4), 633 – 651.

Kwan, H. K., Zhang, X., Liu, J., & Lee, C. (2018). Workplace ostracism and employee creativity: an integrative approach incorporating pragmatic and engagement roles. *Journal of Applied Psychology*, 103 (12), 1358 – 1366.

Lawler, E. E. (1994). From job-based to competency-based organizations. *Journal of Organizational Behavior*, 15 (1), 3 – 15.

Li, J. J., Chen, X. -P., Kotha, S., & Fisher, G. (2017). Catching fire and spreading it: a glimpse into displayed entrepreneurial passion in crowdfunding campaigns. *Journal of Applied Psychology*, 102 (7), 1075 – 1090.

Licuanan, B. F., Dailey, L. R., & Mumford, M. D. (2007). Idea evaluation: error in evaluating highly original ideas. *The Journal of Creative Behavior*, 41 (1), 1 – 27.

Loewenstein, J., & Mueller, J. S. (2016). Implicit theories of creative ideas: how culture guides creativity assessments. *Academy of Management Discoveries*, 2 (4), 320 – 348.

Lu, S., Bartol, K. M., Venkataramani, V., Zheng, X., & Liu, X. (2019). Pitching novel ideas to the boss: the interactive effects of employees' idea enactment and influence tactics on creativity assessment and implementation. *Academy of Management Journal*, 62 (2), 579 – 606.

Luksyte, A., & Spitzmueller, C. (2016). When are overqualified employees creative? It depends on contextual factors. *Journal of Organizational Behavior*, 37 (5), 635 – 653.

Martin, M. M., & Rubin, R. B. (1995). A new measure of cognitive flexibility. *Psychological Reports*, 76 (2), 623 – 626.

McCarthy, A. M., Chen, C. C., & McNamee, R. C. (2018). Novelty and usefulness trade-off: cultural cognitive differences and creative idea evaluation. *Journal of Cross-*

Cultural Psychology, 49 (2), 171 – 198.

Mitteness, C., Sudek, R., & Cardon, M. S. (2012). Angel investor characteristics that determine whether perceived passion leads to higher evaluations of funding potential. *Journal of Business Venturing*, 27, 592 – 606.

Mueller, J. S., Melwani, S., & Goncalo, J. A. (2012). The bias against creativity: why people desire but reject creative ideas. *Psychological Science*, 23 (1), 13 – 17.

Mueller, J. S., Melwani, S., Loewenstein, J., & Deal, J. (2018). Reframing the decision-makers' dilemma: towards a social context model of creative idea recognition. *Academy of Management Journal*, 61 (1), 94 – 110.

Mueller, J. S., Wakslak, C. J., & Krishnan, V. (2014). Construing creativity: the how and why of recognizing creative ideas. *Journal of Experimental Social Psychology*, 51, 81 – 87.

Perry-Smith, J. E., & Mannucci, P. V. (2017). From creativity to innovation: the social network drivers of the four phases of the idea journey. *Academy of Management Review*, 42 (1), 53 – 79.

Pier, E. L., Brauer, M., Filut, A., Kaatz, A., Raclaw, J., Nathan, M. J., Ford, C. E., & Carnes, M. (2018). Low agreement among reviewers evaluating the same NIH grant applications. *Proceedings of the National Academy of Sciences*, 115 (12), 2952 – 2957.

Proudfoot, D., Kay, A. C., & Koval, C. Z. (2015). A gender bias in the attribution of creativity: archival and experimental evidence for the perceived association between masculinity and creative thinking. *Psychological Science*, 26 (11), 1751 – 1761.

Rioux, S. M., & Penner, L. A. (2001). The causes of organizational citizenship behavior: a motivational analysis. *Journal of Applied Psychology*, 86 (6), 1306 – 1314.

Saxe, R., & Weitz, B. A. (1982). The SOCO scale: a measure of the customer orientation of salespeople. *Journal of Marketing Research*, 343 – 351.

Schuh, S. C., Zhang, X., Morgeson, F. P., Tian, P., & van Dick, R. (2018). Are you really doing good things in your boss's eyes? Interactive effects of employee innovative work behavior and leader-member exchange on supervisory performance ratings. *Human Resource Management*, 57 (1), 397 – 409.

Sijbom, R. B. L., Janssen, O., & Van Yperen, N. W. (2015). Leaders' receptivity to subordinates' creative input: the role of achievement goals and composition of creative input. *European Journal of Work & Organizational Psychology*, 24 (3), 462 – 478.

Siler, K., Lee, K., & Bero, L. (2015). Measuring the effectiveness of scientific gatekeeping. *Proceedings of the National Academy of Sciences*, 112 (2), 360 – 365.

Silver, L. S., Dwyer, S., & Alford, B. (2006). Learning and performance goal orientation of sales people revisited: the role of performance-approach and performance-avoidance orientations. *Journal of Personal Selling & Sales Management*, 26 (1), 27 – 38.

Silvia, P. J. (2008). Discernment and creativity: how well can people identify their most creative ideas? *Psychology of Aesthetics, Creativity, and the Arts*, 2 (3), 139.

Smith, C. A., Organ, D. W., & Near, J. P. (1983). Organizational citizenship behavior: its nature and antecedents. *Journal of Applied Psychology*, 68 (4), 653 – 663.

Spiro, R. L., & Weitz, B. A. (1990). Adaptive selling: conceptualization, measurement, and nomological validity. *Journal of Marketing Research*, 27 (1), 61 - 69.

Steinel, W., Utz, S., & Koning, L. (2010). The good, the bad and the ugly thing to do when sharing information: revealing, concealing and lying depend on social motivation, distribution and importance of information. *Organization Behavior & Human Decision Processes*, 113 (2), 85 - 96.

Urbach, T., Fay, D., & Lauche, K. (2016). Who will be on my side? the role of peers' achievement motivation in the evaluation of innovative ideas. *European Journal of Work & Organizational Psychology*, 25 (4), 540 - 560.

Wachner, T., Plouffe, C. R., & Gregoire, Y. (2009). SOCO's impact on individual sales performance: the integration of selling skills as a missing link. *Industrial Marketing Management*, 38 (1), 32 - 44.

Whiting, S. W., Maynes, T. D., Podsakoff, N. P., & Podsakoff, P. M. (2012). Effects of message, source, and context on evaluations of employee voice behavior. *Journal of Applied Psychology*, 97 (1), 159 - 182.

Williams, L. J., & Anderson, S. E. (1991). Job satisfaction and organizational commitment as predictors of organizational citizenship and in-role behaviors. *Journal of Management*, 17 (3), 601 - 617.

Zhou, J., Wang, X. M., Song, L. J., & Wu, J. (2017). Is it new? Personal and contextual influences on perceptions of novelty and creativity. *Journal of Applied Psychology*, 102 (2), 180 - 202.

Zhou, K. Z., & Wu, F. (2010). Technological capability, strategic flexibility, and product innovation. *Strategic Management Journal*, 31 (5), 547 - 561.

《中国社会心理学评论》 第19辑
第153～176页

敬畏情绪对创造力的影响：认知灵活性的中介作用*

张 潮 安彦名 刘金蕙 吕一超 喻 丰**

摘 要：本研究分别采用视频与VR的方式诱发被试的敬畏情绪，从创造力的测量指标——创造性思维的两个方面（发散性思维与聚合性思维）来探究敬畏情绪对创造力的影响，在引入敬畏情绪消极效价的同时，加入认知灵活性变量，进一步探讨其内部机制。结果发现：（1）不同效价的敬畏情绪都可以增强个体的创造力，具体表现为积极敬畏情绪增强发散思维的灵活性与独创性，消极敬畏情绪增强发散思维的流畅性与聚合思维；（2）敬畏情绪通过认知灵活性影响创造力的表现，认知灵活性在其中起中介作用。

关键词：敬畏情绪 创造力 认知灵活性

我们在生活中常常会有以下经历：考试时的轻微焦虑，使我们做题时下笔飞快；心情放松时，脑海中的想法天马行空；面对令人敬畏与赞叹的自然景观时，创作出优美的诗句；等等。由此可见，情绪可以激发人们的智慧，进而促进创造力的产生。过往研究证实了情绪对创造力确实有促进作用（Isen, Daubman, & Nowicki, 1987；Feist, 1998；George & Zhou, 2002；Nelson & Sim, 2014），当个体处于某种特定的情绪状态时，其创造力表现往往好于无情绪状态时的表现。虽然研究者们都认同情绪会对创造

---

* 本研究得到2019年山西省哲学社会科学规划课题（2019B205）的资助。

** 张潮，山西师范大学教育科学学院教授、硕士生导师；安彦名，山西师范大学教育科学学院研究生；刘金蕙，山西师范大学教育科学学院在读研究生；吕一超，山西师范大学教育科学学院研究生；喻丰，西安交通大学社会心理学研究所教授、博士生导师。

力产生影响，但影响机制尚存争议，而且以往的研究往往局限于单一的情绪，如愉悦、愤怒、悲伤等，这与现实生活中个体情绪体验的情况大不相同。本研究试图探讨一种更加贴合现实情境的复杂情绪——敬畏对创造力产生何种影响，以及可能存在的内部机制。

一　文献综述

（一）创造力

中国是一个有着悠久历史的国家，也是世界四大文明古国之一。推动中国走过五千多年历史的因素众多，创造力是其中最重要的因素之一，具有无可替代的作用。农耕时代，农具的发明极大地促进了生产力的发展，使人们的生活富足起来；仓颉造字提供了文明的载体，使先人的文化得以延续传承；毕昇发明的活字印刷术，对传播知识和促进文明的发展起到了重要作用。创造力是一个国家、一个民族不断保持生命力的基础。2014 年李克强总理提出“大众创业，万众创新”的理念以来，创新创造再一次成为热点。

自创造力研究大师 Guilford（1950）发表就职演说至今，心理学领域有关创造力的研究已经持续了 70 年。创造性思维（creative thinking）作为个体在进行创造性活动时的一种高级思维活动，一直以来都是创造力研究的热点。创造性思维是一种重组自身想法，并发现问题间新关系的能力（Torrance，1969）。它不仅是创造力的具体表现，也是个人取得成就的主要原因之一（Runco et al.，2010），更是创造力的核心认知过程之一（Runco & Acar，2012）。Guilford 指出，创造性思维主要包含两种，即发散性思维（divergent thinking）和聚合性思维（convergent thinking）。其中，发散性思维是指利用不同的思维方向，不受限于现有的知识范围，不遵循固有的解决方法，采取开放的、不一致的方式，产生出各种可能的答案或不同的解决方法，主要采用托伦斯创造性思维测验（Torrance Test of Creative Thinking，TTCT）和替代用途测验（Alternative Uses Test，AUT）等任务来测量。发散性思维主要表现为三个方面的特征：流畅性（fluency），即能够迅速地产生大量的意念和见解，或者快速产生不同联想的能力；灵活性（flexibility），即能够根据问题需要灵活地改变思维方向的能力；独创性（originality），即能够产生新颖独特的、别有见地的、与众不同的见解的能力。与此相反，聚合性思维则是个体利用已有知识经验或传统方法来分析给定信息并从中获得一个最佳答案的思维形式，主要采用顿悟问题解决（Insight Problem Solving）和远距离联想测验（Remote Association Test，RAT）等任务来度量。

影响创造性思维的因素众多，情绪是最重要的因素之一（Baas，De Dreu，& Nijstad，2008）。有研究发现，诱发个体的积极情绪可以提高其远距离联想能力和有关顿悟问题解决的能力（Isen，Daubman，& Nowicki，1987）。积极情绪能够使个体产生更多、更丰富的联想，从而探寻多样化的思维和行为方式，提高问题解决的效率（Nelson & Sim，2014）。还有研究表明，积极情绪能够显著提升创造力表现，而消极情绪不能促进创造力的产生，甚至会对其产生阻碍（Chen，Hu，& Plucker，2014；Xiao et al.，2015）。Fredrickson 和 Branigan（2005）用拓展－建构理论来解释积极情绪对创造力表现产生促进作用的内部机制。该理论认为积极情绪能够拓展个体认知活动的范围，拓宽个体的注意广度，有利于个体捕捉更多的创造力活动材料，整合多种信息来思索问题，提高创造力。

然而，有些研究者却提出了完全相反的观点，他们认为消极情绪比积极情绪更能提高创造力（Feist，1998；George & Zhou，2002；Damian & Robins，2012）。有研究者发现，当个体处于消极情绪状态时，其创造力表现要优于积极情绪状态时的表现（Gasper，2003）。Eastwood 等人（2012）的研究也得到了相同的结论，他们认为消极情绪令个体更倾向于探索现实环境并找到解决当前问题的方案，从而改善当前的糟糕心境，由此促进创造力的产生。Abele-Brehm（1992）的情绪修复理论对此做出了解释，他认为当个体处于消极状态时，需要通过进行某种活动（例如创造性活动）产生成就感，缓解或消除自身的消极情绪体验。综上所述，尽管以往有关情绪与创造性思维的研究很多，但结论并不一致，本研究引入敬畏这一复杂的情绪，或许能为该领域的研究带来一些新的启发。

（二）敬畏情绪及其与创造力的关系

“敬畏”一词在《辞源》中无迹可寻，而是作为一个复合词出现的。在中国传统文化中，敬畏作为一个词语最早出现在《史记》（卷三十三·鲁周公世家）中，“乃命于帝庭，敷佑四方，用能定汝子孙于下地，四方之民罔不敬畏”，这句话就表明周公受命于天，要普济天下，使百姓能够安居乐业，因而普天下的子民对周公都有一种既崇敬又惧怕的神圣情感。往前追溯，《论语·季氏》中也有关于敬畏的类似描述，“君子有三畏：畏天命，畏大人，畏圣人言”。在中国悠久的历史文化中，敬畏不仅仅出现在文字中，更体现在各种行为与实践中。在远古时代的部落中，祭祀一直是最神圣的活动，代表了人们对自然的敬畏；封建时代皇帝登基时举行祭天大典，体现了对天地的敬畏；寺庙道观的香火旺盛，体现了人们对信仰的敬畏。由此可见，在中国的传统文化中，敬畏有着举足轻重的地位，中国人对敬畏也有着独特的理解。

长期以来，敬畏通常被当作神学、哲学等领域的概念进行研究，近年来才渐渐被心理学关注。早期研究中并没有出现一个普遍被接受的关于敬畏的定义，直到敬畏的主要研究者 Keltner 和 Haidt（2003）基于概念的原型理论，将敬畏定义为当我们面对那些广阔的、浩大的，以及超越我们当前理解范围的事物时所产生的惊异的情绪体验。随后，Halstead 和 Halstead（2004）对敬畏下了新的定义：当个体面对比自身更宏大、更有力量或更加复杂的事物时所经历的一种包含庄严的或虔诚的惊奇、恐惧、钦佩和恐怖等多种混合情绪体验。敬畏的研究时间较短，目前敬畏的理论模型主要有两个，即原型模型和扩展模型。Keltner 和 Haidt（2003）提出敬畏的原型模型（prototypical model of awe），这一模型指出敬畏包含两个核心特征——知觉到的浩大（perceived vastness）和顺应的需要（a need for accommodation）。这两个核心特征共同构成原型敬畏，二者缺一不可。知觉到的浩大是指那些超出常人知觉范围的事物，这些事物包括物理空间（如浩瀚的宇宙）、社会地位（如国家主席）或认知（如进化论）等方面；顺应的需要是指个体接收到的刺激不能被当前的心理结构所同化，需要对基本信念、类别和模式进行变更的心理过程（Gordon et al.，2016）。知觉到的浩大能够让个体感受到渺小、无力和服从，而顺应的需要则会使个体觉得困惑、费解和惊奇（董蕊、彭凯平、喻丰，2013）。此外，敬畏还包括五个边缘特征：威胁、美好、卓越的能力、美德和轮回报应。这些边缘特征不一定会出现在敬畏情绪中，只是在某些特定的情境下才会存在或消失。Bonner 和 Friedman（2011）对敬畏的原型模型进行了补充，他们采用解释现象学的方法对施耐德（2011）书中的访谈记录进行了重新编码和分析，概括出敬畏体验的 10 个元素，即深刻感、连接感、神圣感、恐惧感（情绪类）、浩大、存在的意识、开放性和接受性、惊奇（认知类）、当下和高度的感知（感觉类）。这些元素的提出使心理学家开始关注敬畏的个人体验。Sundararajan（2002）提出扩展模型，即在原型模型的基础上增加一个新的维度——意识（consciousness）。他认为敬畏除了知觉到的浩大和顺应的需要外，还包括自我反思、超然和二级意识等意识因素（Sundararajan，2009）。由此可见，原型模型主要关注敬畏的情绪成分，而扩展模型更多地关注敬畏的认知成分。基于此，本研究将敬畏定义为一种复杂的复合情绪，它既包含积极情绪的成分（自豪、惊奇），又包含消极情绪的成分（悲伤、恐惧、焦虑），当诱发源内容不同时，个体被激活的敬畏成分不同。

在当前绝大多数有关敬畏情绪的实证研究中，敬畏都被当作积极情绪来进行探讨。Bonner 和 Friedman（2011）的研究表明，在敬畏众多主题中，恐惧和恐怖的主题并不经常出现，即敬畏更多地作为一种积极概念对人产生影响。敬畏可以带给人们情绪、生理和心理上的益处，因此当前的实证研究多在讨论敬畏情绪的积极心理后效（Rudd，Vohs，& Aaker，2012）。有研究表明，敬畏像其他积极情绪一样，能够正向促进人们的行为及行为倾向；还能够弱化自我意识，促进游客在旅游过程中的认知和评价，提高游客对旅游地的忠诚度（Shiota，Keltner，& Mossman，2007）。有研究者发现，诱发个体的敬畏情绪促进了其对精神世界的追求，提升了其幸福感水平（Joye & Dewitte，2016；Joye & Verpooten，2013），能够延长个体的时间知觉，扩大个体对时间充裕性（time availability）的感知，使其更愿意投身于需要投入时间与精力的亲社会活动（如慈善活动）当中（Rudd et al.，2012）。敬畏降低了自我的意识，常常使个体觉知到自身的渺小，这种渺小无论是在集体主义还是个人主义的文化背景下均适用，使个体能够更好地融入社会集体（Bai et al.，2017）。Piff 等人（2015）的实证研究发现敬畏将个体的注意力指向比自我更宏大的事物，使个体减少对自身利益和自我目标重要性的关注，进而更愿意为他人利益而放弃自我利益。同时，敬畏体验也能够促进宗教的社会功能。Cappellen 和 Saroglou（2012）指出，敬畏可以激发人们对于宗教和精神世界的追求和向往，被诱发出敬畏情绪的个体更倾向于选择西藏作为旅游目的地，而被诱发出自豪情绪的个体则更多选择海地这一享乐目的地。此外，敬畏能够使个体对信息进行更深入的加工。有研究表明，相比于中性条件，敬畏情绪下的个体更不容易被弱的论点说服。也就是说，敬畏促使个体对信息进行系统性加工，而不是利用启发式进行加工（Griskevicius et al.，2010）。

虽然敬畏情绪多被视作积极情绪来进行研究，但不应忽略它具有的消极属性，尤其是在中国文化背景下，“敬畏”一词中“畏”的成分大于“敬”（董蕊等，2013）。不同的评估方式或不同的文化背景会使个体产生不同效价的敬畏情绪（Stellar et al.，2017）。原型模型认为敬畏包含某种消极效价的成分，它的出现取决于边缘特征——威胁是否出现。当看到强大的自然力量（如龙卷风）或目睹高大的建筑物倒塌时，个体所体验到的敬畏情绪中常常伴有恐惧或焦虑。敬畏离不开惊奇和愉悦，也离不开绝望与恐惧（施耐德，2011）。近年来，逐渐有研究者关注敬畏的消极效价。有研究表明，敬畏视频所引发的恐惧程度要远远高于积极或中性状态的视频所引发的恐惧程度（Valdesolo & Graham，2014）。Piff等人（2015）发现具有威胁性的自然刺激（如龙卷风、火山爆发）诱发的敬畏与非威胁性的刺激相比无显著差异，但其恐惧程度要高得多。虽然这一研究首次通过实验的方法对消极敬畏进行了研究，但没有对积极敬畏与消极敬畏做进一步的对比研究。

本研究将敬畏这一复杂的情绪引入创造力研究领域，并从敬畏情绪的积极效价与消极效价两个方面探究敬畏情绪与创造力的关系。过往研究发现，敬畏能够促进个体的创造力表现，当敬畏情绪被区分为积极效价与消极效价时，二者会促进创造力表现的不同方面（Baas，De Dreu，& Nijstad，2008）。创造力双通道模型能够很好地解释上述观点（Stanovich & West，2000；Isen，2008；Lin & Lien，2013）。该模型认为无论是积极情绪还是消极情绪，都能够提升个体的创造力表现。De Dreu、Baas和Nijstad（2008）认为创造力既可以通过增强个体认知灵活性、冲破阻碍、建立新的与众不同的联系来提高，也可在小范围内通过个体持久而不断的思考来提高，加工路径与加工策略的不同使积极情绪和消极情绪都能够提升创造力。有研究者证实了这一模型，他们发现不同的情绪诱导方式对创造力的两个测量指标有不同的影响，积极情绪或消极情绪都可以提高发散性思维的表现，而聚合性思维的表现只能通过积极情绪来提高（Tsai，Lin，& Lin，2013）。胡卫平和王兴起（2010）采用多种情绪的诱发方式发现，当个体处于积极情绪状态下更能提出富有创造性的科学问题，特别是在问题提出的流畅性和灵活性上。Chirico等人（2018）首先探讨了敬畏与创造力的关系，发现敬畏情绪增强了个体的创造力，主要表现在创造性思维的流畅性、灵活性方面。虽然该研究表明敬畏对创造力的促进作用，但并未对其内部机制进行深入的讨论，而且敬畏作为一种复杂情绪，其消极效价也未被考虑。

（三）认知灵活性

有研究表明，执行功能会影响个体的创造力（Benedek et al.，2014）。认知灵活性作为执行功能的核心要素之一，受到研究者的广泛关注。认知灵活性是指个体为适应新环境而主动转换想法或行为的能力（Hill，2004）。研究发现，认知灵活性高的个体能灵活转换问题表征，更易于解决顿悟问题（姚海娟、白学军、沈德利，2008）。同时，认知灵活性高的个体，其创造力水平高于认知灵活性低的个体（De Dreu，Nijstad，& Baas，

2011；Zabelina & Robinson，2010）。陈群林（2014）的研究发现创造性成就关联脑区与控制认知灵活性的脑区存在联系，这表明认知灵活性与创造性存在一定关联。目前，认知灵活性的主要研究范式为任务转换范式，即要求被试在 A 任务与 B 任务之间进行转换，不同任务之间转换的反应时比相同任务的反应时长，这种反应时的增长为转换损失（Monsell，2003）。有研究表明，积极情绪会拓宽个体的注意范围，减少转换损失，提高认知灵活性（王艳梅、郭德俊，2008）。Isen 和 Daubman（1984）采用单词联想测验发现积极情绪促使个体产生更为宽泛的联想，从而促进认知灵活性。在积极情绪状态下，负责认知控制的纹状体和前扣带皮层两个脑区的活跃度明显提高（Ashby，Lsen，& Turken，1999；Berridge，2007），执行功能的效率提高了，认知灵活性也增强了（王艳梅、曾于秦，2015）。但也有学者指出积极情绪对认知灵活性并无影响（Nath & Pradhan，2014）。总体来说，在积极情绪状态下，个体的认知灵活性较强，个体能够灵活转换注意力，从而进一步促进创造性思维。在有关情绪与创造力的研究中，大多以单一情绪作为研究对象，敬畏作为一种复杂的情绪，是否会通过认知灵活性影响创造力及如何影响还需进一步探讨。

综上所述，有关情绪与创造力的研究多探讨积极或消极情绪中的单一情绪对创造力的影响，而敬畏作为一种复杂情绪对创造力的影响值得深入探讨。本研究试图探究这种复杂情绪对创造力的影响，并加入认知灵活性这一变量，揭示其在敬畏情绪对创造力影响中的作用。本研究的基本假设如下。

假设 1：积极敬畏状态下的个体对自豪与惊奇的评分更高，消极敬畏状态下的个体对恐惧与焦虑的评分更高。

假设 2：相比于中性情绪，无论是积极敬畏情绪还是消极敬畏情绪，都会对创造力产生促进作用。

假设 3：敬畏情绪对创造力产生促进作用时，认知灵活性在其中起到中介作用。

二　研究 1：不同效价的敬畏情绪对创造力的影响

（一）研究方法

1. 被试

选取某高校 90 名大学生并随机分成三组，其中男生 20 人，平均年龄

21.3 岁（SD = 2.02）。被试均无色盲或色弱疾病，视力或矫正视力处于正常水平，之前均无参加过类似实验。

2. 研究设计

采用单因素（情绪类型：积极敬畏、消极敬畏、中性）被试间实验设计，因变量为创造性思维测验分数。

3. 研究材料

创造性思维测验：创造性思维分为发散性思维和聚合性思维，本实验采用两种不同的测验分别测量被试创造性思维的两个方面。发散性思维的测量采用国内学者栗玉波（2012）编制的《创造性思维测验（中文修订版)》（简称 TCI-C)，要求被试利用给定的元素尽可能多地组合成新颖的富有创造力的图形，并对其进行命名。该测验已被证实能够有效测量被试的创造性思维（栗玉波，2012）。评分方法：由两名心理学专业研究生分别从流畅性、灵活性和独创性三个方面进行独立评分。三个指标的评分者一致性分别为 0.92、0.88 和 0.90，最终结果选取二人评分的均值。考虑到实验诱发情绪的维持时间，聚合性思维的测量采用朱平原（2010）修订的《简易版中文远距离联想测验》（简称简易中文 RAT)，测验共有 15 道题，答对计 1 分，答错或不答计 0 分。该测验用时较短且难度适中，已被证实有良好的信度和效度（朱平原，2010）。

情绪诱发材料：用视频诱发被试的三种情绪，积极敬畏情绪的诱发视频采用 BBC 纪录片《地球：神奇的一天》，背景音乐为影片自带的宏大交响乐，时长 4 分钟；消极敬畏情绪的诱发视频选取一些常见的自然灾害，如地震、冰雹、台风、泥石流、火山爆发等，并配上带给人带来危机感的背景音乐，时长 4 分钟；中性情绪的诱发视频采用纪录片《椅子的制作》，背景音乐将影片自带的轻音乐换成白噪音，时长 4 分钟。随机选取不参加正式实验的大学生 43 名，请他们对视频材料的有效性进行评定，三种视频均被证实能够有效诱发实验所需的特定情绪（见表 1）。正式实验中，被试观看视频后填写 7 点情绪状态自评量表。

表1 视频材料的有效性检验 *M*（*SD*）

	积极敬畏情绪（$N = 15$）	消极敬畏情绪（$N = 14$）	中性情绪（$N = 14$）	F	p
愉悦	3.50（1.22）	1.18（0.17）	2.57（1.29）	33.42	0.000
悲伤	1.48（0.65）	3.69（1.18）	1.27（0.31）	32.14	0.000
自豪	3.43（1.48）	1.03（0.55）	1.23（1.07）	47.53	0.000

续表

	积极敬畏情绪（$N=15$）	消极敬畏情绪（$N=14$）	中性情绪（$N=14$）	F	p
生气	1.13（0.43）	1.74（0.79）	1.17（0.48）	7.95	0.002
恐惧	1.39（0.73）	4.69（1.18）	1.43（0.45）	158.33	0.000
焦虑	1.43（0.43）	2.88（1.21）	1.33（0.66）	17.69	0.000
惊奇	3.88（1.35）	2.67（1.41）	2.63（1.07）	4.92	0.008
敬畏	4.57（1.45）	4.63（1.58）	1.21（0.39）	82.63	0.000
厌恶	1.11（0.28）	1.88（1.34）	1.05（0.75）	10.33	0.001

情绪状态自评量表：为确保实验能够准确诱发被试的特定情绪，被试在观看视频材料后填写情绪状态自评量表。该量表采用李克特 7 点评分，要求被试对感受到的“愉悦”、“悲伤”、“自豪”、“生气”、“焦虑”、“恐惧”、“惊奇”、“敬畏”和“厌恶”这九种情绪强度进行评分，其中 1 代表一点也没有，7 代表极其强烈。

4. 研究过程

实验在隔音效果良好的实验室进行。被试来到实验室后先平复心情，然后主试向被试说明指导语并确保被试明白。之后被试在电脑上观看诱发积极敬畏情绪/消极敬畏情绪/中性情绪的视频片段，观看结束后填写情绪状态自评量表，随后完成《创造性思维测验（中文修订版）》和《简易版中文远距离联想测验》。

（二）结果

1. 情绪诱发效果的有效性检验

剔除正负 3 个标准差以外的极端值 3 个，其中积极敬畏情绪组 2 个，消极敬畏情绪组 1 个。

以不同的情绪分组为自变量、以被试在情绪量表各项目上的得分为因变量进行方差分析，结果表明：相比于中性情绪组被试，积极敬畏情绪组被试和消极敬畏情绪组被试都被显著诱发了更高程度的敬畏情绪（见表 2）。其中，积极敬畏情绪组的自豪和惊奇得分显著高于消极敬畏情绪组，消极敬畏情绪组的被试感受到更多的悲伤、恐惧以及焦虑。这说明使用的视频材料成功诱发了被试的积极敬畏情绪和消极敬畏情绪。

表2 诱发的情绪状态的有效性检验 *M*（*SD*）

	积极敬畏情绪（*N*=28）	消极敬畏情绪（*N*=29）	中性情绪（*N*=30）	*F*	*p*
愉悦	3.40（1.48）	1.17（0.59）	3.07（1.31）	30.74	0.000
悲伤	1.30（0.75）	3.13（1.50）	1.20（0.48）	34.92	0.000
自豪	3.20（1.52）	1.20（0.76）	1.63（1.00）	25.67	0.000
生气	1.10（0.40）	1.70（0.99）	1.13（0.43）	7.72	0.001
恐惧	1.30（0.75）	4.30（1.15）	1.13（0.35）	142.75	0.000
焦虑	1.50（0.63）	2.70（1.44）	1.27（0.58）	18.90	0.000
惊奇	3.60（1.45）	2.63（1.40）	2.60（1.19）	5.28	0.007
敬畏	4.90（1.47）	4.30（1.09）	1.60（0.50）	77.40	0.000
厌恶	1.07（0.25）	2.10（1.58）	1.03（1.05）	12.71	0.000

2. 不同情绪状态下的发散性思维得分

分别统计积极敬畏情绪、消极敬畏情绪以及中性情绪状态下，被试的发散性思维得分，结果见表3。

表3 不同情绪状态下的发散性思维得分

情绪分组	发散性思维 *M*（*SD*）		
	流畅性	灵活性	独创性
积极敬畏人：情绪（*N*=28）	6.29（2.18）	12.11（3.34）	2.89（0.57）
消极敬畏人：情绪（*N*=29）	7.21（3.31）	10.71（2.45）	2.81（0.49）
中性情绪（*N*=30）	4.75（2.27）	7.75（2.42）	2.58（0.49）

以情绪分组为自变量，以被试的流畅性、灵活性和独创性得分为因变量进行单因素方差分析，结果如下。

在流畅性得分上，情绪分组的主效应显著，$F(2, 84) = 6.53$，$p < 0.01$，$\eta^2 = 0.13$。事后检验表明，积极敬畏情绪组被试的流畅性得分显著高于中性情绪组被试，$p < 0.05$。消极敬畏情绪组被试的流畅性得分高于积极敬畏情绪组被试，但未达到显著性水平，$p > 0.05$；与中性情绪组被试相比，消极敬畏情绪组被试的流畅性得分显著更高，$p = 0.001$。

在灵活性得分上，情绪分组的主效应显著，$F(2, 84) = 18.97$，$p < 0.001$，$\eta^2 = 0.31$。事后检验表明，积极敬畏情绪组被试的灵活性得分显著高于中性情绪组被试，$p < 0.001$；积极敬畏情绪组被试的灵活性得分略微

高于消极敬畏情绪组被试，但未达到显著性水平，$p>0.05$。消极敬畏情绪组被试的灵活性得分显著高于中性情绪组被试，$p<0.001$。

在独创性得分上，情绪分组的主效应不显著，$F(2,\ 84)=2.28$，$p=0.108$，$\eta^2=0.05$。事后检验表明，积极敬畏情绪组被试的独创性得分显著高于中性情绪组被试，$p<0.05$；积极敬畏情绪组被试的独创性得分略微高于消极敬畏情绪组被试，但未达到显著性水平，$p>0.05$；消极敬畏情绪组被试的独创性得分略微高于中性情绪组被试，但未达到显著性水平，$p>0.05$。

3. 不同情绪状态下的聚合性思维得分

分别统计三种情绪状态下被试的聚合性思维得分，结果见表 4。

表 4　不同情绪状态下的聚合性思维得分

情绪分组	聚合思维得分 M（SD）
积极敬畏情绪（$N=28$）	9.63（2.09）
消极敬畏情绪（$N=29$）	9.70（2.19）
中性情绪情绪（$N=30$）	7.90（2.34）

对不同情绪状态下的聚合性思维得分进行单因素方差分析，结果发现情绪的主效应显著，$F(2,\ 84)=6.18$，$p<0.01$，$\eta^2=0.12$。事后检验表明，积极敬畏情绪组被试与消极敬畏情绪组被试的聚合性思维得分都显著高于中性情绪组被试，$p<0.01$；但积极敬畏情绪组被试与消极敬畏情绪组被试在聚合性思维上的得分不存在显著差异，$p=0.91$。

（三）讨论

研究 1 通过视频材料诱发被试的不同情绪，探讨了不同效价的敬畏情绪对创造力的影响。情绪诱发的结果表明，视频材料成功诱发了被试的积极敬畏情绪和消极敬畏情绪。在发散性思维三个指标的得分上，消极敬畏情绪组被试的流畅性得分略高于积极敬畏情绪组被试，但二者差异不显著，二者的流畅性得分都显著高于中性情绪组被试；积极敬畏情绪组被试的灵活性得分略高于消极敬畏情绪组被试，但二者差异不显著，二者的灵活性得分都显著高于中性情绪组被试；积极敬畏情绪组被试的独创性得分高于消极敬畏情绪组被试与中性情绪组被试，但只与中性情绪组被试的差异达到显著性水平；消极敬畏情绪组被试的独创性得分虽然高于中性情绪组被试，但未达到显著性水平。结果表明，相比于中性情绪，无论是积极敬畏情绪还是消极敬畏情绪，都会促进个体的发散性思维，主要表现为被试在发散性思维的流畅性和灵活性两个维度上的得分更高。除此之外，积极敬畏情绪还显著增强了发散性思维的独创性表现。在聚合性思维方面，积极敬畏情绪组被试与消极敬畏情绪组被试的聚合性思维得分都显著高于中性情绪组被试，其中消极敬畏情绪组被试的得分略高于积极敬畏情绪组被试，但未达到显著性水平。

上述实验结果表明，敬畏情绪会促进个体的创造力表现，这与前人研究结果一致（Chirico et al.，2018）。此外，本研究首次在有关敬畏与创造力的关系研究中加入了敬畏的消极效价，试图探究其不同影响。结果表明，积极敬畏情绪和消极敬畏情绪都会对创造力产生影响，但这二者之间的差异并不显著，并且在创造力不同方面的表现也不尽相同。为了进一步探究不同效价的敬畏情绪与创造力的关系及其内部机制，研究2引入认知灵活性这一变量，探究其在不同效价的敬畏情绪与创造力之间的作用。

三　研究2：认知灵活性在不同效价的敬畏情绪和创造力之间的中介作用

（一）研究方法

1. 被试

选取某高校90名大学生并随机分成三组，其中男生24人，平均年龄20.5岁（$SD = 1.16$）。被试均无色盲或色弱疾病，视力或矫正视力处于正常水平，之前均无参加过类似实验。

2. 研究设计

采用单因素（情绪类型：积极敬畏、消极敬畏、中性）被试间实验设计。

3. 研究材料

创造性思维测验与情绪状态自评量表同研究1。

情绪诱发材料：参照前人研究，采用新型敬畏情绪诱发方式——虚拟现实技术（Virtual Reality，VR）。该方法已被证实是一种有效的情绪诱发方式，能够在实验室中诱发被试的特定情绪（Chirico et al.，2017）。本实验所用仪器为小宅Z5VR眼镜与小米8手机。积极敬畏情绪的诱发材料选自中国VR全景联盟作品自然景观片段中的在太空看雪山、珠穆朗玛峰、冰封火山喷发瞬间（在安全的区域观看且喷发不会造成灾害）、南极冰川、太空全景等自然景观片段，总时长 4 分钟，被试在主试的指导下进行场景切换。消极敬畏情绪的诱发材料选取研究 1 中诱发被试消极敬畏情绪的视频内容，并进行 VR 技术处理，时长 4 分钟。中性情绪诱发材料采用 UtoVR 网站上的《半壶纱》瑜伽视频，时长 4 分钟。随机选取了不参加正式实验的高校大学生 28 人，请其对实验材料进行评定。结果表明，实验材料均可有效诱发实验所需的特定情绪（见表 5）。

表 5　VR 视频材料的有效性检验 *M*（*SD*）

	积极敬畏情绪（$N=10$）	消极敬畏情绪（$N=9$）	中性情绪（$N=9$）	F	p
愉悦	4.44（1.23）	1.49（0.17）	2.71（1.20）	52.11	0.000
悲伤	1.37（0.53）	4.26（1.78）	1.32（0.58）	33.98	0.000
自豪	4.49（1.33）	1.27（0.34）	1.63（1.18）	57.25	0.000
生气	1.14（0.18）	2.17（1.02）	1.02（0.31）	12.74	0.000
恐惧	1.46（0.83）	4.74（1.53）	1.16（0.80）	98.63	0.000
焦虑	1.44（1.07）	3.94（1.56）	1.34（0.66）	58.22	0.000
惊奇	4.29（1.89）	3.57（1.22）	2.88（1.13）	9.32	0.002
敬畏	5.15（1.33）	4.96（1.27）	1.77（0.48）	101.74	0.000
厌恶	1.02（0.23）	2.49（1.31）	1.04（0.43）	13.25	0.000

认知灵活性的测量：选用台湾地区学者 Lin 等人（2014）在实验中使用的转换任务来测量被试的认知灵活性。该任务在 Dreisbach 和 Goschke（2004）的转换任务基础上进行了改进，经实验证实能够有效测量个体的认知灵活性。本实验中转换任务的程序编制与被试数据的收集均通过 Matlab 软件来实现。在每个试次中，屏幕首先呈现注视点 250ms，然后空屏 250ms，随后同时呈现 2 个颜色不同的罗马数字（2～9，长度 2.4°、宽度 1.4°），被试必须在 2000ms 内判断出现的特定颜色的靶刺激为奇数还是偶数，1000ms 后进入下一试次，靶刺激和非靶刺激的位置随机呈现。在本实验任务中，被试先要判断同时出现的绿色/紫色数字中绿色数字是奇数还是偶数，在反应 40 个试次后，判断同时出现的灰色/绿色数字中灰色数字是奇数还是偶数，并进行 20 个试次的反应。在正式实验前，被试有 12 个练习试次（第一个任务 8 次，第二个任务 4 次），以熟悉本实验。认知灵

活性的计算方式为任务转换后的五次正确反应的反应时均值减去任务转换前五次正确反应的反应时均值，所得差为转换成本。转换成本的数值越小，表示个体的认知灵活性越强。

4. 研究过程

实验在宽敞且隔音效果良好的实验室进行，被试来到实验室后先平复心情，在确实明白实验指导语后，在主试的帮助下戴上 VR 眼镜观看诱发积极敬畏情绪/消极敬畏情绪/中性情绪的视频片段，观看结束后填写情绪状态自评量表，随后在电脑上完成转换任务，最后完成《创造性思维测验（中文修订版）》和《简易版中文远距离联想测验》。

（二）结果

1. 情绪诱发效果的有效性检验

方差分析结果见表 6。由表 6 可知，相比于中性情绪组，积极敬畏情绪组被试和消极敬畏情绪组被试都显著被诱发了更高程度的敬畏情绪，本结果与研究 1 的结果一致。

表 6 诱发的情绪状态的有效性检验 *M*（*SD*）

	积极敬畏情绪（*N*=30）	消极敬畏情绪（*N*=30）	中性情绪（*N*=30）	*F*	*p*
愉悦	3.73（1.60）	1.07（0.25）	3.33（1.47）	39.02	0.000
悲伤	1.53（0.97）	3.23（1.46）	1.47（0.68）	25.58	0.000
自豪	3.30（1.73）	1.10（0.40）	1.67（1.16）	26.26	0.000
生气	1.03（0.18）	1.70（1.02）	1.10（0.31）	10.36	0.000
恐惧	1.40（0.97）	4.37（1.33）	1.40（0.72）	82.01	0.000
焦虑	1.73（1.14）	3.10（1.69）	1.60（0.72）	13.25	0.000
惊奇	4.47（1.72）	2.93（1.34）	2.37（1.07）	18.09	0.000
敬畏	5.30（1.32）	4.57（1.28）	1.43（0.50）	104.81	0.000
厌恶	1.00（0.00）	2.27（1.51）	1.20（0.61）	15.79	0.000

2. 不同情绪状态下的发散性思维得分

分别统计不同效价的敬畏情绪及中性情绪状态下被试的发散性思维得分，结果见表 7。

表 7　不同情绪状态下的发散性思维得分

情绪分组	发散性思维 M（SD）		
	流畅性	灵活性	独创性
积极敬畏情绪（$N=30$）	4.53（2.81）	14.34（4.02）	2.82（0.36）
消极敬畏情绪（$N=30$）	6.82（3.11）	11.03（3.30）	2.78（0.42）
中性情绪（$N=30$）	2.95（1.50）	8.91（2.63）	2.55（0.44）

以情绪分组为自变量，以被试在流畅性、灵活性和独创性上的得分为因变量，进行单因素方差分析，结果如下。

在流畅性得分上，情绪分组的主效应显著，$F(2,\ 87)=13.48$，$p<0.001$，$\eta^2=0.24$。事后检验表明，积极敬畏情绪组被试的流畅性得分显著高于中性情绪组被试，$p<0.05$；消极敬畏情绪组被试的流畅性得分显著高于积极敬畏情绪组被试，$p<0.01$；与中性情绪组被试相比，消极敬畏情绪组被试的流畅性得分显著更高，$p<0.001$。

在灵活性得分上，情绪分组的主效应显著，$F(2,\ 87)=19.79$，$p<0.001$，$\eta^2=0.31$。事后检验表明，积极敬畏情绪组被试的灵活性得分显著高于中性情绪组被试，$p<0.001$；积极敬畏情绪组被试的灵活性得分显著高于消极敬畏情绪组被试，$p<0.001$；消极敬畏情绪组被试的灵活性得分显著高于中性情绪组被试，$p<0.05$。

在独创性得分上，情绪分组的主效应不显著，$F(2,\ 87)=3.89$，$p>0.05$，$\eta^2=0.08$。事后检验表明，积极敬畏情绪组被试的独创性得分显著高于中性情绪组被试，$p<0.05$；积极敬畏情绪组被试的独创性得分略微高于消极敬畏情绪组被试，但未达到显著性水平，$p>0.05$；消极敬畏情绪组被试的独创性得分显著高于中性情绪组，$p<0.05$。

3. 不同情绪状态下的聚合性思维得分

分别统计不同效价的敬畏情绪与中性情绪状态下被试的聚合性思维得分，结果见表 8。

表 8　不同情绪状态下的聚合性思维得分

情绪分组	聚合思维得分 M（SD）
积极敬畏情绪（$N=30$）	9.60（2.18）
消极敬畏情绪（$N=30$）	9.75（1.56）
中性情绪（$N=30$）	7.77（2.56）

对不同情绪状态下的聚合性思维得分进行单因素方差分析发现，情绪的主效应显著，$F\ (2,\ 87)=6.54$，$p<0.01$，$\eta^2=0.13$。事后检验表明，积极敬畏情绪组被试与消极敬畏情绪组被试的聚合性思维得分都显著高于中性情绪组被试，$p<0.01$；但积极敬畏情绪组被试与消极敬畏情绪组被试在聚合性思维得分上不存在显著差异，$p=0.67$。

4. 认知灵活性的中介作用分析

首先，检验所诱发的敬畏情绪对认知灵活性的影响。方差分析结果显示，情绪的主效应显著，$F(2,\ 87)=4.87$，$p=0.01$。事后检验表明，积极敬畏情绪组被试的转换成本（$M=51.61$，$SD=76.18$）低于消极敬畏情绪组被试（$M=62.50$，$SD=98.15$），但未达到显著水平，$p=0.61$；积极敬畏情绪组被试与消极敬畏情绪组被试的转换成本都显著低于中性情绪组被试（$M=112.80$，$SD=65.18$），说明其认知灵活性水平更高。

其次，检验不同效价的敬畏情绪与创造性思维得分、认知灵活性之间的相关性。结果表明，各变量间相关显著（见表9、表10）。根据温忠麟、张雷、侯杰泰和刘红云（2004）的研究，上述各变量相关显著的结果符合做中介检验的前提条件。

表9 积极敬畏情绪与各测量变量之间的相关系数

变量	1	2	3
1 积极敬畏情绪			
2 创造性思维得分	0.54**		
3 认知灵活性	-0.28*	-0.37**	

注：* $p<0.05$，** $p<0.01$。

表10 消极敬畏情绪与各测量变量之间的相关系数

变量	1	2	3
1 消极敬畏情绪			
2 创造性思维得分	0.62**		
3 认知灵活性	-0.32*	-0.30*	

注：* $p<0.05$，** $p<0.01$。

最后，为了探究认知灵活性在不同效价的敬畏情绪与创造性思维之间的作用，我们使用SPSS宏程序PROCESS软件的Bootstrap方法来评估中介效果（Hayes，2013），设定重复抽样为5000次，计算95%的置信区间运行中介效应检验。有关积极敬畏情绪的结果显示，在积极敬畏情绪对创造性思维得分的影响中，认知灵活性产生中介效应的 95% 置信区间不包含 0（CI = [0.0063, 0.1320]），说明积极敬畏情绪对创造性思维得分的效应受到认知灵活性的中介作用；同时，积极敬畏情绪对创造性思维得分的直接效应也显著，95% 置信区间不包含 0（CI = [0.2547, 0.7017]）。这些结果表明认知灵活性在积极敬畏情绪对创造性思维的影响中起部分中介作用，中介作用为 11.87%，中介效应模型见图 1。

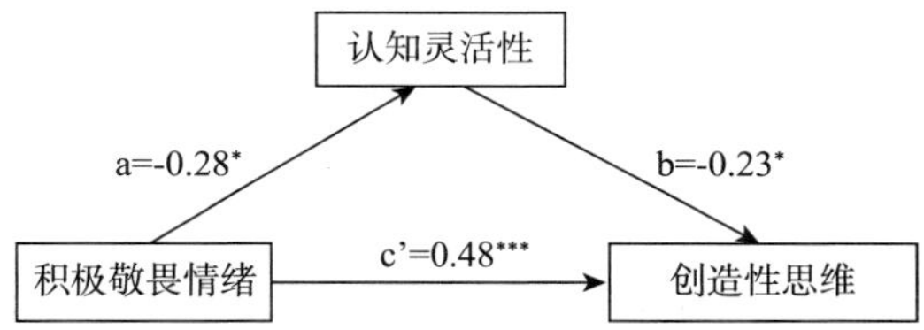

图 1　积极敬畏情绪通过认知灵活性影响创造性思维的中介模型

有关消极敬畏情绪的结果显示，在消极敬畏情绪对创造性思维得分的影响中，认知灵活性产生中介效应的 95% 置信区间包含 0（CI = [−0.0158, 0.1077]），表明消极敬畏情绪通过认知灵活性对创造性思维得分的间接效应不显著，中介效应模型见图 2。

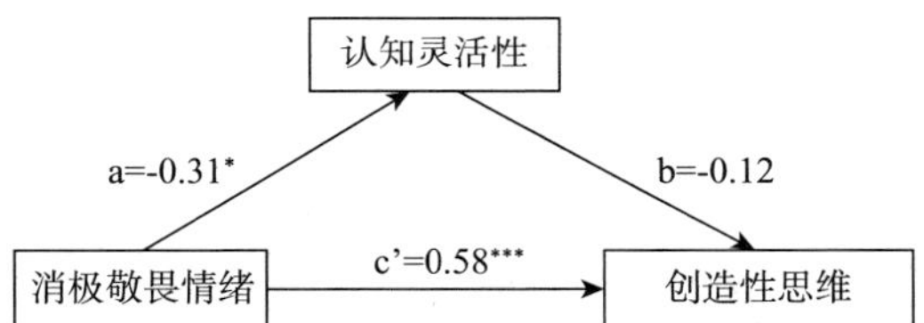

图 2　消极敬畏情绪通过认知灵活性影响创造性思维的中介模型

（三）讨论

研究 2 引入认知灵活性这一变量，试图探究不同效价的敬畏情绪对创造力影响的内部机制。情绪诱发的有效性检验结果表明不同效价的敬畏情绪均可以通过 VR 技术得到有效诱发，这与前人的研究一致（Chirico et al., 2018）。在发散性思维三个指标的得分上，消极敬畏情绪组被试的流畅性得分显著高于积极敬畏情绪组被试，二者的流畅性得分都显著高于中性情绪组被试；积极敬畏情绪组被试的灵活性得分显著高于消极敬畏情绪组被试，二者的灵活性得分都显著高于中性情绪组被试；积极敬畏情绪组被试的独创性得分高于消极敬畏情绪组被试，但未达到显著性水平，积极敬畏情绪组被试与消极敬畏情绪组被试的独创性得分均显著高于中性情绪组被试。在聚合性思维方面，积极敬畏情绪组被试与消极敬畏情绪组被试的聚合性思维得分都显著高于中性情绪组被试，但积极敬畏情绪组被试与消极敬畏情绪组被试的聚合性思维得分差异不显著。结果表明，相比于中性情绪，无论是积极敬畏情绪还是消极敬畏情绪都会增强个体的发散性思维与聚合性思维，这与研究 1 的结果一致。中介作用分析表明，认知灵活性在积极敬畏情绪与创造力的关系间起中介作用，而在消极敬畏情绪与创造力的关系中无中介作用，具体表现为：相比于中性情绪状态，当个体处于积极敬畏情绪状态时，认知灵活性会显著增强，从而促进其表现出更高的创造力水平。

四　讨论与结论

创造力一直是心理学中一个经久不衰的热门领域。以往研究大多围绕单一的情绪（如愉悦、恐惧等）展开，而在现实情境中，情绪通常是混杂在一起的，只存在某一种情绪体验的情况并不多见，因此研究敬畏这一独特且复杂的情绪对创造力的影响，既有助于提高对复杂情绪作用的认识，也有助于提高研究结果的现实意义。此外，以往有关敬畏情绪的研究多是在西方文化背景下进行的，因此敬畏作为一种很早就出现在中国传统文化中的复杂情感，迫切需要进行探讨。

本研究分别采用视频与 VR 的方式诱发被试的特定情绪，从创造力的测量指标——创造性思维的两个方面（发散性思维与聚合性思维）来探究不同效价的敬畏情绪对创造力的影响。与前人研究不同的是，本研究首次在引入敬畏情绪的消极效价的同时，加入认知灵活性这一变量来进一步探讨其内部机制。具体研究结果如下。

首先，不同效价的敬畏情绪的组成成分不同，诱发材料内容的侧重点也不同。通过情绪诱发有效性的结果来看，积极敬畏情绪诱发了更高程度的自豪与惊奇，而消极敬畏情绪则诱发了更高程度的悲伤、恐惧与焦虑，并且处在消极敬畏情绪状态下的被试的愉悦评分比处在积极敬畏情绪和中性情绪状态下的被试低得多（$p < 0.001$）。这说明消极敬畏情绪还能够降低个体的积极情绪感受。这验证了前人对不同效价敬畏情绪的成分分析（Rudd et al.，2012；Piff et al.，2015；Gordon et al.，2016）。

其次，无论是积极敬畏情绪还是消极敬畏情绪，都会促进个体的创造力。已有研究表明，敬畏能够增强个体创造性思维中流畅性和灵活性方面的表现（Baas et al.，2008）。Liberman 等人（2012）发现宽阔的自然景象能够提高个体的创造性思维能力，主要体现在流畅性和独创性方面。本研究诱发积极敬畏情绪时采用宽阔的宇宙与大自然作为实验材料，在诱发强烈敬畏感的同时也增强了创造性思维的表现，研究结果证实了上述结论。虽然不同效价的敬畏情绪都增强了个体的创造力，但二者之间还是有一些差异。积极敬畏情绪状态下的被试在创造性思维各个方面的表现都显著优于中性情绪状态下的被试，但消极敬畏情绪组被试在发散性思维的独创性与聚合性思维上的得分却与中性情绪组被试没有显著的差异。此外，积极敬畏情绪组被试的灵活性与独创性得分高于消极敬畏情绪组被试，而其在流畅性与聚合性思维上的得分却低于消极敬畏情绪组被试。这很可能是不同效价的敬畏情绪所包含的成分不同导致的，积极敬畏情绪包含更多的积极情绪成分，消极敬畏情绪包含更多的消极情绪成分。情绪信息理论能够解释上述结果。Schwarz（1990）的情绪信息理论认为个体在进行创造性活动时，积极情绪与消极情绪由于传递了不同的信号信息而激活了个体不同的加工策略，积极情绪传递给个体当前情境安全舒适的信号，从而激活了个体轻松的加工策略，这种策略会产生更多联结的形成以及对新奇方案的探索，从而增强发散性思维；消极情绪传递给个体当前情境危险不安的信号，从而激活了序列的、细节定向的加工策略，这种策略会使个体追寻最优解来迅速应对当前的不利环境，消除消极状态，因此有利于聚合性思维的表现。

最后，与以往研究不同的是，本研究进一步探讨了认知灵活性与不同效价的敬畏情绪和创造力的关系，结果表明认知灵活性只在积极敬畏情绪与创造力间起中介作用，并不作用于消极敬畏情绪对创造力的影响。具体来说，积极的敬畏情绪减少了被试的转换时间，即增强了被试的认知灵活性，从而使被试在创造力各个方面的得分都显著高于中性情绪组被试，这一结果支持了前人的研究（De Dreu, Baas, & Nijstad, 2008; Hirt et al., 2008; Isen, 2008）。本研究还证实了消极敬畏情绪同样会提升创造力的表现。有关认知灵活性在不同效价的敬畏情绪与创造力的关系中表现不同的问题，创造力的双通道模型能够给出很好的解释。De Dreu 等人（2008）提出的创造力双通道模型认为个体的创造力既可以通过积极情绪来增强，也可以通过消极情绪来提高，这其中的关键在于不同情绪的影响路径不同。具体来说，积极情绪能够增强个体的认知灵活性，破除思想束缚，促使个体重新构建认知方式，从而提高创造力；消极情绪则促使个体通过在有限的范围内不断钻研与持续思索来提高创造力。这证实了敬畏作为一种复杂的情绪，当其效价不同时，虽然都会提高个体的创造力，但其加工路径与影响创造力的方面是不同的。

本研究尚存一定的局限，未来可据此展开进一步的研究。第一，现在有关敬畏研究所用的材料都是在西方文化背景下编制的，但西方的材料并不完全适用于中国文化背景下的研究。因此，中国版的敬畏材料的编制就显得尤为迫切。第二，有关敬畏情绪的成分，本研究虽然做出了一定的甄别，但其他情绪在其中发挥的作用及其对创造力影响所占的比例仍旧不明。未来可以通过使用更好的诱发材料将敬畏成分分离出来，并与其他情绪成分做对比。第三，本研究证实了认知灵活性在积极敬畏情绪与创造力间的中介作用，但它在消极敬畏情绪与创造力间不存在中介作用，说明消极敬畏情绪对创造力的影响是通过其他路径发生的。未来可以探究消极敬畏情绪对创造力影响的内部机制。

参考文献

陈群林，2014，《创造性成就与认知灵活性的关系：来自大脑结构和功能连接的证据》，硕士学位论文，西南大学。

董蕊、彭凯平、喻丰，2013，《积极情绪之敬畏》，《心理科学进展》第 11 期，第 1996 - 2005 页。

胡卫平、王兴起，2010，《情绪对创造性科学问题提出能力的影响》，《心理科学》第 3 期，第 608 - 611 页。

科克 · J. 施奈德，2011，《唤醒敬畏：发生深刻转变的个人传奇》，杨韶刚译，机械工业出版社。

栗玉波，2012，《 创造性思维测验（TCI）中文版修订》，硕士学位论文，郑州大学。

王艳梅、郭德俊，2008，《积极情绪对任务转换的影响》，《心理学报》第 3 期，第 301 - 306 页。

王艳梅、曾于秦，2015，《线索—提示任务下情绪对注意转换的影响》，《心理与行为研究》第 4 期，第 456 - 460 页。

温忠麟、张雷、侯杰泰、刘红云，2004，《中介效应检验程序及其应用》，《心理学报》第 5 期，第 614 - 620 页。

姚海娟、白学军、沈德立，2008，《认知灵活性和顿悟表征转换：练习类型的影响》，《心理学探新》第 4 期，第 22 - 26 页。

朱平原，2010，《 情绪状态影响高中生远距离联想的实验研究》，硕士学位论文，安徽师范大学。

Abele-Brehm, A. (1992). Positive and negative mood influences on creativity: evidence for asymmetrical effects. *Polish Psychological Bulletin,* 23(3), 203 - 221.

Ashby, F. G., Lsen, A. G., & Turken, A. U. (1999). A neuropsychological theory of positive affect and its influence on cognition. *Psychological Review*, 106.

Baumann, N., & Kuhl, J. (2005). Positive affect and flexibility: overcoming the precedence of global over local processing of visual information. *Motivation and Emotion*, 29(2), 123 - 134.

Baas, M. , De Dreu, C. K. W. , & Nijstad, B. A. (2008). A meta-analysis of 25 years of mood-creativity research: hedonic tone, activation, or regulatory focus? *Psychological Bulletin*, 134(6), 779 - 806.

Bai, Y. , Maruskin, L. A. , Chen, S. , Gordon, A. M. , Stellar, J. E. , & Mcneil, G. D. , et al. (2017). Awe, the diminished self, and collective engagement: universals and cultural variations in the small self. *Journal of Personality and Social Psychology*.

Baumann, N & Knhl, J. (2005). Positive affect and flexibility: overcoming the precedence of global over local processing of visual information. *Motivation & Emotion*, 29(2), 123 - 134.

Benedek, M. , Jauk, E. , Sommer, M. , Arendasy, M. , & Neubauer, A. C. (2014). Intelligence, creativity, and cognitive control: the common and differential involvement of executive functions in intelligence and creativity. *Intelligence*, 46, 73 - 83.

Berridge, K. C. (2007). The debate over dopamine's role in reward: the case for incentive salience. *Psychopharmacology*, 191(3), 391 - 431.

Bonner, E. T. & Friedman, H. L. (2011). A conceptual clarification of the experience of awe: An interpretative phenomenological analysis. *The Humanistic Psychologist*, 39(3), 222 - 235.

Chen, B. , Hu, W. , & Plucker, J. A. (2014). The effect of mood on problem finding in scientific creativity. *The Journal of Creative Behavior*, n/a-n/a.

Chen, Q. , Yang, W. , Li, W. , Wei, D. , Li, H. , & Lei, Q. , et al. (2014). Association of creative achievement with cognitive flexibility by a combined voxel-based morphometry and resting-state functional connectivity study. *NeuroImage*, 102, 474 - 483.

Chirico, A. , Cipresso, P. , Yaden, D. B. , Biassoni, F. , Riva, G. , & Gaggioli, A. (2017). Effectiveness of immersive videos in inducing awe: an experimental study. *Scientific Reports*, 7(1), 1218.

Chirico, A. , Glaveanu, V. P. , Cipresso, P. , Riva, G. , & Gaggioli, A. (2018). Awe enhances creative thinking: an experimental study. *Creativity Research Journal*, 30(2), 123 - 131.

Chirico, A. , Yaden, D. , Riva, G. , & Gaggioli, A . (2016). The potential of virtual reality for the investigation of awe. *Frontiers in Psychology*, 7.

Damian, R. I. , & Robins, R. W. (2012). The link between dispositional pride and creative thinking depends on current mood. *Journal of Research in Personality*, 46(6), 765 - 769.

De Dreu, C. K. W. , Baas, M. , & Nijstad, B. A. (2008). Hedonic tone and activation level in the mood-creativity link: toward a dual pathway to creativity model. *Journal of Personality and Social Psychology*, 94(5), 739 - 756.

De Dreu, C. K. W. , Nijstad, B. A. , & Baas, M. (2011). Behavioral activation links to creativity because of increased cognitive flexibility. *Social Psychological & Personality Science*, 1(3), 72 - 80.

Dreisbach, G. , & Goschke, T. (2004). How positive affect modulates cognitive control: reduced perseveration at the cost of increased distractibility. *Journal of Experimental Psychology: Learning, Memory, and Cognition*, 30(2), 343 - 353.

Eastwood, J. D. , Frischen, A. , Fenske, M. J. , & Smilek, D. (2012). The unengaged mind. *Perspectives on Psychological Science*, 7(5), 482 - 495.

Feist, G. J. (1998). A meta-analysis of personality in scientific and artistic creativity. *Personality and Social Psychology Review*, 2(4), 290 - 309.

Fredrickson, B. L., & Branigan, C. (2005). Positive emotions broaden the scope of attention and thought-action repertoires. *Cognition & Emotion*, 19(3), 313 - 332.

Gasper, K. (2003). When necessity is the mother of invention: Mood and problem solving. *Journal of Experimental Social Psychology*, 39, 248 - 262.

George, J. M., & Zhou, J. (2002). Understanding when bad moods foster creativity and good ones don't: the role of context and clarity of feelings. *Journal of Applied Psychology*, 87(4), 687 - 97.

Gordon, A. M., Stellar, J. E., Anderson, C. L., McNeil, G. D., Loew, D., & Keltner, D. (2016). The dark side of the sublime: distinguishing a threat-based variant of awe. *Journal of Personality and Social Psychology*.

Guilford, J. P. (1950). Creativity. *American Psychologist*, 5(9), 444 - 454.

Griskevicius, V., Shiota, M. N., & Neufeld, S. L. (2010). Influence of different positive emotions on persuasion processing: A functional evolutionary approach. *Emotion*, 10, 190 - 206.

Halstead, J. M. & Halstead, A. O. (2004). Awe, tragedy and the human condition. *International Journal of Children's Spirituality*, 9(2), 163 - 175.

Hayes, A. F. (2013). Introduction to mediation, moderation, and conditional process analysis. *Journal of Educational Measurement*, 51(3), 335 - 337.

Hill, E. L. (2004). Evaluating the theory of executive dysfunction in autism. *Developmental Review*, 24(2), 189 - 233.

Hirt, E. R., Devers, E. E., & Mccrea, S. M. (2008). I want to be creative: exploring the role of hedonic contingency theory in the positive mood-cognitive flexibility link. *Journal of Personality and Social Psychology*, 94(2), 214 - 230.

Isen, A. M. (2008). Some ways in which positive affect influences decision making and problem solving. In Lewis, M., Haviland-Jones, J. M., & Barrett, L. F. (eds.), *Handbook of emotions* (pp. 548 - 573). New York: Guilford Press.

Isen, A. M., & Daubman, K. A. (1984). The influence of affect on categorization. *Journal of Personality & Social Psychology*, 47(6), 1206 - 1217.

Isen, A. M., Daubman, K. A., & Nowicki, G. P. (1987). Positive affect facilitates creative problem solving. *Journal of Personality & Social Psychology*, 53(6), 1122.

Isen, A. M., Johnson, M. M., Mertz, E., & Robinson, G. F. (1985). The influence of positive affect on the unusualness of word associations. *Journal of Personality & Social Psychology*, 48(6), 1413 - 1426.

Joye, Y., & Dewitte, S. (2016). Up speeds you down. awe-evoking monumental buildings trigger behavioral and perceived freezing. *Journal of Environmental Psychology*, 47, 112 - 125.

Joye, Y., & Verpooten, J. (2013). An exploration of the functions of religious monumental architecture from a darwinian perspective. *Review of General Psychology*, 17(1), 53 - 68.

Keltner, D. & Haidt, J. (2003). Approaching awe, a moral, spiritual, and aesthetic emotion. *Cognition & Emotion*, 17(2), 297 – 314.

Liberman, N., Polack, O., Hameiri, B., & Blumenfeld, M. (2012). Priming of spatial distance enhances children's creative performance. *Journal of Experimental Child Psychology*, 111(4), 0 – 670.

Lin, W. L., & Lien, Y. W. (2013). The different role of working memory in open-ended versus closed-ended creative problem solving: a dual-process theory account. *Creativity Research Journal*, 25(1), 85 – 96.

Lin, W. L., Tsai, P. H., Lin, H. Y., & Chen, H. C. (2014). How does emotion influence different creative performances? the mediating role of cognitive flexibility. *Cognition & Emotion*, 28(5), 834 – 844.

Monsell, S. (2003). Task switching. *Trends in Cognitive Sciences*, 7(3), 134 – 140.

Mumford, M. D. (2003). Where have we been, where are we going? taking stock in creativity research. *Creativity Research Journal*, 15(2), 107 – 120.

Nath, P., & Pradhan, R. K. (2014). Does feeling happy contributes to flexible thinking: exploring the association between positive emotions and cognitive flexibility. *Psychological Studies*, 59(2), 180 – 190.

Nelson, D. W., & Sim, E. K. (2014). Positive affect facilitates social problem solving. *Journal of Applied Social Psychology*, 44(10), 635 – 642.

Piff, P. K., Dietze, P., Feinberg, M., Stancato, D. M., & Keltner, D. (2015). Awe, the small self, and prosocial behavior. Journal of Personality & Social Psychology, 108 (6), 883 – 899.

Rowe, G., Hirsh, J. B., & Anderson, A. K. (2007). Positive affect increases the breadth of attentional selection. *Proceedings of the National Academy of Sciences*, 104(1), 383 – 388.

Rudd, M., Vohs, K. D., & Aaker, J. (2012). Awe expands people's perception of time, alters decision making, and enhances well-being. *Psychological Science*, 23(10), 1130 – 1136.

Runco, M. A., & Acar, S. (2012). Divergent thinking as an indicator of creative potential. *Creativity Research Journal*, 24(1), 66 – 75.

Runco, M. A., Millar, G., Acar, S., & Cramond, B. (2010). Torrance tests of creative thinking as predictors of personal and public achievement: a fifty-year follow-up. *Creativity Research Journal*, 22(4), 361 – 368.

Schwarz, N. (1990) Feelings as information: informational and motivational functions of affective states. In Higgins, E. T. & Sorrentino R. (eds.), Handbook of motivation and cognition: foundations of social behavior. NewYork: Guilford Pres.

Shiota, M. N., Keltner, D., & Mossman, A. (2007). The nature of awe: elicitors, appraisals, and effects on self-concept. *Cognition & Emotion*, 21(5), 944 – 963.

Stanovich, K. E., & West, R. F. (2000). Individual differences in reasoning: implications for the rationality debate? *Behavioral and Brain Sciences*, 23(5), 645 – 665.

Stellar, J. E., Gordon, A., Anderson, C. L., Piff, P. K., Mcneil, G. D., & Keltner, D. (2017). Awe and humility. *Journal of Personality & Social Psychology*, 114, 258 – 269.

Sundararajan, L. (2002). Religious awe: potential contributions of negative theology to psychology, positive or otherwise. *Journal of Theoretical and Philosophical Psychology,* 22(2), 174 - 197.

Sundararajan, L. (2009). Awe. In S. J. Lopez (ed.), *The encyclopedia of positive psychology* (pp. 86 - 93). Oxford, United Kingdom: Wiley-Blackwell.

Torrance, E. P. (1969). Creativity: what research says to the teacher? *Classroom Environment,* 36.

Tsai, P. S., Lin, W. L., & Lin, H. Y. (2013). Right moods, right creativities: the different effects of emotions on divergent thinking versus insight problem solving. *Bulletin of Educational Psychology,* 45, 19 - 38.

Valdesolo, P., & Graham, J. (2014). Awe, uncertainty, and agency detection. *Psychological Science,* 25(1), 170 - 178.

Van Cappellen, P., & Saroglou, V. (2012). Awe activates religious and spiritual feelings and behavioral intentions. *Psychology of Religion & Spirituality,* 4(3), 223 - 236.

Xiao, F., Wang, L., Chen, Y., Zheng, Z., & Chen, W. (2015). Dispositional and situational autonomy as moderators of mood and creativity. *Creativity Research Journal,* 27(1), 76 - 86.

Yang, H., Yang, S., & Isen, A. M. (2013). Positive affect improves working memory: implications for controlled cognitive processing. *Cognition & Emotion,* 27(3), 474 - 482.

Zabelina, D. L., & Robinson, M. D. (2010). Creativity as flexible cognitive control. *Psychology of Aesthetics, Creativity, and the Arts,* 4(3), 136 - 143.

《中国社会心理学评论》 第19辑
第177~193页

社会变迁背景下幼儿好奇心与父母智力投入的城乡比较研究

周 婵 石慧宇 葛泽宇 吴胜涛 黄四林 林崇德*

摘 要： 好奇心可以促进学习和创新，在复杂多变的现代生活中具有重要的适应价值。在社会变迁背景下，好奇心的发展势必受到生态环境、父母教养等因素的影响。本研究基于2010~2014年中国家庭追踪调查的相关数据，探讨3岁幼儿好奇心的城乡差异，并检验父母智力投入的中介作用。结果发现，城市幼儿好奇心比农村幼儿好奇心更强，但城乡差异在逐年缩小，农村幼儿好奇心在迅速增长；城市父母的智力投入比农村父母显著更多，父母智力投入在城乡环境与幼儿好奇心之间具有显著的部分中介作用。本研究揭示了幼儿好奇心与父母智力投入的社会变迁特征，提示人们在幼儿好奇心与创造力培养中应充分重视早期家庭教养的作用。

关键词： 幼儿好奇心 智力投入 城市化

一 前言

个体社会化进程乃至人类生活的所有方面都嵌入在社会变迁进程中

---

* 周婵，北京体育大学教育学院讲师，北京师范大学心理学部、北京师范大学发展心理研究院博士研究生；石慧宇，厦门大学新闻传播学院本科生；葛泽宇，厦门大学新闻传播学院本科生；吴胜涛，厦门大学社会与人类学院副教授，通讯作者，E-mail：wust 2011@163. com；黄四林，北京师范大学心理学部、北京师范大学发展心理研究院教授；林崇德，北京师范大学心理学部、北京师范大学发展心理研究院教授，通讯作者，E-mail：linchongdebnu@ 139. com。

（Elder, 1994），社会变迁以巨大的力量和规模改变个体的命运和社会化轨迹（辛自强、池丽萍，2008）。快速的社会变迁对人们的生活产生了深刻的影响，包括对儿童行为、父母教养方式，乃至更深层的思维方式和价值观的影响（Zhou et al.，2018）。

好奇心是促进学习与创新的内驱力，是幼儿认知发展的推动力，在复杂多变的现代社会具有重要的适应价值。好奇心可能受到城市生活中复杂多样的探索与学习经验的影响。个体行为深受社会、文化、家庭等多层生态环境的影响，其中家庭是离幼儿最近的微环境，是其他宏观环境发生作用的必由路径（Bronfenbrenner, 1977）。在当前新一轮教育改革孕育之际，在时代召唤创造性人才的背景下，开展社会变迁视角下的幼儿好奇心研究具有重要的现实意义。

（一）社会变迁与心理变迁

社会变迁是指一切社会现象发生变化的动态过程及其结果，包括一切社会关系、生活方式、行为规范、价值观念的宏观与微观变迁（邓伟志，2009）。20世纪后半叶以来，由于城市化、现代化进程的加快，社会变迁视角下的个体心理研究也日益成为心理学的主流（辛自强、池丽萍，2008）。

城乡比较是社会变迁心理学的常用研究方法（辛自强、池丽萍，2008），也是了解社会变迁整体趋势的重要窗口（Greenfield, 1997）。由于城乡二元分割的社会结构，我国曾形成了相互隔离和相互封闭的“二元社会”，农村与城市的经济、政治、文化、教育、社会规范等都仍存在不小的差距。与我国城市居民较早浸染“现代化”的价值观与生活方式不同，农村个体与家庭可能更多保留了传统的价值观和生活方式（Chen & Li, 2012）。城市生活的人口聚居与流动，导致人口来源、职业分工、社会关系的多样性，以及信息观念、文化产品、精神生活的丰富性，这些共同决定了环境的复杂性。个体生活环境中物理信息与社会互动的复杂性、丰富性是城市最重要的特征之一。正如Schooler（1972）所说：“城市生活提供更多面的需求与刺激，带来了社会的复杂性和文化的多样性。”环境复杂性对于个体智力、认知灵活性等都具有促进作用（Schooler, 1998；Daley et al.，2010）。

已有研究发现，文化、价值观与心理的快速变迁在社会发生急速改变的短短几年间就可能得到体现。例如，2002～2006年美国经济下滑时期，大学生的集体主义水平快速上升（Park, Twenge, & Greenfield, 2017）；上海儿童的害羞－敏感性与学校适应在1990年呈正相关、1998年相关减弱、2002年则呈负相关（Chen et al.，2005）。21世纪以来，中国城镇化发展迅速，2002～2011 年中国城镇化率以平均每年 1.35 个百分点的速度增长，城镇人口平均每年增长 2096 万人；2011 年，中国城镇常住人口达到 6.91 亿，常住人口城镇化率首次超过 50%（《中国城市发展报告》委员会，2013）。这是我国城市化进程的一个拐点，标志着社会结构的历史性变化。2011 年以后，中国进入以城市型社会为主体的新时期，整个文化和生活环境也在迅速“城市化”。因此，2010 年之后的几年可能是中国城市化的一个特殊时间窗口，城乡居民的价值取向和心理行为都可能发生快速的变迁。

基于大型国民社会调查的、历时性的数据库，是社会变迁心理学宝贵的研究素材（张宇、王冰，2012；Minkov & Hofstede，2012）。中国家庭追踪调查（China Family Panel Survey，CFPS）自 2010 年起在全国进行多次追踪调查，样本覆盖 25 个省级行政区的城镇及乡村家庭，其分层抽样的科学性、调查过程的严谨性、调查内容的全面性为社会变迁研究提供了宝贵的数据资源（谢宇、胡婧炜、张春泥，2014）。

（二）幼儿好奇心及其变迁

好奇心是指“激烈的、由内在动机所驱使的对信息的渴求”（Loewenstein，1994），与幸福感（Gallagher & Lopez，2007）、学习成绩（刘宇晨等，2018）、工作表现（Reio & Wiswell，2000）等众多适应性行为有正相关。好奇心作为人类探索未知的重要内驱力，既能推动个体快速而有效的学习，又能够为个体带来愉悦的内部奖赏，因此好奇心与探索学习具有双向影响机制（Oudeyer et al.，2016；Oudeyer & Smith，2016；Oudeyer et al.，2007）。同时，好奇心是创造性人格的重要特征，对创造力有积极的影响（罗晓路、林崇德，2006）。“有强烈的好奇心，对事物的运动机理有深究的动机”是创造性人格的八个特点之一（吉尔福德，2006）。好奇心对幼儿创造力的形成和发展尤为重要（林崇德，2000）。

家庭是儿童社会化的第一场所，父母的教养观念、教养行为等是幼儿好奇心的重要影响因素。研究发现，母亲对幼儿探究的鼓励态度可以促进幼儿好奇心的表达，可以激发幼儿探究的主动性，增强幼儿探索的持久性（胡克祖、杨丽珠、张日昇，2005）。相比于忽略型、消极干预型教育方式，支持型教育方式更有利于幼儿好奇心的发展（刘云艳、张大均，2005）。类似地，父母适时地对当下的状况做出解释并帮助孩子获取信息，能有效地激发儿童的好奇心，并引发儿童进一步的发问和探究行为（董妍、陈勉宏、俞国良，2017）。最近一项研究发现，母亲在自由互动中鼓励自主的行为能够正向预测学步儿的探索行为，对于安全型依恋的学步儿尤其如此（江群等，2018）。

好奇心促进快速学习和创新的重要功能，对于复杂多变、高流动性的现代城市生活具有重要适应价值（Zhou et al., 2018）。具有探索性人格特质的个体更容易从社会快速变迁所带来的生活方式和学习机会中获益（Lechner, Obschonka, & Silbereisen, 2015）。同时，探索学习经历有利于培养幼儿的好奇心（Oudeyer et al., 2016），城市生活提供了更丰富多样的信息观念、文化产品和精神生活，为幼儿提供了更多探索学习的对象和机会（Schooler, 1972），很可能促进城市幼儿好奇心水平的提高。在这一过程中，智力投入这一教养行为很可能是重要的中介机制。

（三）智力投入可能的中介作用

智力投入是指为孩子提供认知刺激类的活动或材料（Grolnick & Slowiaczek, 2010），比如为孩子阅读报纸和书籍、和孩子一起观看演出、带孩子去图书馆等（Altschul, 2011）。父母的智力投入能够给儿童提供更多探索和学习的对象，丰富其探索和学习经验，从而显著促进儿童认知的发展（Grolnick & Slowiaczek, 2010；Altschul, 2011）、学习自我效能感的增强（Adeyemo, 2005）、心理健康水平的提高（Wang & Sheikh-Khalil, 2014）等。同样，我们预期，父母的智力投入带来的丰富探索对象和探索经验，也将通过“好奇与学习的双向促进机制”，使儿童在探索过程中得到愉悦的内部奖赏，进而提高好奇心水平（Oudeyer et al., 2016）。

当宏观的社会文化生态发生变化时，儿童的成长环境也随之改变（苏彦捷，2012）。例如，随着社会变迁，追求成功、独立自主等教育目标越来越受到重视（黄梓航等，2018），父母对孩子的支持和表扬也不断增多（Zhou et al., 2018）。研究发现，受教育水平和经济收入较高的父母，其智力投入程度也较高，他们会更加有意识地将孩子暴露于各种各样的智力和文化刺激中，也更有经济条件带孩子旅行、参观等，从而为孩子提供丰富的经历（Schooler, 1998）。因此，我们推测，与农村父母相比，城市父母的受教育水平、经济收入水平以及对教育的重视程度都更高（Greenfield et al., 2000），其能够提供给儿童的时间、金钱、情感资源更加充足，因此智力投入也会更高。

个体行为深受社会、文化、家庭等多层生态环境的影响，其中家庭是离幼儿最近的微环境，是其他宏观环境发生作用的必由路径（Bronfenbrenner, 1977）。社会文化变迁对幼儿行为的影响，在很大程度上通过父母教养来发挥作用（Greenfield et al., 2000）。幼儿好奇心会受到环境复杂性的影响，不同的环境为幼儿提供的探索对象和探索经验相差很大。这可能使城乡幼儿在探索中获得胜任、满足、自信等愉悦感的机会不同，其好奇心被激发的机会不同（Oudeyer et al.，2016）。而城市父母可能会更有意识地通过智力投入来丰富幼儿成长环境中的文化刺激、文化经历（Schooler，1998），为幼儿提供更多探索经验，从而提高城市幼儿的好奇心水平。已有研究也发现，智力投入是家庭社会经济地位影响学龄儿童学业成绩（Altschul，2012）和学前儿童社交能力、学业能力等多方面发展的重要中介（Mcwayne et al.，2010）。因此，我们预期，父母的智力投入很可能在城乡环境与幼儿好奇心之间起中介作用。

（四）研究问题与假设

本研究关注在2010～2014年我国城市化转型的关键期，幼儿好奇心的城乡差异及变化特征，以及父母智力投入在城乡环境与幼儿好奇心之间的中介作用。我们认为，城市的丰富资源和教育重视可能使城市父母的智力投入更多，城市父母有意识地为幼儿提供的更多文化刺激和文化经验会丰富幼儿的探索对象和探索经验，使其有更多在探索学习中获得内部奖赏、进一步激发好奇心的机会。同时，在整个社会文化向城市文化快速转型的窗口期，幼儿好奇心和父母的智力投入可能会有敏感而迅速的变化。

我们假设：我国幼儿好奇心可能具有显著的城乡差异，在2010～2014年的社会变迁窗口期，幼儿好奇心可能发生快速提升；父母智力投入可能是城乡环境与幼儿好奇心之间的重要中介。

二 研究方法

（一）数据来源

中国家庭追踪调查（CFPS）样本覆盖25个省（区、市）的城镇及乡村，于2010年正式在全国启动。目前已公布的正式调查数据包括：2010年的基线测试调查，2011年、2012年、2014年和2016年的追踪调查，每一年的追踪调查也会补充一些新的家庭样本。由于本研究关注的“家长对幼儿好奇心评价”变量在2016年调查中没有涉及，因此研究选取2010年、2011年、2012年和2014年的数据。

（二）研究对象

在各年调查中，只有3岁组幼儿家长（幼儿主要照管人）同时参与了幼儿好奇心和父母智力投入两部分的调查。由于已有研究发现，好奇心在幼儿 3～6 岁时整体发展平稳，没有巨大的年龄差异（胡克祖等，2005），本研究将以 3 岁幼儿作为幼儿阶段的代表。同时为了聚焦于“父母”影响，我们选择了每一年数据库中“主要照管者为爸爸或者妈妈”的 3 岁幼儿群体，而报告“主要照管者为爷爷奶奶、外公外婆、其他人等”的幼儿群体暂时不予考虑。CFPS 基于家庭实际居住地（调查发生地）的国家统计局城乡属性代码来区分农村家庭与城市家庭。本研究中有效幼儿被试共 1432 人，农村家庭与城市家庭的幼儿总数、幼儿性别比例、父母受教育年限①和家庭人均年收入的平均数和标准差见表 1。可以看到，城市与农村幼儿的父母受教育年限和家庭人均年收入的方差较大、较为离散，体现出较大的城乡差异。

表 1　城市/农村幼儿人口学信息的描述统计

		幼儿总数	男孩比例	父亲受教育年限 *M*（*SD*）	母亲受教育年限 *M*（*SD*）	家庭人均年收入 *M*（*SD*）
2010 年	农村	188	45.2%	6.41（4.14）	4.84（3.82）	4983.57（6800.90）
	城市	120	44.2%	9.12（4.04）	8.75（4.08）	10426.19（13318.68）
2011 年	农村	214	49.5%	7.28（3.74）	5.56（3.88）	6923.77（8796.94）
	城市	113	47.8%	9.84（4.08）	9.17（4.33）	10810.12（13392.29）
2012 年	农村	239	51.5%	6.83（4.00）	5.68（4.24）	6713.68（5652.84）
	城市	173	44.5%	9.22（3.60）	9.01（4.16）	10976.15（14086.91）
2014 年	农村	221	48.0%	8.17（3.76）	7.59（3.80）	9050.15（10441.74）
	城市	164	50.6%	9.98（3.71）	9.70（3.89）	15342.02（14798.24）

注：父母受教育年限的单位为年，家庭人均年收入的单位为元。

（三）研究材料

在 CFPS 每一年的幼儿数据分库中，当年 3 岁的幼儿家长对其子女的好奇心进行了评价（“这个孩子好奇且有探索精神，喜欢新的经历”）。评价的原始选项为：1 = 十分同意，2 = 同意，3 = 不同意，4 = 十分不同意，5 = 不确定，6 = 不同意也不反对。为了方便分析、易于理解，我们将其重新编码为：1 = 十分不同意，2 = 不同意，3 = 不确定或不同意也不反对，4 = 同意，5 = 十分同意，等级越高表示家长对幼儿好奇心的评价越高。

CFPS 在每一轮调查中同时测量了幼儿家长的智力投入行为：“您经常

① 本研究分别统计了父亲和母亲的受教育年限。

读东西给孩子听吗?”“您经常给孩子买书吗?”“家人经常带孩子外出游玩吗?”选项为:1=一年几次或更少,2=每月一次,3=每月两三次,4=一周数次,5=每天(在2010年的调查中,还有一个选项为0=实际没有,我们将其编码归入1=一年几次或更少)。三个题目得分的平均值即父母智力投入总分,测量信度系数(Cronbach's α)为0.62。

CFPS对城市/农村的划分基于对家庭实际居住地(调查发生地)的国家统计局城乡属性代码,0=农村,1=城市。同时,CFPS还收集了详尽的人口学信息,我们选取了幼儿性别、父母受教育年限和家庭人均年收入等可能影响幼儿好奇心和父母智力投入的重要指标,并将其作为控制变量。

另外,无论是城市幼儿还是农村幼儿,其所处地区(例如省份)是否高度城市化也会对幼儿及其家庭产生影响,例如东部经济发达省份的农村与西部经济落后省份的农村区别就很大,所以我们采用了国家统计局每年发布的人口城镇化率,将各个家庭所在省份当年城镇化率也作为控制变量。

三 研究结果

(一) 幼儿好奇心的城乡差异与时间变迁

对各调查年份城乡父母在“这个孩子好奇且有探索精神,喜欢新的经历”这一题目上的不同答案进行卡方检验。城市和农村的大部分父母(63.8% ~ 80.8%)都比较同意其孩子“好奇且有探索精神,喜欢新的经历”,只有个别父母(0 ~ 1.1%)非常不同意(见表2)。卡方检验显示,2010~2012年城乡差异均显著或单侧显著(p值为0.005 ~ 0.061),即城市父母对幼儿好奇心评价的等级分布显著高于农村父母;2014年,城乡差异不显著(p值为0.717)。

表2 农村幼儿、城市幼儿好奇心评价的选项分布

		N	非常不同意	不同意	不确定	同意	十分同意	χ^2	p
2010年	农村	188	1.1%	16.0%	13.8%	63.8%	5.3%	4.91	0.005
	城市	120	0.0%	7.5%	5.8%	75.0%	11.7%		
2011年	农村	214	0.0%	10.7%	4.2%	80.8%	4.2%	9.02	0.061
	城市	113	0.9%	7.1%	4.4%	76.1%	11.5%		

续表

		N	非常不同意	不同意	不确定	同意	十分同意	χ^2	p
2012年	农村	239	0.8%	14.2%	5.0%	72.8%	7.1%	10.89	0.028
	城市	173	0.6%	7.5%	4.6%	71.7%	15.6%		
2014年	农村	221	0.5%	6.7%	3.3%	76.2%	13.3%	2.10	0.717
	城市	164	0.0%	8.2%	3.1%	71.7%	17.0%		
总和	农村	862	0.6%	11.9%	6.3%	73.7%	7.5%	24.09	0.000
	城市	570	0.4%	7.6%	4.4%	73.3%	14.3%		

各调查年份幼儿好奇心评价、父母智力投入的城乡差异检验如表3所示。从表3可以看出，农村幼儿好奇心在2010年（$t=-3.89$，$p<0.001$，Cohen's $d=0.46$）、2012年（$t=-2.96$，$p<0.01$，Cohen's $d=0.30$）及四年总体水平上（$t=-4.44$，$p<0.001$，Cohen's $d=0.24$）都显著低于城市幼儿，而在2011年（$t=-1.45$，$p=0.148$，Cohen's $d=0.17$）与2014年（$t=-0.30$，$p=0.763$，Cohen's $d=0.03$），二者差异不显著。

表3 各调查年份幼儿好奇心、父母智力投入的城乡差异 t 检验

	幼儿好奇心				智力投入			
	农村	城市	t	Cohen's d	农村	城市	t	Cohen's d
2010年	3.56（0.86）	3.91（0.69）	-3.89***	0.46	2.09（0.97）	2.86（1.02）	-6.60***	0.77
2011年	3.79（0.69）	3.90（0.72）	-1.45	0.17	2.11（0.91）	2.62（1.02）	-4.58***	0.53
2012年	3.71（0.83）	3.94（0.74）	-2.96**	0.30	2.06（0.94）	2.65（0.99）	-6.23***	0.62
2014年	3.95（0.69）	3.97（0.73）	-0.30	0.03	2.39（0.98）	2.81（0.87）	-4.36***	0.45
总计	3.76（0.78）	3.94（0.72）	-4.44***	0.24	2.16（0.96）	2.74（0.97）	-10.99***	0.59

注：* $p<0.05$，** $p<0.01$，*** $p<0.001$。

为了进一步检验农村幼儿和城市幼儿的好奇心随时间变化是否显著，我们利用Effect Coding方法，为四个年份创建了三个虚拟变量：EC1（2010年=1，2011年=-1，2012年=0，2014年=0），EC2（2010年=0，2011年=-1，2012年=1，2014年=0），EC3（2010年=0，2011年=-1，2012年=0，2014年=1）。通过这一编码方式，EC1的回归系数表示幼儿好奇心在2010年的得分与四次调查总平均值的差异；相应地，EC2和EC3的回归系数分别表示2012年得分和2014年得分与四次调查总平均值的差异。通过公式（$0-B_{EC1}-B_{EC2}-B_{EC3}$），可计算2011年得分与四次调查总平均值的差异。

基于上述编码，我们以幼儿好奇心为因变量，对农村、城市两个群体分别进行分层回归。首先将年份的三个虚拟变量放入方程，再将幼儿性别、父母受教育年限、家庭人均年收入和所在省份当年城镇化率作为控制变量放入方程。由表 4 可以看出，对于农村群体而言，在模型 1 和模型 2 中，EC1 和 EC3 均显著，EC2 均不显著，且在模型 2 中，父亲与母亲受教育年限对幼儿好奇心有显著预测效应，其他控制变量的预测效应均不显著。通过($0-B_{EC1}-B_{EC2}-B_{EC3}$)，得到反映 2011 年得分与总平均值差异的回归系数在两个模型中分别为 -0.01 和 0.00（t 检验均不显著）。对城市群体而言，在模型 1 和模型 2 中所有变量的预测效应均不显著。这说明，即使控制了社会经济学指标，农村幼儿好奇心总体水平在 2010 年仍低于四次调查平均水平，在 2014 年高于四次调查平均水平，而在 2011 年和 2012 年与四次调查平均水平的差异不显著；城市幼儿好奇心在四次调查中没有显著差异。此外，对于农村幼儿而言，父亲与母亲受教育年限会显著正向预测其好奇心；而对于城市幼儿而言，社会经济学指标对其好奇心的预测效应未达到显著水平。

表 4　农村幼儿与城市幼儿好奇心的分层回归

		农村			城市		
		B	SE	t	B	SE	t
模型 1	EC1（2010）[a]	-0.16	0.05	-3.05**	-0.07	0.07	-1.08
	EC2（2012）[b]	-0.04	0.05	-0.88	0.09	0.06	1.59
	EC3（2014）[c]	0.21	0.05	3.97***	0.01	0.06	0.09
		$\Delta R^2=0.03$，$F=6.35$***			$\Delta R^2=0.01$，$F=0.96$		
模型 2	EC1（2010）[a]	-0.13	0.05	-2.43*	-0.05	0.07	-0.79
	EC2（2012）[b]	-0.03	0.05	-0.63	0.10	0.06	1.65
	EC3（2014）[c]	0.16	0.05	2.95**	-0.02	0.06	-0.30
	幼儿性别	0.10	0.06	1.70	-0.10	0.07	-1.48
	父亲受教育年限	0.02	0.01	2.53*	0.01	0.01	0.52
	母亲受教育年限	0.02	0.01	2.31*	0.01	0.01	1.19
	家庭人均年收入	0.00	0.00	0.34	0.00	0.00	0.07
	所在省份当年城镇化率	-0.27	0.29	-0.91	0.24	0.28	0.86
		$\Delta R^2=0.04$，$F=5.82$***			$\Delta R^2=0.02$，$F=1.67$		

注：a 处 EC1 反映了 2010 年数据与四次调查数据总平均值的差异；b 处 EC2 反映了 2012 年数据与四次调查数据总平均值的差异；c 处 EC3 反映了 2014 年数据与四次调查数据总平均值的差异；而（$0-B_{EC1}-B_{EC2}-B_{EC3}$）反映了 2011 年与总平均值的差异；* $p<0.05$，** $p<0.01$，*** $p<0.001$。

（二）父母智力投入的城乡差异与时间变迁

各调查年份父母智力投入的描述统计及城乡差异检验如表3所示。从表3可以看出，城市父母智力投入都显著高于农村父母（t 值为 $-4.36 \sim -6.60$，$p<0.001$，Cohen's d 值为 $0.45 \sim 0.77$）。

以父母智力投入为因变量进行分层回归分析，检验农村父母和城市父母智力投入在不同年份的差异是否显著。首先将年份的三个虚拟变量放入方程，再将幼儿性别、父母受教育年限、家庭人均年收入和所在省份当年城镇化率作为控制变量放入方程。从表5可以看出，对于农村群体而言，在模型1中，EC3显著，EC1和EC2均不显著；在模型2中，父母受教育年限、家庭人均年收入和所在省份当年城镇化率均显著预测父母智力投入，而EC1、EC2、EC3均不显著。通过（$0-B_{EC1}-B_{EC2}-B_{EC3}$），得到反映2011年与总平均值差异的系数值在两个模型中均为 -0.04（t 检验均不显著）。这说明，农村父母智力投入仅在2014年显著高于四次调查平均水平，其他年份则与四次调查平均水平差异不显著；在控制社会经济学指标后，2014年的差异也不再显著。对城市群体而言，模型1中，EC1、EC2、EC3均不显著；在模型2中，父母受教育年限和所在省份当年镇化率均显著预测父母智力投入，而在控制这些社会经济学指标后，EC1反而能够显著正向预测父母智力投入。通过（$0-B_{EC1}-B_{EC2}-B_{EC3}$），得到反映2011年与总平均值差异的系数值在两个模型为 -0.12 和 -0.13（t 检验均不显著）。这说明，城市父母的教养方式在四次调查中无显著变化，而在控制社会经济学指标后，2010年城市父母智力投入反而高于四次调查的平均水平，这可能是由于2010年调查的原始计分方式不同导致的（见研究材料）。此外，不管是在农村还是在城市，社会经济学指标均会显著预测父母智力投入。

表5 农村父母与城市父母智力投入的分层回归

		农村			城市		
		B	SE	t	B	SE	t
模型1	EC1（2010）[a]	−0.11	0.07	−1.61	0.10	0.09	1.10
	EC2（2012）[b]	−0.09	0.06	−1.35	−0.08	0.08	−1.03
	EC3（2014）[c]	0.24	0.06	3.76*	0.10	0.08	1.25
		$\Delta R^2=0.02$，$F=4.76^{**}$			$\Delta R^2=0.01$，$F=1.45$		

续表

		农村			城市		
		B	SE	t	B	SE	t
模型 2	EC1（2010）[a]	0.04	0.06	0.63	0.18	0.08	2.09 *
	EC2（2012）[b]	-0.05	0.06	-0.93	-0.06	0.07	-0.83
	EC3（2014）[c]	0.05	0.06	0.77	0.01	0.07	0.10
	幼儿性别	-0.01	0.07	-0.20	-0.10	0.09	-1.15
	父亲受教育年限	0.03	0.01	2.98 **	0.04	0.02	2.96 **
	母亲受教育年限	0.07	0.01	6.54 **	0.06	0.01	4.21 **
	家庭人均年收入	0.00	0.00	2.37 *	0.00	0.00	0.99
	所在省份当年城镇化率	0.86	0.33	2.57 *	0.77	0.35	2.22 *
		$\Delta R^2 = 0.18$，$F = 30.59$ ***			$\Delta R^2 = 0.20$，$F = 19.56$ ***		

注：a 为 EC1 的系数，反映 2010 年数据与四次调查数据总平均值的差异；b 为 EC2 的系数，反映 2012 年数据与四次调查数据总平均值的差异；c 为 EC3 的系数，反映 2014 年数据与四次调查数据总平均值的差异；而（$0 - B_{EC1} - B_{EC2} - B_{EC3}$）即可反映 2011 年与四次调查总平均值的差异；* $p < 0.05$，** $p < 0.01$，*** $p < 0.001$。

（三）父母智力投入的中介作用检验

由于调查年份对父母智力投入无显著影响，接下来的中介作用检验中，我们将年份作为控制变量不再继续分析。

Pearson 相关统计结果发现，幼儿好奇心与父母智力投入具有显著正相关（$r = 0.22$，$p < 0.001$）。以城市/农村家庭为自变量（农村 =0，城市 =1），以幼儿好奇心为因变量，以父母智力投入为中介变量，建立简单中介模型（Hayes，2013）。通过预分析发现，控制父母受教育年限和家庭人均年收入后，城市/农村变量对幼儿好奇心的预测不再显著，这说明城乡父母对幼儿好奇心评价的差异可以由其社会经济地位的差异来解释。因此在正式分析时，仅以幼儿性别和调查年份的三个虚拟变量作为控制变量，而不再控制父母受教育年限和家庭人均年收入。结果发现，城乡变量对幼儿好奇心的总效应显著（$B = 0.17$，$SE = 0.04$，$p < 0.001$）、直接效应显著（$B = 0.09$，$SE = 0.04$，$p = 0.037$）、间接效应显著（$B = 0.09$，$SE = 0.01$，95% 置信区间为［0.06，0.12］）。如图 1 所示，父母智力投入在城乡环境与幼儿好奇心之间具有显著的部分中介作用。

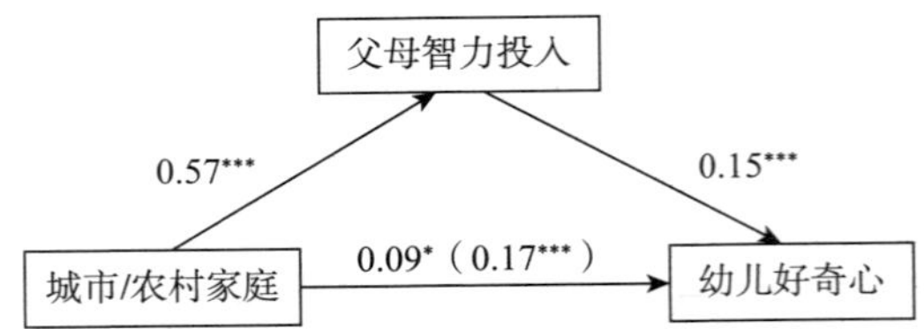

图1 父母智力投入在城市/农村家庭与幼儿好奇心间的中介作用

注：在城市/农村家庭的变量上，农村 =0，城市 =1；幼儿性别和调查年份的三个虚拟变量 EC1、EC2、EC3 均已经作为控制变量放入中介模型；$^{*}p<0.05$，$^{**}p<0.01$，$^{***}p<0.001$。

四 讨论

我们的研究结果发现，城市父母对幼儿好奇心的评价高于农村父母，农村父母对幼儿好奇心的评价有显著升高趋势且在控制了受教育年限、家庭人均年收入等变量后仍然显著。已有研究结果发现，我国城市小学生的经验开放性、创造性思维和智商高于农村小学生（Shi et al.，2016；黄梓航等，2018；申继亮、王兴华，2007）；城市幼儿在好奇心与兴趣、主动性、注意力、反思与解释等学习品质方面均显著优于农村幼儿（沈颖，2013）。城市为幼儿的探索学习和认知发展提供了更多的机会（Schooler，1972），其探索学习的过程又促进了好奇心的发展。而农村父母对幼儿好奇心的评价快速上升，这是社会变迁的影响在短时间尺度上的充分体现。2010 年后，在我国城镇人口比例突破50%的拐点时期，随着互联网社交媒体和移动互联网的快速发展，城乡文化流动距离迅速缩短，整个社会文化转向以城市文化为主（谭天、王颖、李玲，2015；于忠龙、雷玉明，2011），农村父母在社交媒体、网络宣传等多种途径的影响下，价值观、育儿观念和育儿行为都很可能向着“城市的方向”迅速转变，或许这也促使农村幼儿好奇心发生快速改变。当然，由于本研究仅采用一题式的家长评价，无法清晰区分“客观的幼儿好奇心”与“成人对好奇心的主观价值判断”，究竟是农村幼儿好奇心迅速提高，还是农村父母逐年倾向于高估幼儿好奇心？我们认为兼而有之。一方面，多种途径的宣传使农村父母的价值评价快速改变，他们认为好奇心是重要品质，也更重视好奇心表现，因此高估了幼儿好奇心水平；另一方面，网络、媒体、家庭、幼儿园等环境也深刻影响了幼儿好奇心。未来应采用更客观的测量方法对二者加以区分，为本研究结论提供补充。

我们发现，城市父母为孩子读书、买书和带孩子外出游玩等智力投入行为的发生频率明显高于农村父母，父母受教育年限、家庭人均年收入等均会影响智力投入行为，父母智力投入与父母对幼儿好奇心的评价具有显著相关，智力投入在城乡环境与幼儿好奇心之间起部分中介作用。这和Altschul等人（2012）的研究结果相互印证：社会经济地位是影响父母智力投入的重要因素，受教育年限较高、经济收入较高的父母，其智力投入行为更多，并且智力投入是家庭社会经济地位影响学龄儿童学业成绩和学前儿童社交能力、学业能力的重要中介（Mcwayne et al.，2010）。在生命早期，父母的智力投入对幼儿发展非常重要。正如Schooler所发现的，城市中受教育年限高的父母倾向于有意为幼儿提供更丰富的文化产品和文化经验（Schooler，1972），复杂的文化环境给了幼儿更多探索和学习的机会，并通过好奇心与学习的双向促进机制（Oudeyer et al.，2016）促进幼儿好奇心的发展。这一中介机制为我们缩小城乡幼儿教育差距提供了重要启示：干预农村父母教育观念，提高其在儿童早期的智力投入，能够有效促进幼儿好奇心和探索性动机的发展，提高幼儿的学习能力和创新能力，使幼儿更好地适应未来快速变化的时代环境。当然，正如以上所谈到的，由于父母评价无法分离幼儿好奇心表现与父母对好奇心特质的价值判断，因此这一结果也有其他解释的可能性，例如父母智力投入行为可能与其“对好奇心的价值判断”而不是“子女的实际好奇心水平”有共变关系。这一可能性解释有待进一步检验。从描述统计中我们看到父母受教育年限、家庭人均年收入等社会经济学指标均有较大的方差和城乡差别，它们对父母智力投入行为均有一定的解释度，而且在中介模型中控制社会经济学指标后，幼儿好奇心的城乡差异不再显著。这些结果说明我国教育发展水平和经济收入的城乡分化较为严重，并且是幼儿成长环境及发展状况存在差异的重要原因。

同时我们看到，在2014年农村父母为孩子读书、买书及带孩子游玩等智力投入行为有所上升。随着整个社会文化向城市文化转变，社交媒体、网络宣传等的普及（谭天等，2015；于忠龙、雷玉明，2011），农村家庭各种资源的增多，以及教育观念的转变，农村父母的教养实践也在发生改变。农村父母智力投入行为并不像父母对幼儿好奇心的评价那样自2010年起就显著提高，其变化时间相对延后。这支持了社会变迁与个体发展理论的推断：价值观变迁可能先于具体行为变迁（Greenfield，2009），父母教养实践的转变可能落后于其教养观念的转变（Shimizu et al.，2014）。相信在 CFPS 未来的调查中，农村父母为孩子读书、买书及带孩子游玩等智力投入行为的频率仍会进一步提高。

需要特别说明的是，我们选择了数据库中“主要照管者为爸爸或者妈妈”的幼儿群体，而没有选择以祖辈或其他人为主要照管者的幼儿。这在聚焦研究主题的同时，也使隔代教养问题尤其是农村留守儿童问题无法被细致探讨。在未来的研究中，我们将对农村留守幼儿群体给予更多关注。

总之，家庭是幼儿社会化的起点，是幼儿出生以来直接接触的最重要的成长环境，是与幼儿直接互动的最里层的微观系统，中间系统、外层系统以及文化价值观等宏观系统都将通过微观系统对其产生影响（席居哲、桑标、邓赐平，2004；刘杰、孟会敏，2009）。本研究发现，当下中国城市幼儿与农村幼儿的好奇心及其赖以发展的基本家庭环境（如父母教养）仍存在差异，父母智力投入是幼儿好奇心具有城乡差异的重要中介机制；提高父母智力投入、缩小其城乡差异，是促进幼儿好奇心、培育幼儿创造力的重要手段，也是当下我国基础教育工作的重要任务之一。

参考文献

邓伟志，2009，《社会学辞典》，上海辞书出版社。

董妍、陈勉宏、俞国良，2017，《科学好奇心：研究进展与培养途径》，《教育科学研究》第9期，第76－80页。

胡克祖、杨丽珠、张日昇，2005，《母亲教养方式及其相关因素同幼儿好奇心关系的研究》，《心理学探新》第4期，第62－66页。

黄梓航、敬一鸣、喻丰、古若雷、周欣悦、张建新、蔡华俭，2018，《个人主义上升，集体主义式微？——全球文化变迁与民众心理变化》，《心理科学进展》第11期，第1－13页。

吉尔福德，J. P.，2006，《创造性才能——它们的性质、用途与培养》，施良方、沈剑平、唐晓杰译，人民教育出版社。

江群、卢珊、张茜、王争艳，2018，《母亲鼓励自主与学步儿的探索行为：依恋的调节作用》，《心理学报》第7期，第62－72页。

林崇德，2000，《培养和造就高素质的创造性人才》，《北京师范大学学报》（社会科学版），第1期，第1页。

刘杰、孟会敏，2009，《关于布朗芬布伦纳发展心理学生态系统理论》，《中国健康心理学杂志》第2期，第250－252页。

刘宇晨、梁圆圆、梁永超、张馨雯、杨瑞，2018，《4～6年级小学生好奇心与学习成绩的关系》，《中国健康心理学杂志》第1期，第131－135页。

刘云艳、张大均，2005，《幼儿探究行为与教师态度之关系的实验研究》，《学前教育研究》第21期，第40－42页。

罗晓路、林崇德，2006，《大学生心理健康、创造性人格与创造力关系的模型建构》，《心理科学》第 5 期，第 1031－1034 页。

申继亮、王兴华，2007，《流动对儿童意味着什么——对一项心理学研究的再思考》，《中国妇运》第 6 期，第 27－29 页。

沈颖，2013，《学龄前儿童学习品质发展的城乡比较研究》，《研究教育导刊》（下半月）第 9 期，第 31－34 页。

苏彦捷主编，2012，《发展心理学》，高等教育出版社。

谭天、王颖、李玲，2015，《农村移动互联网的应用、动因与发展——以中西部农村扩散调研为例》，《新闻与写作》第 10 期，第 33－36 页。

席居哲、桑标、邓赐平，2004，《儿童心理健康发展的家庭生态系统特点研究》，《心理科学》第 1 期，第 72－76 页。

谢宇、胡婧炜、张春泥，2014，《中国家庭追踪调查》，《理念与实践社会》第 2 期，第 1－32 页。

辛自强、池丽萍，2008，《社会变迁背景下的青少年社会化》，《青年研究》第 6 期，第 14－20 页。

于忠龙、雷玉明，2011，《互联网——农村文化建设的新途径》，《湖北经济学院学报》（人文社会科学版）第 4 期，第 16－17 页。

张宇、王冰，2012，《观念改变世界——“世界价值观调查”研究评价》，《华中科技大学学报》（社会科学版）第 4 期，第 101－107 页。

《中国城市发展报告》委员会编，2013，《中国城市发展报告》（2012），中国城市出版社。

Adeyemo, D. A. (2005). Parental involvement, interest in schooling and school environment as predictors of academic self-efficacy among fresh secondary school students in Oyo State. *Nigeria. Electronic Journal of Research in Educational Psychology*, 3, 163－180.

Altschul, I. (2011). Parental Involvement and the academic achievement of Mexican American youths: what kinds of involvement in youths' education matter most? *Social Work Research*, 35, 159－170.

Altschul, I. (2012). Linking socioeconomic status to the academic achievement of Mexican American youth through parent involvement in education. *Journal of the Society for Social Work & Research*, 3, 13－30.

Bronfenbrenner, U. (1977). Toward an experimental ecology of human development. *American Psychologist*, 32, 513－531.

Brooks, N., Bruno, E., & Burns, T. (1997). Reinforcing students' motivation through parent interaction. *Elementary School Curriculum*, 5, 109.

Chen, X., Cen, G., Li, D., & He, Y. (2005). Social functioning and adjustment in Chinese children: the imprint of historical time. *Child Development*, 76, 182－195.

Chen, X., & Li, D. (2012). Parental encouragement of initiative-taking and adjustment in Chinese children from rural, urban, and urbanized families. *Journal of Family Psychology*, 26, 927.

Daley, T. C., Whaley, S. E., Sigman, M. D., Espinosa, M. P., & Neumann, C. (2010).

IQ on the rise: the Flynn effect in rural Kenyan children. *Psychological Science,* 3, 215 – 219.

Elder, G. H. (1994). Time, human agency, and social change: perspectives on the life course. *Social Psychology Quarterly,* 57, 4 – 15.

Gallagher, M. W., & Lopez, S. J. (2007). Curiosity and well-being. *Journal of Positive Psychology,* 2, 236 – 248.

Greenfield, P., Maynard, A., & Childs, C. (2000). History, culture, learning, and development. *Cross-Cultural Research,* 4, 351 – 374.

Greenfield, P. M. (1997). Culture as process: empirical methods for cultural psychology. *Handbook of cross-cultural psychology,* 8, 301 – 346.

Greenfield, P. M. (2009). Linking social change and developmental change: shifting pathways of human development. *Developmental Psychology,* 45, 401 – 418.

Grolnick, W. S., & Slowiaczek, M. L. (2010). Parents' involvement in children's schooling: a multidimensional conceptualization and motivational model. *Child Development,* 65, 237 – 252.

Lechner, C. M., Obschonka, M., & Silbereisen, R. K. (2015). Whoreaps the benefits of social change? Exploration and its socioecological boundaries. *Journal of Personality,* 85, 257.

Loewenstein, G. (1994). The psychology of curiosity: a review and reinterpretation. *Psychological Bulletin,* 1, 75 – 98.

Mcwayne, C., Hampton, V., Fantuzzo, J., Cohen, H. L., & Sekino, Y. (2010). A multivariate examination of parent involvement and the social and academic competencies of urban kindergarten children. *Psychology in the Schools,* 41, 363 – 377.

Minkov, M., & Hofstede, G. (2012). Hofstede's fifth dimension: new evidence from the world values survey. *Journal of Cross-Cultural Psychology,* 43, 3 – 14.

Oudeyer, P. Y., Gottlieb, J., & Lopes, M. (2016). Intrinsic motivation, curiosity, and learning: theory and applications in educational technologies. *Progress in Brain Research,* 229, 257 – 284.

Oudeyer, P. Y., Kaplan, F., H., & Verena V. (2007). Intrinsic motivation systems for autonomous mental development. *IEEE Trans Evolutionary Computation,* 2, 265 – 286.

Oudeyer, P. Y., & Smith, L. B. (2016). How evolution may work through curiosity-driven developmental process. *Topics in Cognitive Science,* 2, 492 – 502.

Park, H., Twenge, J. M., & Greenfield, P. M. (2017). American undergraduate students' value development during the Great Recession. *International Journal of Psychology,* 52, 28 – 39.

Reio, T., & Wiswell, A. (2000). Field investigation of the relationship among adult curiosity, workplace learning, and job performance. *Human Resource Development Quarterly,* 11, 5 – 30.

Schooler, C. (1972). Social antecedents of adult psychological functioning. *American Journal of Sociology,* 2, 299 – 322.

Schooler, C. (1998). Environmental complexity and the Flynn Effect. In Neisser, U. (ed.). *The rising curve: long-term gains in IQ and related measures.* Washington, DC: American

Psychological Association.

Shimizu, M. , Park, H. , & Greenfield, P. M. (2014). Infant sleeping arrangements and cultural values among contemporary Japanese mothers. *Frontiers in Psychology*, 3, 718.

Shi, B. , Dai, D. Y. , & Lu, Y. (2016). Openness to experience as a moderator of the relationship between Intelligence and creative thinking: a study of Chinese children in urban and rural areas. *Frontiers in Psychology*, 7, 641.

Wang, M. T. , & Sheikh-Khalil, S. (2014). Does parental involvement matter for student achievement and mental health in high school? *Child Development*, 85, 610 – 625.

Zhou, C. , Yiu, W. Y. V. , Wu, M. S. , & Greenfield, P. M. (2018). Perception ofcross-generational differences in child behavior and parent socialization: a mixed-method interview study with grandmothers in China. *Journal of Cross-Cultural Psychology*, 49, 62 – 81.

《中国社会心理学评论》　第 19 辑
第 194 ~ 217 页

创新自我效能感对创造性成就的影响：毅力的调节效应*

王丹丹　应小萍　和　美**

摘　要：本研究探讨了毅力在创新自我效能感与个体的创造力（个体取得的创造性成就）之间的作用。对 122 名被试的研究结果表明：（1）控制性别、年龄和学历后，创新自我效能感显著正向预测个体取得的创造性成就，毅力和努力坚持性和兴趣一致性两个维度对个体创造性成就的预测作用均不显著；（2）毅力的努力坚持性和兴趣一致性两个维度在创新自我效能感与个体取得的创造性成就之间起调节作用，当且仅当个体具有较高的毅力、较高的“努力坚持性”以及较高的“兴趣一致性”时，个体的创新自我效能感才会显著影响其取得的创造性成就，即只有个体对自身取得创造性成就的积极能力认知伴随着对目标的兴趣和坚持，尤其是兴趣，才更有助于实现创造性成就。本研究对提高个体的创造力具有实际指导意义。

关键词：创新自我效能感　努力坚持性　兴趣一致性　创造性成就

---

* 本研究得到国家社会科学基金重大项目“社会心理建设：社会管理的心理学路径”（16ZDA231）的资助。

** 王丹丹，北京师范大学认知神经科学与学习国家重点实验室、北京师范大学老年脑健康研究中心博士研究生；应小萍，中国社会科学院社会学研究所、中国社会科学院社会学研究所社会心理学研究中心、中国社会科学院社会心理与行为实验室副研究员，通讯作者，E-mail：yingxp@ cass. org. cn；和美，中国人民大学硕士研究生。

一 引言

创新型人才的培养是《国家中长期人才发展规划纲要（2010－2020）》所确定的重要战略目标之一，如何培养和提升创造力成为社会各界的共同目标。要想回答如何培养和提升创造力，首先关注的问题是哪些个体因素、社会因素与个体的创造力有关。基于此，本研究在分析创造力相关影响因素的基础上寻求提升个体创造力的途径，这对于培养创新型人才同样具有重要的借鉴意义。

创造力是指个体产生既新颖又适用的产品的能力（Martindale，2007；Sternberg & Lubart，1993）。这里的产品既包括实体物品，也包括文学作品、音乐创作以及科学发现等。以往研究者依据不同的研究范式分别考察了创造性的不同方面（罗劲，2004；Benedek et al.，2011；Jungbeeman et al，2004；Luo & Knoblich，2007），实际上探究个体产出创造性产品的总和似乎更具现实意义，它可以更全面地反映一个人的创造力水平，但遗憾的是鲜有研究考察这种全面的创造力。创造性成就则是这样一个概念，它综合了个体在视觉艺术、音乐、舞蹈、创造性写作、设计、幽默、话剧和影视、科学探索、发明创造和厨艺等方面取得的成就（涂翠平、樊富珉，2015a；Carson，Peterson，& Higgins，2005），即它可以衡量个体产生的所有创造性产品的总和。鉴于此，本研究将个体取得的创造性成就作为衡量其创造力发展的指标，并从心理学视角分析相关的影响因素，致力于寻求提升个体创造力的新途径。

根据以往研究可以发现，个体的创新能力及个体取得的创造性成就受到各种社会环境和个体所处文化等外部因素的影响，如社会经济条件、教育设施与教育理念、组织机构与组织文化氛围等会影响学生或员工的创造力及其取得的创新成果（李莹，2014；张军，2005；张燕等，2011；祝琳，2012；Zhou，1998）。此外，一些内部的、与创造力相关的个体因素对创造性的影响也不容忽视，如智力（刘克俭、张颖、王生，2005；Getzels & Jackson，1962）、自我效能感以及毅力（王极盛，1986；张景焕、金盛华，2007）等。外在因素具有复杂的不可改变性，本研究主要关注中国文化背景下个体的内在因素与其创造力之间的关系。相比于稳定性较高的智力，可控的自我效能感和毅力对个体完成创造性任务发挥着更为重要的能动性作用（Cox，1926；Duckworth et al.，2007；Galton，1892）。因此，本研究主要考察具有文化意义的毅力在自我效能感，特别是创造性领域中的创新自我效能感与个体创造性成就之间的作用。

（一）创新自我效能感与创造性成就

自我效能感是人们对自己有能力完成某项特定任务的信念，它是影响个体投入特定行为的重要动机和力量。班杜拉认为，特定领域或特定任务的自我效能感对于个体行为或行为绩效最具预测性（Bandura，1997）。Tierney 和 Farmer（2002）沿着自我效能感的思路，提出了创新自我效能感的概念，即个人对于其所从事的特定任务具有产生创新行为的能力与信心的评价。故创新自我效能感作为一种对自己能力的信念，是创造力发展以及产生创新行为的重要力量。如果个体在完成一项创造性任务时缺乏信心，即创新自我效能感太低，那么潜在的创新能力就难以得到挖掘，这就很可能会导致个体因信念不坚定而无法深入钻研甚至过早放弃，从而无法取得更多的创造性成就；相反，如果个体信念坚定，更容易在自己关注的领域坚持下去，从而有可能取得更多的创造性成就。创新自我效能感作为一种重要的能动性信念，可以为研究个体如何做出创新行为甚至取得创造性成就提供一个重要的思路（郭云贵、张丽华、刘睿，2017）。

根据班杜拉的社会认知理论，自我效能感作为一种重要的自我认知因素，具有针对相应活动领域和行为情境的行为动力功能，并最终影响个体的活动效率和行为绩效。这一观点已经在学业和体育运动等领域得到了验证（曹文飞、张乾元，2013；陈兰江，2011；黄丽苹、谢宇、马伟娜，2016；杨阳、王德建，2007）。作为一种对自己可以产生创新行为的自我认知因素，创新自我效能感也被研究者证实可以对员工和学生的创造力准备、成就行为或创造性表现产生直接的积极影响（冯旭、鲁若愚、彭蕾，2009；顾远东、彭纪生，2011；李金德、余嘉元，2011；杨晶照等，2011；Beghetto，2006；Gong，Huang，& Farh，2009；Tierney & Farmer，2002，2004，2011）。Tierney 和 Farmer（2002）的研究发现，创新自我效能感可以显著正向预测个体的成就行为或创造性表现。Beghetto、Kaufman 和 Baxter（2011）的研究发现，小学生科学和数学方面的创新自我效能感能显著解释教师评估的学生创造性表现。李金德和余嘉元（2011）指出，学生的创新自我效能感对其创造性思维有较强的预测作用。根据上述研究结果可知，创新自我效能感是个体提升创造力和取得创造性成就的重要认知因素，能显著预测个体的成就行为甚至创造性表现。本研究推测个体的创新自我效能感也会对另一种形式的创造性表现即个体取得的创造性成就产生直接的促进作用。

（二）毅力与创造性成就

高成就者除了具备特定的自我认知能力外，还具备其他的积极品质。Galton（1892）在收集著名法官、政治家、科学家、诗人、音乐家、画家、摔跤手等的传记资料后发现，仅具备能力在任何领域都不能取得成功，那些成就卓著的人更多地表现在“能力与热情和勤奋的结合”中。Cox（1926）对 Webb（1915）所发现的 67 个性格特征进行了分析，得出的结论是：在智商恒定的情况下，个体在儿童时期具备“动机和努力的持久性”和“对自己能力的信心”等特质可以预测其一生的成就。这些都说明不仅智商会对个体取得的成就产生影响，个体持久专注的特质同样也有助于其取得更多的成就，甚至发挥更为重要的作用。在中国文化背景下对高创造力者的研究与西方文化背景下的相关研究进行比较后发现，结论具有一定的一致性。王极盛（1986）提出相比于一般科学家，创新型科学家在意志和顽强性等方面表现得更好。张景焕和金盛华（2007）在研究具有创造性成就的科学家关于创造性成就的概念结构时发现，要取得创造性成就，坚持、有毅力等特征都是至关重要的。从对中西方文化中的高创造者的质性分析中可知，坚持、有毅力对个体取得成就乃至创造性成就具有重要促进作用。

中国文化素来崇尚坚持，谚语“只要功夫深，铁杵磨成针”“锲而不舍，金石可镂”等都强调持之以恒的重要性。跨文化研究也指出，对学生坚持性的培养至关重要（申继亮、师保国，2010）。研究者在对坚持性进行定量研究时，通常将其定义为毅力，并指出它是一种对长期目标的兴趣与坚持，使个体在遇到困难时也不轻易放弃。毅力具有两个重要的维度，其中一个维度是兴趣的一致性（passion），它反映了个体在多大程度上专注于实现其目标；另一个维度则是努力坚持性（perseverance），它反映了个体能够承受挑战和逆境的程度，以及在多大程度上保持努力和决心以实现其长期目标（Duckworth et al.，2007）。即有毅力的个体，一方面具有更强的耐力，像马拉松运动员一样付出坚持不懈的努力，即使面对困难和挫折也不轻易气馁；另一方面能始终保持对所关注事件的热情和兴趣，执着追求个人目标，不容易受外界诱惑而动摇（蒋文等，2018；林宛儒，2017；Duckworth & Gross，2014）。

以往研究表明，毅力可以对个体的行为产生广泛的积极影响，如个体的毅力水平越高，个体取得的学业成就越高（Bowman et al.，2015；Duckworth et al.，2007；Strayhorn，2014；Wolters & Hussain，2015），在拼字比赛等活动中的表现越好（Duckworth et al.，2011），越能坚持不懈地完成富有挑战性的任务（Lucas et al.，2015），锻炼积极性和持续性越强（Reed，2014），学业投入越多（Datu，Valdez，& King，2015，2016），学业动机越强（Eskreis-Winkler et al.，2014），职业变化越少（Duckworth et al.，2007）等。上述一系列研究表明，个体的毅力能在一定程度上反映其在不同活动中的参与积极性、投入程度甚至成就表现等。但也有研究者指出，毅力似乎只解释了年龄、SAT 分数或 GPA 水平很小的总方差（Duckworth et al.，2007；Jachimowicz et al.，2018）。最近的研究也发现，毅力与各种成功指标之间存在微弱或不显著的相关关系（Credé，Tynan，& Harms，2016；Jachimowicz et al.，2018；Ivcevic & Brackett，2014；Rimfeld et al.，2016），如毅力并不能显著预测学生的成绩（Chang，2014；Jaeger et al.，2010）及学生的学业成就（Bazelais，Lemay，& Doleck，2016）等。根据上述分析可知，毅力对成就行为的预测结果似乎并不稳定。

从上述一系列研究中我们可以发现，各研究结果均将毅力看作一个整体的概念进行考察。近年来，越来越多的研究发现毅力的两个维度对生命重要领域结果的预测作用具有差异性（Credé，Tynan，& Harms，2016），上述研究中虽有研究者将毅力的两个维度分开考察（Bowman et al.，2015），但研究者关注的焦点并未涉及个体在创造性领域中取得的成就。同时，上述研究是在美国文化背景下进行的，而很少考虑其他文化背景（Datu，Yuen，& Chen，2016）。

已有研究发现，中国文化背景下学生的自评毅力分数能显著正向预测其取得的综合学业成就（蒋虹、吕厚超，2017；蒋文等，2018；张林、张向葵，2003），但不能显著预测其个别学科取得的成就如英语成就（官群、薛琳、吕婷婷，2015）。这似乎说明个体的毅力自评分数对个体取得综合学业成就而言具有更为明显的促进作用，那么个体的毅力是否会对其取得创造性成就产生促进作用呢？毅力及其两个维度是否具备同等程度的促进作用呢？虽然个体取得的创造性成就从某种程度上而言是一种综合性成就，但相比于讲求学习策略的学校学业而言，个体完成的创造性任务更无规律可言，也具备高度的复杂性特征，个体的毅力及其两个维度对个体取得的创造性成就的积极作用有待进一步考察。因此，探究中国文化背景下的毅力及其两个维度在创造性成就中的作用，是本研究考察和检验的第二个问题。

（三）毅力在创新自我效能感与创造性成就之间的作用

以往研究发现创新自我效能感可以直接预测个体的创造性表现（李金德、余嘉元，2011；Tierney & Farmer，2002，2004），众多研究结果也表明两者之间的关系还会受到其他因素的影响，如个体的内在动机、成就动机和工作卷入等（顾远东、彭纪生，2011；周浩、龙立荣，2011），以及工作单位结构和团队信息资源等（孙彦玲、杨付、张丽华，2012；Richter et al.，2012）。基于上述分析可知，个体的创新自我效能感与其取得成就行为或创造性表现之间的关系主要受到动机以及工作环境等因素的影响。近年来，随着积极心理学的兴起，研究者逐渐从性格优势的角度探讨人格因素对个体行为产生的重要影响。Bazelais、Lemay 和 Doleck（2016）也提出个体取得的成就并不仅仅基于其认知能力，更多的是基于其认知能力和人格特质的结合。那么毅力作为一种难能可贵的人格特质，可能会与个体具备的创新自我效能感共同作用于个体取得的成就行为或创造性表现。因而，本研究引入毅力这一重要的人格因素，探究它在创新自我效能感与个体取得成就行为或创造性表现之间的重要作用。

以往关于自我效能感和毅力对个体取得的成就行为的影响的研究主要集中在学业成就方面，研究者在学校中考察坚持不懈的作用时主要关注学生的学习坚持性，即个体在遇到学习困难与障碍或受到外界影响时坚持努力的程度（石世祥，2009；张林、张向葵，2003；朱丽芳，2006）以及坚毅人格的作用（官群、薛琳、吕婷婷，2015）。研究者在关注毅力与自我效能感对学生取得的学业成就的影响时，主要考察单学科以及各学科的综合性学业成就（杜宵丰、刘坚，2017；魏军等，2014）。比如，有研究者发现学习坚持性与自我效能感、学习投入、（综合性）学业成就均显著正相关，学习坚持性通过学习投入的中介作用影响学生取得的（综合性）学业成就（魏军等，2014）。但有研究者在数学这一领域却发现，学习的坚持性在数学自我效能感与其取得的数学成就之间发挥显著的部分中介效应（杜宵丰、刘坚，2017）。还有研究者指出坚毅既可单独通过数学自我效能或数学焦虑间接影响数学成就，也可通过数学自我效能-数学焦虑的中介链对数学成就产生间接效应（蒋文等，2018）。这说明在学习活动中，学生的学习坚持性可以通过其学习投入以及特定领域的自我效能感等对其取得的（综合性）学业成就或数学领域的学业成就产生间接影响。

但上述研究者似乎过于强调个体的意志努力对其取得学业成就的作用，忽略了自信心对学习的重要作用（张林、张向葵，2003）。实际上，个体的自我效能感主要建立在自身学习能力水平和以往成败经历的基础上，对其取得的成就行为有着更为直接和显著的影响（Bandura，1982；Wigfield & Eccles，2000）。此外，学习坚持性并不能全面体现坚持不懈、有毅力的特征，它包含了在困难面前的努力程度，却不能体现 Duckworth 等人（2007）所强调的对所关注事件的持久热情和兴趣，因而不能较为全面地体现毅力对个体取得成就行为的作用。基于以往研究者在探究个体取得的成就行为时并没有涉及创造性领域中的成就表现，本研究假设个体在创造性领域中的创新自我效能感会对其取得创造性成就或创造性表现产生直接的促进作用，并进一步探究毅力在其中发挥的重要作用。

个体的积极特征可以通过其认知、情感和行为来体现，并发挥其优势作用（Peterson & Seligman，2004）。也就是说，个体所具备的认知、情感和行为倾向等会发展出积极的一面，两者之间的关系也应该是相互的，从而有助于发挥其优势作用。这里的优势作用不仅包括积极心理学所倡导的主观幸福感等核心概念，还包括个体的成就表现（Lounsbury et al.，2009）等。基于前文所述的个体的毅力对其成就行为的预测作用的矛盾结果，我们可以推测，在中国文化背景下毅力在自我效能感这一自我认知因素与个体可能取得的创造性成就间具有调节效应。毅力水平更高的个体，往往是在自己感兴趣的领域坚持不懈地钻研下去，同时做自己擅长的、感兴趣的事情也能提升其对自身的效能预期（杨海波、刘电芝、杨荣坤，2015），从而取得更高的成就或创造性表现；而毅力水平较低的个体，在对自己不具备更高的毅力进行归因时往往认为自己可能天生就如此，甚至会觉得自己已经无可救药了（Duckworth，2016），这从一定程度上而言是不自信的表现，即不相信自己有能力改变现状，更毋庸说取得更高的成就。

综上所述，本研究旨在探讨中国文化背景下毅力及其两个维度与个体取得的创造性成就之间的关系，同时基于社会认知理论探讨个体的创新自我效能感与个体取得的创造性成就之间的关系，并探究毅力及其两个维度在创新自我效能感和创造性成就之间的调节作用。研究假设个体的创新自我效能感可以直接预测其取得的创造性成就，毅力及其两个维度并不能直接预测个体取得的创造性成就，但毅力及其两个维度可以调节个体的创新自我效能感与个体取得的创造性成就之间的关系。该研究是社会认知理论在创新活动领域的拓展与应用，不仅可以深入分析个体的某个内在因素在创新自我效能感与个体取得的创造性成就之间的重要作用，也可以为更好地提高个体创造力、促使个体取得更高的创造性成就提供实际的指导，为在大众创新、万众创业时代背景下培养创新型人才提供一定的借鉴。

二 方法

（一）研究对象

本研究采用方便取样的方法选取被试，并通过问卷星收回有效问卷124份，剔除创新自我效能感总均分、毅力及两个维度的得分、创造性成就得分在±3个标准差以外的极端值数据2个，最终有效数据为122个[①]（男生50人，女生72人），平均年龄29.7岁。各学历水平的人数分别为：本科及以下的74人，研究生及以上的48人。为得到各变量之间的真实关系，研究将被试的性别、年龄和学历均作为控制变量。

（二）研究方法

1. 研究工具

（1）创新自我效能感量表。为了更好地测量大陆学生的创新自我效能感，王晓玲、张景焕、初玉霞和刘桂荣（2009）针对台湾地区学者洪素苹和林珊如（2004）编制的创新自我效能感量表进行了修订，修订后的量表信、效度良好（信度为0.81）。本研究采用了该量表，该量表包括12个项目，由产生创意成品信念、创意思考策略信念和抗衡外在负面评价信念三个分量表组成。要求被试根据自己的真实情况作答，评分标准为李克特1~7级评分，1表示“完全不符合”，7表示“完全符合”，采用正向计分方式，得分越高，表示个体的创新自我效能感越强。其内部一致性信度Cronbach's α系数为0.93。

（2）创造性成就问卷。本研究采用创造性成就问卷衡量被试的创造力，采用此问卷主要是出于对其他测量工具进行对比与分析的考虑。对于创造性领域问卷（Creativity Domain Questionnaire，CDQ）和Kaufman领域创造力量表（Kaufman Domain of Creativity，K-DOC），被试报告的均是创造性行为的自我表现，且计分比较单一，采用的是李克特6级或5级评分（涂翠平、樊富珉，2015b；Kaufman，2012）。而Carson、Peterson和Higgins（2005）编制的创造性成就问卷（Creative Achievement Questionnaire，CAQ）涉及的各领域创造性成就具有从低到高的层次结构，且提供跨多个领域的

---

① 剔除2个数据前后的结果不一致，由于这2个数据均属于极端值，因而我们认为这并不会影响结果的可靠性。

总成绩指标。因此，本研究选用 Carson、Peterson 和 Higgins（2005）编制的创造性成就问卷衡量个体取得的创造性成就，由心理学专业研究生翻译、讨论，最终确定了中文版的创造性成就问卷。该问卷可以测量个体在 10 个领域中获得的创造性成就，包括视觉艺术、音乐、舞蹈、创造性写作、设计、幽默、话剧和影视、科学探索、发明创造和厨艺。CAQ 分为三个部分，其中个体创造性成就的总分主要由第二部分测量得出，该部分共 80 个项目，每个项目包含从 0 到 7 共 8 个等级条目，“0”表示“我在这个领域没有受到过任何创造性的训练”，“7”表示“我在这个领域获得过国家级认可的次数”。其内部一致性信度 Cronbach's α 系数为 0.83。

（3）毅力量表。根据 Duckworth 等人（2009）编订的简式毅力问卷，参照王丹丹（2016）翻译的简式毅力问卷，由心理学专业研究生翻译、讨论，最终确定了中文版的简式毅力问卷。该问卷的测量性能与全毅力量表相当（Duckworth & Quinn, 2009；梁崴、王丹丹，2014；梁崴等，2016），包括 8 个项目，Cronbach's α 系数为 0.66，分为两个维度：努力坚持性（包括第 1、3、5、7 题，Cronbach's α 系数为 0.56，如“我很勤奋”）和兴趣一致性（包括第 2、4、6、8 题，反向计分，Cronbach's α 系数为 0.51，如“我总是在短时间内着迷于某个想法或计划，但很快就会失去兴趣”）。要求被试根据自己的真实情况作答，评分标准为李克特 1 ~ 5 级评分，1 表示“完全不相符”，5 表示“完全相符”，得分越高表示被试的总体毅力水平越高、努力坚持性越高、兴趣一致性越高。

2. 程序与统计方法

问卷通过网络（问卷星）发放，顺序为创新自我效能感量表、创造性成就问卷和毅力量表，要求被试根据自己的真实情况选择最合适的选项。之后，将收集到的有效数据使用 SPSS19.0 进行分析，并用 Hayes（2013）开发的宏程序 PROCESS（model 1）检验调节效应。

三　结果

（一）共同方法偏差检验

采用 Harman 单因子检验的方法对共同方法偏差进行检验。将各变量纳入一个探索性因素分析中，发现未旋转和旋转得到的第一个因子解释的变异量分别是 34.19% 和 18.12%，均小于 40% 的临界值（Podsakoff et al., 2003），故本研究不存在明显的共同方法偏差。

（二）相关分析

由表 1 可知，性别与创造性成就呈显著负相关（$r = -0.20$，$p < 0.05$），控制性别（男 =0，女 =1）、学历（本科及以下 =0，研究生及以上 =1）和年龄后，对各分数进行偏相关分析。毅力分数包括毅力总均分以及努力坚持性均分和兴趣一致性均分。创新自我效能感与创造性成就呈显著正相关（$r_{partial} = 0.31$，$p < 0.01$），创新自我效能感与毅力呈显著正相关（$r_{partial} = 0.39$，$p < 0.01$），创新自我效能感与努力坚持性呈显著正相关（$r_{partial} = 0.30$，$p < 0.01$），创新自我效能感与兴趣一致性呈显著正相关（$r_{partial} = 0.36$，$p < 0.01$），毅力与创造性成就呈边缘显著正相关（$r_{partial} = 0.18$，$p \leq 0.05$），努力坚持性与创造性成就呈显著正相关（$r_{partial} = 0.19$，$p < 0.05$），兴趣一致性与创造性成就相关不显著（$r_{partial} = 0.10$，$p = 0.22$）。

表 1　各变量描述性统计以及相关分析结果

变量	1	2	3	4	5
1 创新自我效能感					
2 毅力	0.39**				
3 努力坚持性	0.30**	0.84**			
4 兴趣一致性	0.36**	0.83**	0.39**		
5 创造性成就	0.31**	0.18+	0.19*	0.10	
6 性别	-0.10	-0.06	-0.02	-0.09	-0.20*
7 学历	0.15	0.09	0.06	0.10	0.00
8 年龄	-0.06	0.13	0.09	0.13	0.06
M	4.52	3.35	3.28	3.42	4.25
SD	0.98	0.57	0.69	0.68	4.24
极小值	2	1.88	1.75	1.75	0
极大值	7	5	5	5	21

注：** $p < 0.01$，* $p < 0.05$。

（三）调节效应检验

1. 毅力的调节效应检验

采用 Hayes（2013）的 PROCESS 宏程序进行毅力总均分的调节效应分析。选取 model 1，Bootstrap 为 5000 及 95% 的置信区间，同时控制性别、学历和年龄。为了减轻多重共线性问题，分析包含的连续变量均已标准化。结果（见表 2）发现，创新自我效能感对创造性成就的主效应显著，$B=1.13$，$SE=0.40$，$t=2.85$，$p=0.005$，95% =［0.35，1.92］；毅力对创造性成就的主效应不显著，$B=0.06$，$SE=0.69$，$t=0.08$，$p=0.94$，95% =［－1.31，1.43］；对于创造性成就而言，毅力与创新自我效能感的交互作用显著，$B=1.47$，$SE=0.48$，$t=3.08$，$p=0.003$，95% =［0.53，2.42］，$\Delta R^2=0.07$。这说明毅力在创新自我效能感与个体取得的创造性成就之间起调节作用。

进一步对交互作用进行简单斜率分析，结果（见图 1）发现，只有当毅力水平高于 $M+0.57\ SD$ 时，个体具备的创新自我效能感才能显著正向预测其取得的创造性成就（$B=1.98$，$SE=0.46$，$t=4.26$，$p=0.00$，95% =［1.06，2.90］）。

表 2　毅力对创新自我效能感与创造性成就之间关系的调节效应检验

变量	创造性成就				
	B	SE	t	p	95% CI
性别	－1.31	0.74	－1.78	0.08	－2.77 ~ 0.14
学历	－0.02	0.75	－0.02	0.98	－1.51 ~ 1.47
年龄	0.02	0.05	0.34	0.74	－0.08 ~ 0.12
创新自我效能感	1.13	0.40	2.85	0.005	0.35 ~ 1.92
毅力	0.06	0.69	0.08	0.94	－1.31 ~ 1.43
创新自我效能感 × 毅力	1.47	0.48	3.08	0.003	0.53 ~ 2.42
ΔR^2	0.07				
F（1，115）			9.51	0.003	

为了进一步检验毅力两个维度的调节效应，我们将“努力坚持性”和“兴趣一致性”分别进行调节效应检验，具体分析如下。

2. 毅力的努力坚持性维度的调节效应检验

采用 Hayes（2013）的 PROCESS 宏程序对毅力的努力坚持性维度进行调节效应分析。选取 model 1，Bootstrap 为 5000 及 95% 的置信区间，同时控制性别、年龄和学历。为了减轻多重共线性问题，分析包含的连续变量均已标准化。结果（见表 3）发现，创新自我效能感对创造性成就的主效应显著，$B=1.20$，$SE=0.39$，$t=3.09$，$p=0.003$，95% =［0.43，1.97］；努力坚持性对创造性成就的主效应不显著，$B=0.30$，$SE=0.57$，$t=0.53$，$p=0.60$，

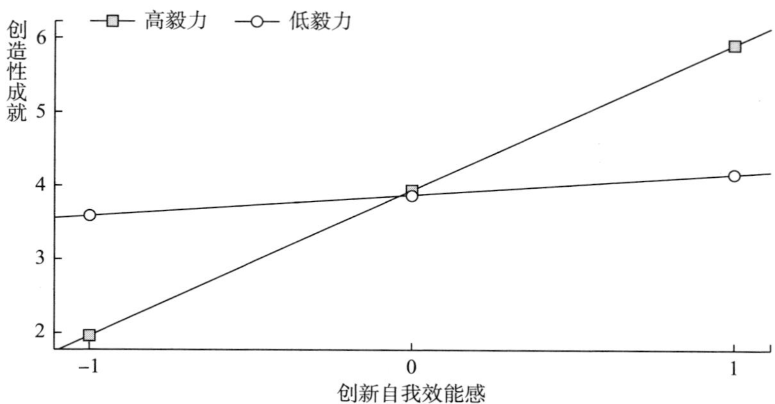

图 1 创新自我效能感与毅力在创造性成就上的交互作用

95% = [−0.83, 1.44]；对于创造性成就而言，努力坚持性与创新自我效能感的交互作用显著，$B=0.83$，$SE=0.41$，$t=2.03$，$p=0.04$，95% =[0.02, 1.65]，$\Delta R^2=0.03$。这说明努力坚持性在创新自我效能感与个体取得的创造性成就之间起调节作用。

进一步对交互作用进行简单斜率分析，结果（见图 2）发现，只有当努力坚持性水平高于 $M+0.69\ SD$ 时，个体具备的创新自我效能感才能显著正向预测其取得的创造性成就（$B=1.78$，$SE=0.48$，$t=3.70$，$p=0.0003$，95% =[0.83, 2.73]）（见图 2）。

表 3 努力坚持性对创新自我效能感与创造性成就之间关系的调节效应检验

变量	创造性成就				
	B	*SE*	*t*	*p*	95% CI
性别	−1.48	0.75	−1.99	0.05	−2.96 ~ 0.004
学历	−0.02	0.76	−0.03	0.98	−1.53 ~ 1.49
年龄	0.02	0.05	0.33	0.74	−0.08 ~ 0.12
创新自我效能感	1.20	0.39	3.09	0.003	0.43 ~ 1.97
努力坚持性	0.30	0.57	0.53	0.60	−0.83 ~ 1.44
创新自我效能感 × 努力坚持性	0.83	0.41	2.03	0.04	0.02 ~ 1.65
ΔR^2	0.03				
F (1, 115)			4.13	0.04	

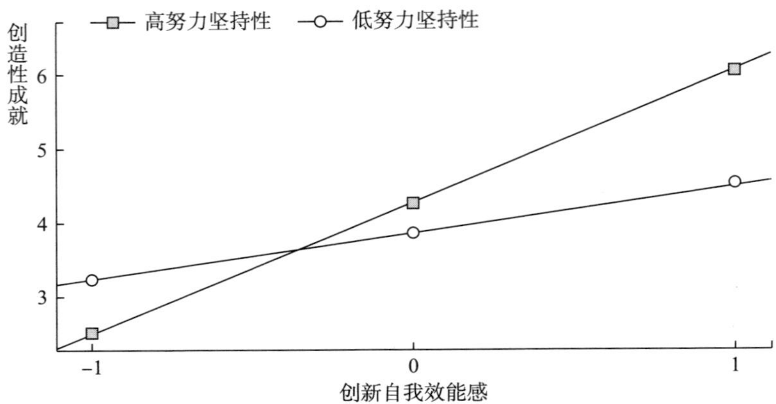

图 2　创新自我效能感与努力坚持性在创造性成就上的交互作用

3. 毅力的兴趣一致性维度的调节效应检验

采用 Hayes（2013）的 PROCESS 宏程序对毅力的另一个维度——兴趣一致性进行调节效应分析。选取 model 1，Bootstrap 为 5000 及 95% 的置信区间，同时控制性别、年龄和学历。为了减轻多重共线性问题，分析包含的连续变量已标准化。结果（见表 4）发现，创新自我效能感对创造性成就的主效应显著，$B = 1.09$，$SE = 0.40$，$t = 2.75$，$p = 0.01$，95% =［0.30，1.88］；兴趣一致性对创造性成就的主效应不显著，$B = -0.005$，$SE = 0.56$，$t = -0.008$，$p = 0.99$，95% =［−1.12，1.11］；对于创造性成就而言，兴趣一致性与创新自我效能感的交互作用显著，$B = 1.45$，$SE = 0.44$，$t = 3.29$，$p = 0.001$，95% =［0.58，2.32］，$\Delta R^2 = 0.07$。这说明兴趣一致性在创新自我效能感与个体取得的创造性成就之间起调节作用。

进一步对交互作用进行简单斜率分析，结果（见图 3）发现，只有当兴趣一致性水平高于 $M + 0.68\ SD$ 时，个体具备的创新自我效能感才能显著正向预测其取得的创造性成就（$B = 2.08$，$SE = 0.45$，$t = 4.65$，$p = 0.00$，95% =［1.20，2.97］）。

表 4　兴趣一致性对创新自我效能感与创造性成就之间关系的调节效应检验

变量	创造性成就				
	B	*SE*	*t*	*p*	95% CI
性别	−1.17	0.74	−1.58	0.12	−2.64 ~ 0.30
学历	0.003	0.75	0.004	1.00	−1.48 ~ 1.49
年龄	0.04	0.05	0.70	0.49	−0.06 ~ 0.13

续表

变量	创造性成就				
	B	*SE*	*t*	*p*	95% CI
创新自我效能感	1.09	0.40	2.75	0.01	0.30 ~ 1.88
兴趣一致性	-0.005	0.56	-0.008	0.99	-1.12 ~ 1.11
创新自我效能感×兴趣一致性	1.45	0.44	3.29	0.001	0.58 ~ 2.32
ΔR^2	0.07				
F（1，115）			10.80	0.001	

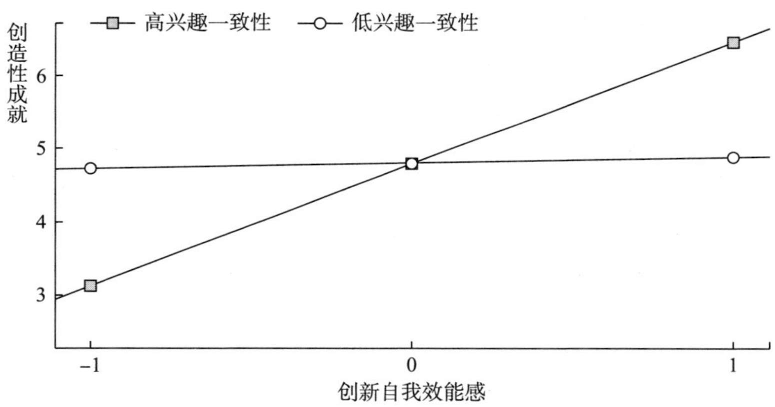

图3　创新自我效能感与兴趣一致性在创造性成就上的交互作用

四　结论与讨论

（一）创新自我效能感对创造性成就的影响

在控制性别、年龄和学历后，创新自我效能感与个体取得的创造性成就呈显著正相关，同时个体的创新自我效能感也能显著正向预测其取得的创造性成就。这一结果与以往研究者得出的创新自我效能感与创造性思维、创新行为或创新绩效等呈显著正相关，以及创新自我效能感可以很好地预测个人的成就行为或创造性表现（顾远东、彭纪生，2011；李金德、余嘉元，2011；王楠、张立艳、王洋，2016；Tierney & Farmer，2002，2004）的研究结果是一致的。

根据班杜拉的社会认知理论，自我效能感作为一种重要的自我认知因素，具有针对相应活动领域和行为情境的行为动力功能，并最终影响个体的活动效率和行为绩效。已有研究已经得出创新自我效能感能显著预测个体的成就行为甚至创造性表现，是个体提升创造力和取得创造性成就的重要认知因素。本研究可以进一步说明个体的创新自我效能感也会对另一种形式的创新行为即个体取得的创造性成就产生直接的促进作用，它是诱发创新行为的重要因素，也是个体取得创造性成就或做出创新行为的重要前提，这一结果也验证了研究假设。

（二）毅力对创造性成就的影响

在控制性别、年龄和学历后，毅力与个体取得的创造性成就呈边缘显著正相关，其中努力坚持性与个体取得的创造性成就呈显著正相关，兴趣一致性与个体取得的创造性成就的相关却不显著。但是，毅力及努力坚持性和兴趣一致性都不能显著预测个体取得的创造性成就。在中国文化背景下，个体的努力坚持性和兴趣一致性不能单独直接预测个体取得的创造性成就，甚至个体的总体毅力水平也不能直接预测个体取得的创造性成就。

这一结果与以往研究结果存在不一致。如在西方文化背景下，研究者发现毅力对个体的行为产生广泛的积极影响，如毅力水平越高，个体取得的学业成就越高（Bowman et al.，2015；Duckworth et al.，2007；Strayhorn，2014；Wolters & Hussain，2015），在拼字比赛等活动中的表现越好（Duckworth et al.，2011）。在中国文化背景下，研究者也得出个体的自评毅力分数能显著正向预测学生取得的综合性学业成就（蒋虹、吕厚超，2017；蒋文等，2018；张林、张向葵，2003）。还有研究者关注了毅力的两个维度，提出创造力的双通路模型，并发现相比于兴趣一致性，持续性的努力对学业表现具有更为重要的预测作用（Credé，Tynan，& Harms，2016）。

对于上述结果的不一致，可能的原因如下。一方面，上述研究结果虽在一定程度上说明毅力水平在一定程度上可以很好地反映个体在不同领域中的参与积极性、投入程度以及成就表现，但上述研究并未涉及创造性领域，也很少分开考察毅力不同维度的不同作用。由于教育、军事等领域中的学习或体育锻炼是单一重复的活动，个体只有投入更多精力以及刻意训练才能更专注于活动，量变促成质变从而获得更优秀的成绩。也有研究发现，在个体的学业和职业生涯中长期反复进行的高质量技能训练和该个体的高水平专业表现呈正相关（Simon & Chase，1973）。但是创造性作为一种高度复杂的认知活动，很多创造性成就的取得并无规律可循，即便个体不断保持积极性与投入程度，有时也并不足以取得更高的创造性成就。由于毅力不特指个体在某一特定领域的努力坚持性和兴趣一致性，故个体的毅力及其努力坚持性和兴趣一致性具备较高的概括性水平，而个体取得的创造性成就则是衡量个体在多个特定领域中的成就之和，虽可以看作一种一般性的综合性成就，但这些成就具备特定的领域，因而具体水平较高。对于毅力与个体取得的创造性成就之间的关系而言，两者的一致性并不是很高，所以两者之间的联系可能就不那么紧密，这或许是毅力及努力坚持性和兴趣一致性在预测具体领域的创新成就时的主效应不显著的另一个原因。此外，虽然毅力水平高的个体具有坚持不懈和保持持久热情的一般倾向，但毅力也会受到其他因素的影响进而影响个体的成就表现，如学生对学业目标的承诺可以预测毅力的增长，进而预测学生的学业成就（Tang et al.，2019）。这提示我们：个体对目标的高度承诺会鼓励个体更加坚持他们的目标，并在实现目标的过程中努力坚持，这样才能更有效地促进其在相应领域的成就表现。但该研究关注的焦点也在于学业成就，在创造性领域是否也会如此需要更深入详尽的后续研究。

最后，最近的一项元分析以及大量的实证研究发现，毅力与各种成功指标之间存在微弱或不显著的相关关系（Credé，Tynan，& Harms，2016；Ivcevic & Brackett，2014；Rimfeld et al.，2016），毅力对一些成就行为的预测结果也并不稳定等（Bazelais，Lemay，& Doleck，2016；Chang，2014；Jaeger et al.，2010）。对此，有研究者指出毅力的测量指标与研究者对毅力的定义存在不对等性，并指出以往的研究者高估了毅力的功能（Denby，2016），也过分强调了努力坚持性维度的重要性，忽视了兴趣或热情维度在其中发挥的关键作用（Jachimowicz et al.，2018）。因而研究者提出，兴趣或热情是成功的关键因素，预测成功的指标应该包括毅力和单独的热情这两个方面。元分析和相关研究也得出只有将毅力和热情结合在一起，才能够更好地预测个体的行为表现（Jachimowicz et al.，2018）。由此可知，Duckworth 等人（2007）发展的毅力量表可能并不能很好地涵盖其提出的毅力的定义，这或许也是本研究中的毅力因素不能显著预测个体取得的创造性成就的另一个重要原因。

（三）毅力对创新自我效能感与创造性成就的调节作用分析

由于毅力不能显著预测个体取得的创造性成就，根据性格优势理论，个体所具备的认知、情感和行为倾向等会发展出积极的人格特征（Peterson & Seligman，2004），两者之间的关系也应该是相互的，从而有助于发挥其优势作用，如成就表现（Lounsbury et al.，2009）等。因而，我们假设毅力会调节个体的创新自我效能感与其取得的创造性成就之间的关系。研究结果验证了这一假设，通过分析毅力的调节效应，我们发现当个体具有较高的毅力、较高的“努力坚持性”以及较高的“兴趣一致性”时，个体的创新自我效能感会显著影响其取得的创造性成就。这与以往企业绩效研究中发现的毅力的作用是一致的，如毅力可以调节创业者人格开放性的不同维度对创业绩效的影响（晋琳琳、陆昭怡、奚菁，2014）。

具体表现为，当个体的毅力水平较高时，即便面对失败、困境或停滞，个体也会保有持久的兴趣并持之以恒（Duckworth et al.，2007）。鉴于做自己擅长的感兴趣的事情很容易提升个体对自身的效能预期（杨海波、刘电芝、杨荣坤，2015），故相比于那些创新自我效能感较低的个体，创新自我效能感较高的个体会争取更高的目标结果，直至取得更高的创造性成就。而当个体的毅力水平较低时，个体的归因方式也更容易表现出不自信等（Duckworth，2016），他们很容易通过不断更换目标而寻求自信，因而在面对富有挑战性的任务时往往容易止步不前甚至是半途而废，自然就不能制定出更高的成就目标，也就不可能取得更高的创造性成就。因此，本研究发现创新自我效能感与创造性成就之间的关系存在边界条件，只有在个体具有高毅力时创新自我效能感才能正向预测其取得的创造性成就，即个体对自身取得创造性成就的积极能力认知只有伴随着对目标的兴趣和坚持，才能转化为实际的创造性成就。

此外，调节效应结果还发现毅力的调节作用在兴趣一致性维度上更为凸显，这一结果与以往研究存在不一致。以往有研究者得出，相比于兴趣一致性，努力坚持性对教育成就具有更为重要的预测作用（Bowman et al.，2015）。由此可推测，毅力的调节作用在努力坚持性维度上应更为凸显。但研究者将毅力的两个维度分开考察，关注的是各个维度对教育成就的作用，其中教育成就涉及学术适应、大学平均绩点、学业满足感、归属感、师生互动、坚持意愿以及改变专业意愿等，可以看出这些教育成就并不涉及创造性领域中的成就表现，因而努力坚持性的重要作用可能并不能推广到创造性领域。另一方面，有研究者提出了创造力的双通路模型，发现消极情绪状态下持续性的努力坚持会促进创造性表现（De Dreu，Baas，& Nijstad，2008）。这是情绪与创造性表现之间关系的有趣发现，但这里的创造性表现也没有涉及本研究所关注的创造性成就，消极情绪状态下的努力坚持与我们所考察的毅力及其努力坚持性的概念也有所区别。

实际上，以往研究者已经论述过兴趣与创造性之间的关系。如有研究者认为，为了更具创造性，一个人必须对问题保有内在的兴趣，这可以更好地激励他去寻找解决这个问题的方法（Liu & Ghorbani，2016；Steiner，

1965）。兴趣对个人的行为具有重要的作用，因为它可以通过影响个体的思考、讨论和学习帮助个体分配选择性注意（Liu & Ghorbani, 2016; Shirey & Reynolds, 1988）。因此，创造力的重要来源之一是个人的内在兴趣，它可以使个体自愿探究新事物和新思想（Rogers, 1954），从而实现其创造性目标（Liu & Ghorbani, 2016; O'Sullivan, 1997）。更多的实证研究也发现，对企业管理而言，对工作有强烈兴趣的员工更愿意冒险，解决问题时更喜欢尝试不同的方案，能坚持把自身的初步想法转化为可行的创新（Liu & Ghorbani, 2016; Shalley, Zhou, & Oldham, 2004）。因而，兴趣对于个体取得创造性成果而言有更为直接的促进作用，故可推测毅力的调节作用在兴趣一致性维度上可能更为凸显。即个体对自身取得创造性成就的积极能力认知伴随着较高的努力坚持性，但执着于一个对个体没有意义、个体也不感兴趣的目标时，这种坚持很容易变成苦差事；而只有伴随着更多兴趣，个体才会有动力，也更容易实现创造性成就。但也应注意，以往研究者关注的兴趣与毅力的兴趣一致性仍存在区别，故得此推论尚不准确，仍需进一步研究加以验证。

综上所述，当个体对自身取得创造性成就的积极能力认知伴随着对目标的兴趣和坚持，尤其是兴趣，更有助于实现创造性成就。

（四）启示与进一步思考

本研究是社会认知理论在创新活动领域的拓展与应用，结果发现只有个体对自身取得创造性成就的积极能力认知伴随着对目标的兴趣和坚持，尤其是兴趣，才更有助于实现创造性成就。因而，这需要个体不断增强自己的创新自信，还要致力于感兴趣的领域，同时坚持不懈地付出，即便是面对困难和失败时也坚定信念，长此以往才可能取得较高的创造性成就。该研究不仅可以丰富不同文化背景下毅力的重要作用，也可以为提高个体的创造力、帮助个体取得更高的创造性成就提供新的启发，还可以为培养创新型人才提供一定的借鉴。

（五）不足与展望

尽管本研究取得了一些有价值的研究结果，但仍存在一些不足。如由于本研究考察的创造性成就比较特殊，符合条件的样本量相对较少，因而将来的研究者可以在尽可能扩大样本量的基础上进一步验证本研究结论的可靠性。

之后的研究者在进行相关的研究时还可以从以下几个方面进行进一步

的挖掘与创新。首先，本研究中毅力及分维度的内部一致性分数相对较低，这可能与本研究的被试群体以及采用的简式量表有关，本研究的被试群体为成年人，且年龄跨度比较大，以往关于毅力的相关研究多涉及青少年或中小学生等，因而将来的研究可以将简式毅力问卷用于检验成年人群体。其次，本研究只引入了毅力因素来初步探究其在创新自我效能感与创造性成就之间的作用，其他因素是如何共同起作用的，本研究并未考虑，将来的研究可以基于班杜拉的三元交互作用理论，深入探究其他有价值的因素在创新自我效能感与创造性间可能的作用。再次，本研究发现毅力并不能显著预测个体取得的创造性成就，其中一个原因可能在于毅力的测量指标不能很好地涵盖个体对长期目标的热情，毅力与热情一起才更能预测个体的成功等，这提示我们将来的研究一方面可以深入发掘更为全面的指标，另一方面也可以将毅力与热情或兴趣等组合起来或将热情因素扩展到毅力量表中测量广义上的毅力水平，从而较为全面地考察其是否能够显著预测个体取得的创造性成就。

参考文献

曹文飞、张乾元，2013，《大学生自我效能感、学习动机与学业成就关系的研究》，《新乡学院学报》（社会科学版）第4期，第131－134页。

陈兰江，2011，《高中生成就目标定向、自我效能感和学业成绩之间的关系》，《中国健康心理学杂志》第6期，第718－720页。

杜宵丰、刘坚，2017，《八年级学生“数学兴趣”“数学自我效能感”“学习坚持性”与“数学成就”的关系研究》，《数学教育学报》第2期，第29－34页。

冯旭、鲁若愚、彭蕾，2009，《服务企业员工个人创新行为与工作动机、自我效能感关系研究》，《研究与发展管理》第3期，第42－49页。

顾远东、彭纪生，2011，《创新自我效能感对员工创新行为的影响机制研究》，《科研管理》第9期，第63－73页。

官群、薛琳、吕婷婷，2015，《坚毅和刻意训练与中国大学生英语成就的关系》，《中国特殊教育》第12期，第78－82页。

郭云贵、张丽华、刘睿，2017，《员工创新自我效能感研究述评与展望》，《科技管理研究》第4期，第144－148页。

洪素苹、林姗如，2004，《Whatever you say、I can do it——“学生创意自我效能量表”之编制》，2004年台湾第二届“创新与创造力”研讨会。

黄丽苹、谢宇、马伟娜，2016，《大学生批判性思维、自我效能感与学业成就的关系研究》，《杭州师范大学学报》（自然科学版）第2期，第124－129页。

蒋虹、吕厚超，2017，《青少年未来时间洞察力与学业成绩的关系：坚韧性的中介作用》，《心理发展与教育》第3期，第321－327页。

蒋文、蒋奖、杜晓鹏、古典、孙颖，2018，《坚毅人格与学业成就的关系：学习投入的中介作用》，《中国特殊教育》第 4 期，第 93 – 98 页。

晋琳琳、陆昭怡、奚菁，2014，《创业者的人格开放性对创业绩效的影响：毅力的调节作用》，《科学学与科学技术管理》第 8 期，第 115 – 124 页。

李金德、余嘉元，2011，《教师创新支持行为，学生创新自我效能感和创造性思维的关系研究》，《宁波大学学报》（教育科学版）第 2 期，第 44 – 48 页。

李莹，2014，《大学生创造性思维影响因素的研究综述》，《社会心理科学》第 Z1 期，第 36 – 39 页。

梁崴、王丹丹，2014，《简式毅力问卷（Grit – S）在青少年运动员群体中的检验》，《体育世界》第 9 期，第 47 – 48 页。

梁崴、王丹丹、张春青、姒刚彦，2016，《简式毅力问卷在中国专业运动员和大学生运动员群体中的信效度检验》，《中国运动医学杂志》第 11 期，第 1031 – 1037 页。

林宛儒，2017，《毅力的定义 测量及影响》，《校园心理》第 6 期，第 61 – 63 页。

刘克俭、张颖、王生，2005，《创造心理学》，中国医药科技出版社。

罗劲，2004，《顿悟的大脑机制》，《心理学报》第 2 期，第 219 – 234 页。

申继亮、师保国，2010，《青少年创造性跨文化比较及其启示》，《中国教育学刊》第 6 期，第 11 – 14 页。

石世祥，2009，《大学生自我监控、责任感和学习坚持性的相关性研究》，硕士学位论文，西南大学。

孙彦玲、杨付、张丽华，2012，《创造力自我效能感与员工创新行为的关系：一个跨层分析》，《经济管理》第 11 期，第 84 – 92 页。

涂翠平、樊富珉，2015a，《创造力的领域特殊性：概念和测量》，《心理学进展》第 5 期，第 648 – 656 页。

涂翠平、樊富珉，2015b，《Kaufman 领域创造力量表中文版的验证及初步应用》，《心理与行为研究》第 6 期，第 811 – 816 页。

王丹丹，2016，《简式毅力问卷在中国大学生与中学生群体中的信效度检验》，硕士学位论文，武汉体育学院。

王极盛，1986，《科学创造心理学》，科学出版社。

王楠、张立艳、王洋，2016，《创新自我效能感对创新行为的影响：多重中介效应分析》，《心理与行为研究》第 6 期，第 811 – 816 页。

王晓玲、张景焕、初玉霞、刘桂荣，2009，《小学儿童家庭环境，创意自我效能与创造力的关系》，《心理学探新》第 5 期，第 46 – 50 页。

魏军、刘儒德、何伊丽、唐铭、邸妙词、庄鸿娟，2014，《小学生学习坚持性和学习投入在效能感、内在价值与学业成就关系中的中介作用》，《心理与行为研究》第 3 期，第 326 – 332 页。

杨海波、刘电芝、杨荣坤，2015，《学习兴趣、自我效能感、学习策略与成绩的关系——基于 Kolb 学习风格的初中数学学习研究》，《教育科学研究》第 10 期，第 52 – 57 页。

杨晶照、杨东涛、赵顺娣、姜林娣、秦伟平，2011，《“我是”、“我能”、“我愿”——员工创新心理因素与员工创新的关系研究》，《科学学与科学技术管理》第 4 期，第165－172页。

杨阳、王德建，2007，《自我效能感理论及其在运动领域中的运用》，《北京体育大学学报》第S1期，第137－138页。

张林、张向葵，2003，《中学生学习策略运用、学习效能感、学习坚持性与学业成就关系的研究》，《心理科学》第4期，第603－607页。

张军，2005，《青海大学生创造性思维及其相关因素研究》，《心理科学》第2期，第461－463页。

张景焕、金盛华，2007，《具有创造成就的科学家关于创造的概念结构》，《心理学报》第1期，第135－145页。

张燕、怀明云、章振、雷专英，2011，《组织内创造力影响因素的研究综述》，《管理学报》第2期，第226－232页。

周浩、龙立荣，2011，《工作不安全感、创造力自我效能对员工创造力的影响》，《心理学报》第8期，第929－940页。

朱丽芳，2006，《大学生学业自我概念、成就目标定向与学习坚持性的关系研究》，《中国临床心理学杂志》第2期，第192－193页。

祝琳，2012，《课外科技活动对大学生创新思维发展的研究——以太原科技大学为例》，硕士学位论文，太原科技大学。

Bandura, A. (1982). Self-efficacy mechanism in human agency. *American Psychologist*, 37, 122－147.

Bandura, A. (1997). *Self-efficacy in changing societies: exercise of personal and collective efficacy in changing societies.* New York: Cambridge University Press.

Bazelais. P., Lemay, D. J., & Doleck. T. (2016). How does grit impact college students' academic achievement in science? *European Journal of Science & Mathematics Education*, 4, 33－43.

Beghetto, R. A. (2006). Creative self-efficacy: correlates in middle and secondary students. *Creativity Research Journal*, 18(4), 447－457.

Beghetto, R. A., Kaufman, J. C., & Baxter, J. (2011). Answering the unexpected questions: exploring the relationship between students' creative self-efficacy and teacher ratings of creativity. *Psychology of Aesthetics Creativity & the Arts*, 5(5), 342－349.

Benedek, M., Bergner, S., Können, T., Fink, A., & Neubauer, A. C. (2011). Eeg alpha synchronization is related to top-down processing in convergent and divergent thinking. *Neuropsychologia*, 49(12), 3505－3511.

Bowman, N. A., Hill, P. L., Denson, N., & Bronkema, R. (2015). Keep on trucking or stay the course? Exploring grit dimensions as differential predictors of educational achievement, satisfaction, and intentions. *Social Psychological & Personality Science*, 6(6), 639－645.

Carson, S., Peterson, J. B., & Higgins, D. M. (2005). Reliability, validity, and factor structure of the creative. *Creativity Research Journal*, 17(1), 37－50.

Chang, W. (2014). *Grit and academic performance: is being grittier better?* Open Access Dissertations.

Cox, C. M. (1926). *Genetic studies of genius: Vol. 2. The early mental traits of three hundred geniuses.* Stanford, CA: Stanford University Press.

Credé M. , Tynan M. C. , & Harms P. D. (2016). Much ado about grit: a meta-analytic synthesis of the grit literature. *Journal of Personality and Social Psychology*, 113(3), 492 - 511.

Datu, J. A. D. , Valdez, J. P. M. , & King, R. B. (2015). Perseverance counts but consistency does not! validating the short grit scale in a collectivist setting. *Current Psychology*, 35 (1), 121 - 130.

Datu, J. A. D. , Valdez, J. P. M. , & King, R. B. (2016). The successful life of gritty students: grit leads to optimal educational and well-being outcomes in a collectivist context. In King, R. B. & Bernardo, A. B. I. (eds.), *The psychology of Asian learners: a festschrift in honor of David Watkins*. Singapore: Springer Asia, 503 - 516.

Datu, J. A. D. , Yuen, M. , & Chen, G. (2016). Grit and determination: a review of literature with implications for theory and research. *Journal of Psychologists & Counselors in Schools*, 1 - 9.

De Dreu, C. K. W. , Baas, M. , & Nijstad, B. A. (2008). Hedonic tone and activation level in the mood-creativity link: toward a dual pathway to creativity model. *Journal of Personality & Social Psychology*, 94(5), 739 - 756.

Denby, D. (2016). *The limits of "Grit"*, https://www. newyorker. com/culture/culture-desk/the-limits-of-grit.

Duckworth, A. (2016). Grit: the power of passion and perseverance. *Personnel Psychology*, 69, 1021 - 1024.

Duckworth A. & Gross J. J. (2014). Self-control and grit: related but separable determinants of success. *Current Directions in Psychological Science*, 23(5), 319 - 325.

Duckworth, A. L. , Kirby, T. A. , Tsukayama, E. , Berstein, H. , & Ericsson, K. A. (2011). Deliberate practice spells success: why grittier competitors triumph at the national spelling bee. *Social Psychological & Personality Science*, 2(2), 174 - 181.

Duckworth, A. L. , Peterson, C. , Matthews, M. D. & Kelly, D. R. (2007). Grit: perseverance and passion for long-term goals. *Journal of Personality & Social Psychology*, 92(6), 1087 - 1101.

Duckworth, A. L. & Quinn, P. D. (2009). Development and validation of the short grit scale (Grit-S). *Journal of Personality Assessment*, 91(2), 166 - 174.

Eskreis-Winkler, L. , Shulman, E. P. , Beal, S. A. & Duckworth, A. L. (2014). The grit effect: predicting retention in the military, the workplace, school and marriage. *Frontiers in Psychology*, 36(5), 1 - 12.

Galton, F. (1892). *Hereditary genius: an inquiry into its laws and consequences*. London: Macmillan.

Getzels, J. B. & Jackson, P. W. (1962). *Creativity and intelligence: explorations with gifted students*. NY: Wiley.

Gong, Y. , Huang, J. C. , & Farh, J. L. (2009). Employee learning orientation, transformational leadership, and employee creativity: the mediating role of employee creative self-efficacy. *Academy of Management Journal*, 52(4), 765 - 778.

Hayes, A. F. (2013). Introduction to mediation, moderation, and conditional process analysis: a regression-based approach. *Journal of Educational Measurement*, 51(3), 335 - 337.

Ivcevic, Z. & Brackett, M. (2014). Predicting school success: comparing conscientiousness, grit, and emotion regulation ability. *Journal of Research in Personality*, 52, 29 - 36.

Jachimowicz, J. M., Andreas, W., Bailey, E. R., & Galinsky, A. D. (2018). Why grit requires perseverance and passion to positively predict performance. *Proceedings of the National Academy of Sciences*, 115(40), 9980 - 9985.

Jaeger, B., Freeman, S., Whalen, R., & Payne, R. (2010). *Successful students: smart or tough?* Paper presented at 2010 annual conference and exposition: research on the first year. American Society of Engineering Education.

Jungbeeman, M., Bowden, E. M., Haberman, J., Frymiare, J. L., Arambel-Liu, S., Greenblatt, R., Reber, P. J., & Kounios, J. (2004). Neural activity when people solve verbal problems with insight. *Plos Biology*, 2(4), 0500 - 0509.

Kaufman, J. C. (2012). Counting themuses: development of the Kaufman domains of creativity scale (K-DOCS). *Psychology of Aesthetics, Creativity, & the Arts*, 6(4), 298 - 308.

Liu, L., & Ghorbani, M. (2016). The effect of normative expectations on employees' intrinsic interest in creativity: is there also a mediating mechanism? *Frontiers of Business Research (China)*, 10(1), 19 - 49.

Lounsbury, J. W., Fisher, L. A., Levy, J., & Welsh, D. P. (2009). An investigation of character strengths in relation to the academic success of college students. *Individual Differences Research*, 7(1), 3575 - 3578.

Lucas, G. M., Gratch, J., Cheng, L., & Marsella, S. (2015). When the going gets tough: grit predicts costly perseverance. *Journal of Research in Personality*, 59, 15 - 22.

Luo, J. & Knoblich, G. (2007). Studying insight problem solving with neuro scientific methods . *Methods*, 42(1), 77 - 86.

Martindale, C. (2007). Creativity, primordial cognition, and personality. *Personality & Individual Differences*, 43(7), 1777 - 1785.

O'Sullivan, S. (1997). *Socialization of the primary school child into a physically active lifestyle*. Ireland: University of Limerick.

Peterson, C. & Seligman, M. E. P. (2004). *Character strengths and virtues: a handbook and classification*. Washington, DC: American Psychological Association.

Podsakoff, P. M., MacKenzie, S. B., Lee, J.-Y., & Podsakoff, N. P. (2003). Common method biases in behavioral research: a critical review of the literature and recommended remedies. *Journal of Applied Psychology*, 88(5), 879 - 903.

Reed, J. (2014). A survey of grit and exercise behavior. *Journal of Sport Behavior*, 37(4).

Richter, A. W., Hirst, G., Van Knippenberg, D., & Baer, M. (2012). Creative self-efficacy and individual creativity in team contexts: cross-level interactions with team informational resources. *Journal of Applied Psychology*, 97(6), 1282 - 1290.

Rimfeld K., Kovas Y., Dale P. S., & Plomin R. (2016). True grit and genetics: predicting academic achievement from personality. *Journal of Personality and Social Psychology*, 111(5), 780 - 789.

Rogers, C. R. (1954). Toward a theory of creativity. In Rothenberg, A. & Hausman, C. (eds.), *The creativity question*, 296 – 305. Durham, NC: Duke University Press.

Shalley, C. E., Zhou, J., & Oldham, G. R. (2004). The effects of personal and contextual characteristics on creativity: where should we go from here? *Journal of Management*, 30(6), 933 – 958.

Shirey, L. L. & Reynolds, R. E. (1988). Effect of interest on attention and learning. *Journal of Educational Psychology*, 80(2), 159 – 166.

Simon, H. A. & Chase, W. G. (1973). Skill in chess: experiments with chess-playing tasks and computer simulation of skilled performance throw light on some human perceptual and memory processes. *American Scientist*, 61(4), 394 – 403.

Steiner, G. A. (1965). The *creative organization*. Chicago, IL: University of Chicago Press.

Sternberg, R. J. & Lubart, T. I. (1993). Investing in creativity. *Psychological Inquiry*, 4(3), 229 – 232.

Strayhorn, T. L. (2014). What role does grit play in the academic success of black male collegians at predominantly white institutions? *Journal of African American Studies*, 18(1), 1 – 10.

Tang, X., Wang, M. T., Guo, J., & Salmela-Aro, K. (2019). Building grit: the longitudinal pathways between mindset, commitment, grit, and academic outcomes. *Journal of Youth & Adolescence*, 48, 850 – 863.

Tierney, P. & Farmer, S. M. (2002). Creative self-efficacy: its potential antecedents and relationship to creative performance. *Academy of Management Journal*, 45(6), 1137 – 1148.

Tierney, P. & Farmer, S. M. (2004). The pygmalion process and employee creativity. *Journal of Management*, 30(3), 413 – 432.

Tierney, P. & Farmer, S. M. (2011). Creative self-efficacy development and creative performance over time. *Journal of Applied Psychology*, 96(2), 277 – 293.

Webb, E. (1915). Character and intelligence. *British Journal of Psychology*, 1(3), 99.

Wolters, C. A. & Hussain, M. (2015). Investigating grit and its relations with college students' self-regulated learning and academic achievement. *Metacognition & Learning*, 10(3), 293 – 311.

Wigfield, A. & Eccles, J. S. (2000). Expectancy-value theory of achievement motivation. *Contemporary Educational Psychology*, 25, 68 – 81.

Zhou, J. (1998). Feedback valence, feedback style, task autonomy, and achievement orientation: interactive effects on creative performance. *Journal of Applied Psychology*, 83(2), 261 – 276.

《中国社会心理学评论》 第 19 辑
第 218～235 页

搬家越多，创造力越高？

——开放性的调节效应

陶雪婷*

摘 要：本研究聚焦于社会生态心理学的一个关键变量——居住流动是否会对个体的创造力产生影响，并且试图探究个体的开放性特质尤其是“宽容与尝试”和“理性与思辨”这两个维度在其中起到的调节效应。研究结果显示：（1）居住流动和个体创造力呈正相关，并且研究 1 验证了宽容与尝试维度在搬迁频率评价和日常创新行为间的正向调节效应；（2）研究 2 验证了理性与思辨维度在搬家次数、搬迁频率评价和创新行为成就间的正向调节效应。居住流动带来了更加复杂多样的外部环境，当个体保持开放包容的态度和理性思辨的认知方式时，有利于创造力的提升。

关键词：居住流动 开放性 宽容与尝试 理性与思辨 社会生态心理学

一 引言

随着中国城镇化的快速发展、居住证制度的普及实施、户口限制的减弱，以及区域间资源与发展差异的存在，以更高质量的就业、教育、医疗、养老为目的而进行的流动迁移日益频繁（戴逸茹、李岩梅，2018）。人口流动成为中国改革开放以来最明显的社会现象之一，我国城市人口在 1990～2015 年增加了 46300 万人，除了城乡之间的流动，人们也越来越因工作、

* 陶雪婷，中国社会科学院研究生院硕士研究生。

学习等而在城市内部变更居住地。对个体而言，居住流动主要受外部和内部因素的影响，外部因素包括劳动力二元市场，内部因素包括个体的特质、职业发展和工作流动动机等（Huinink, Vidal, & Kley, 2011；Kim, 2014）。居住流动反映了微观个体和外部环境的互动关系，外部环境可能促使人们更多地变换居住地，个体的行动策略也会对环境产生影响。社会生态心理学主要研究社会生态环境，以及二者（包括自然环境和社会居住环境等）对人类心理、行为的影响，以及二者相互塑造的关系（Oishi, 2010）。由于人群中不断增加的居住流动会带来社会居住环境的变化，因此居住流动成为社会生态心理学的重要研究领域之一。

个体居住地的变动一方面增加了居住地环境中人员的异质性和流动性；另一方面带来了个体经历和体验的变化，有居住流动经历的个体能够接触到更多外部信息，并且需要在变换的环境中选择不同的应对策略来处理各种可能的问题。

已有的研究验证了群体层面的人口流动和个体层面的居住流动会对个体的自我认知、社会应对策略、文化和亚文化的混搭策略等心理和行为产生影响（Oishi , 2010；Oishi et al. , 2012），很多研究从文化社会心理学和文化混搭的理论角度验证了跨国移民流动可以促进个体的发散性思维（Simonton & Ting, 2010；邓小晴, 2014；Leung et al. , 2008），但是范围更小的居住流动对个体的适应性策略和创造力影响的研究还不多。本研究旨在从社会生态心理学的角度探讨居住流动是否会影响个体在处理日常问题时所表现出来的创造力。由于不同人格决定了个体在面对外部环境时会有不同的认知行为模式，那么个体的人格特质是否会调节个体的居住流动在个体问题解决策略中所表现出的创造力？如果以上影响路径是存在的，那么这种影响背后的社会心理机制是什么？

二　理论和研究概述

（一）居住流动

居住流动是社会生态心理学的一个研究热点，社会生态心理学关注个体与环境之间如何相互影响和相互塑造。社会生态既包含自然环境也包含社会环境，社会生态心理学的指标涉及经济系统、政治系统、宗教系统以及地理、气候、社会人口结构等宏观结构对个体心理和行为的影响（窦东徽等, 2014）。社会生态心理学的研究领域包括两个层次：一是远端的社会生态因素，如气候、人口密度和生活节奏对人类情绪和时间紧迫性感知的影响；二是近端的外部环境或者横截面的多元文化对个体心理和行为的影响（Oishi, 2010）。

居住流动性（residential mobility）是指人们改变居住地的频率（Oishi et al. , 2015）。在社会层面，它是指某一时期某社会、城市、社区等范围内居民搬迁的比率（Sampson, 1991）；在个体层面它是指某一时期个体搬家的次数。个体层面的居住流动性可分为主观居住流动性和客观居住流动性两类。客观居住流动性常被操作化为个体在一段时期内经历过的搬家次数的总和（Oishi , 2010; Oishi et al. , 2012），这种测量方式会询问被试在“小学期间”、“小学到高中”和“高中至今”三个阶段在不同城市或地区之间的搬家次数［美国的研究将搬家地域的界线定位到行政三级，即城市和城镇（city/town），将三个阶段的搬家次数相加得到被试的客观居住流动性，得分越高，表示客观居住流动性越强（Oishi et al. 2012）］。主观居住流动性的测量方式是被试主观评定自己的居住流动是否频繁（Kang & Kwak, 2003），这种测量方式会询问被试“结合以往的搬迁经历，总体而言，你觉得自己居住地的搬迁有多频繁”，然后评分，得分越高，表示居住流动越频繁。一般情况下，客观居住流动次数和主观居住流动认知是均衡的，即搬家次数多的个体也会认为自己的搬迁相对频繁，但也会出现搬家次数少的个体认为自己搬迁频繁，而搬家次数多的个体认为自己的搬迁频率正常、不算很高这两种情况。在这种情况下，个体可能会用一种外部参考系来调节自己对自身搬家频率的认知。

居住流动作为复杂的家庭决策，受到很多因素的影响。对于家庭来说，当家庭成员变多时，对居住空间的需求会扩大（Long, 1988）；对未来的期待和积极期望可能会促使人们搬家（Rossi, 1955; Brown & Moore, 1970; Hanushek & Quigley, 1978），即人们会为了住更好的房子而选择搬家。个体或家庭向上流动的意愿会促使人们搬家（Long & Boertlein, 1976）。对于独居个体来说，处于未婚状态以及租房的年轻人的居住流动较频繁（Owen & Green, 1992）。居住流动体现为个体在不同地理空间上的流动以及个体对自身流动状态的感知，会受到迁入地的物理要素、人口总量、社会网络复杂性、地区的经济结构、职业种类和人生阶段的影响。

（二）创造力

现有文献对个体创造力的研究可概括为以下几种：第一种是个体具备的创造性人格特质，它具有稳定性但又是可变的、发展的；第二种是创造性表现的心理过程，是个体体验到的创造性的情绪和心流的状态；第三种是创新产品的视角，如有研究者认为创造力是一种有用的和新颖的思想、产品、服务和过程（Amabile，1983）。以上定义虽然从不同的视角出发，但都认为创造力是一种新颖而有用的问题解决方式（Feist，1999），即创造性是有用的，能够解决实际问题。4P 理论（Rhodes，1987）和 4C 模型（Kaufman & Beghetto，2009）是创造力研究中较为经典的理论。4P 理论认为创造力涉及四点：过程（process），即创造性思维的过程；产品（product），即新颖和适当的产品；个人（person），即创造性个体所具备的人格特质；环境（place），即对创造性个体或过程有影响的外部环境。4C 模型认为创造力涉及四点：大 C（Big-c），即伟人卓越的创造性；职业 C（Pro-c），即专业人士的创造力；小 C（little-c），即普通人在日常生活中的创造性；微 C（mini-c），即对经验、行为和事件的新颖的、个人化的理解与解释。

个体创造力既涉及认知过程，也涉及人格特质，创造性思维和创造性成就的不同定义就导致了对创造力的具体测量也不同。对个体创造力的测量方式主要包括纸笔测试和问卷量表。纸笔测试有托兰斯创造性思维测验（Torrance，1974）等。问卷量表主要有威廉姆斯创造性倾向量表、创新行为量表（Dollinger，Burke，& Gump，2007）、创造性成就问卷（Carson，Peterson，& Higgins，2005）等。可见，对创造力的测量侧重于发散性思维、创造性表现等方面。本研究中创造力主要是指客观的创新行为（创造性成就）。

（三）居住流动和创造性

最初对创造性的研究聚焦于个体的性格特征、智力等因素。近年来，创造性被认为是个体和环境相互作用的产物。很多研究从跨文化和文化混搭的角度研究了移民流动经验对其创造性的促进效应。已有研究发现有移民或跨文化居住经验的学生的创造性水平更高（Simonton & Ting，2010；邓小晴，2014）。国内对学生的城乡居住流动研究也发现，流动学生的创造性思维更高（师保国、申继亮，2007）。这些研究从文化混搭的角度指出处于单一文化背景下的个体会受本文化中常识和规范的影响，但是当个体接触到不同于本文化的概念和价值时，其思路和想法会得到拓展，从而有可能实现文化元素混搭的效果，有利于创造性地解决问题（Leung et al.，2008）。

居住流动会同时影响地区的社会生态环境、文化氛围环境，从而影响个体的心理、认知和行为（Oishi & Schimmack, 2010），同时也会影响个体和周围环境的互动策略和决策方式（Oishi et al., 2013）。从社会生态心理学的角度来看，个体为了应对变化的环境，需要衍生出一系列的应对策略。

（四）开放性

开放性（open to experience）是个体对外在世界包容开放的推理和感知过程，常见的测量指标有大五人格中的想象力、审美、尝新、思辨、价值观（Costa & Mccrae, 1992）；开放性维度一般包括想象力对感官和美学的参与，以及通过感知、想象和艺术努力探索感官和美学信息的能力（DeYoung, 2014）。在大五人格的基础上，王登峰根据中国被试改编的中国人人格量表中的开放性包括6个维度、36个题目。6个维度分别是宽容与尝试、情感与审美、享受与幻想、理性与思辨、理智与宽和、求新与思变（王登峰、崔红，2003）。

环境心理学认为环境对个体的影响并不是单方面的，而是相互的、可建构的关系。环境提供符号性的意义和信息，这些信息产生的环境感知会促使个体产生相应的行为，同时个体采取的不同策略会产生不同的环境应对行为（Stokols, 1978; Bechtel & Churchman, 2003）。

个体所采取的不同应对策略和个体的开放性相关。首先，不同的外部空间环境会使个体在认知和行为上产生相应的应激反应，包括积极主动的分析解读，以及被动反应的评价，这一过程体现在个体与环境的互动模型中（Stokols, 1978），详见表1。其次，从开放性的不同维度来看，宽容与尝试维度反映了个体对新观念的宽容、接纳和乐于尝试的倾向，根据环境心理学中个体与环境的互动模型，宽容与尝试的程度越高，个体越会主动对外部环境保持开放理解的态度，越会探索环境和个体互动过程中的解释性认知表征。理性与思辨维度反映了个体喜欢思考、思辨的倾向，根据环境心理学中个体与环境的互动模型，理性与思辨的程度越高，个体越会对个体和外部空间的互动形式进行思考并且做出应对。由于情感与审美、享受与幻想、理智与宽和、求新与思变这四个维度指向的特征并不能很好地契合环境心理学中个体与环境的互动形式，因此本研究将宽容与尝试维度和理性与思辨维度作为开放性的重要表现。

表 1　环境心理学中个体与环境的互动模型

<table>
<tr><td colspan="2" rowspan="2"></td><td colspan="2">行动的表现形式</td></tr>
<tr><td>认知（cognition）</td><td>行为（behavior）</td></tr>
<tr><td rowspan="2">行动的心理态度</td><td>主动式（active）</td><td>主动对空间环境、个人人格和环境进行解释性认知表征</td><td>在人类生态空间下进行的操作实验分析行为应对（空间关系学）</td></tr>
<tr><td>反应式（reactive）</td><td>对环境表现出消极评价的态度</td><td>在面对外部物理环境时表现出消极应对式的行为</td></tr>
</table>

（五）研究框架

居住流动带来了人和城市环境互动的多样性、人和异质性他者互动的多样性，以及人和变化的社会规范和社会价值观的互动的多样性。在这种背景下，个体在之前居住地积累形成的人际资源、社区资源以及和环境的互动策略可能不完全适用于新的居住环境，因此在这种复杂的外部 - 内部系统影响下，个体会调节自己的问题解决策略以适应现存的生活环境。开放性作为个体对外部环境的过滤器，个体的开放性越高，对外部环境的接纳力和思辨力越高，个体越会主动对外部环境做出理解和诠释，并将诠释的结果应用于自己的问题解决策略和行为中。

因此，本研究试图从社会生态心理学的角度回答两个问题：第一，居住流动作为外部生态环境因素是否会对个体的认知和解决问题的创造力产生影响；第二，开放性人格特质在个体面对外部环境的挑战中会起到怎样的调节效应。本研究共设置两个研究，研究 1 假设宽容与尝试的开放性越高，居住流动对个体创造力的效应越大，因为宽容与尝试程度越高的个体，其对变化的多元环境的包容能力和信息接收能力越强，从而有利于在居住流动中保持主动的、积极的、对环境进行拥抱的态度以适应新环境。研究 1 的关系逻辑如图 1 所示，横向箭头表示居住流动对个体创造力的影响，竖向箭头表示宽容与尝试维度的开放性会正向调节居住流动对创造力

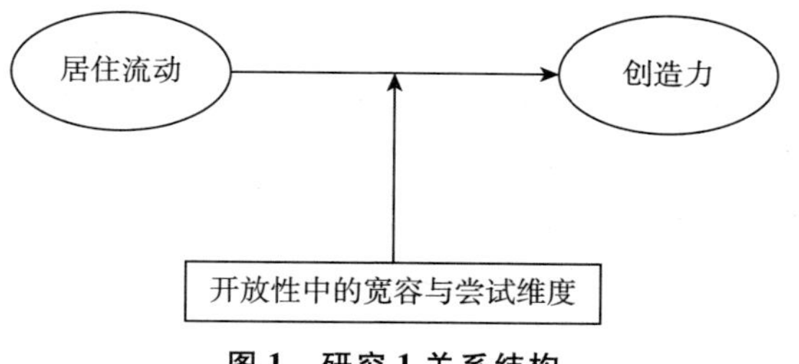

图 1　研究 1 关系结构

的影响，即个体的宽容与尝试程度越高，居住流动与其创造力的正向相关关系越显著。研究 2 假设理性与思辨维度在居住流动和创造力间存在显著的正向调节效应。因为理性与思辨程度较高的个体会自发地对环境进行思考，尝试发现其中的规律，找到问题的解决方式并做出相应的行动。研究 2 的关系逻辑如图 2 所示，横向箭头表示居住流动对个体创造力的影响，竖向箭头表示理性与思辨维度会正向调节居住流动对创造力的影响，即个体的理性与思辨维度越高，居住流动与其创造力的正向相关关系越显著。

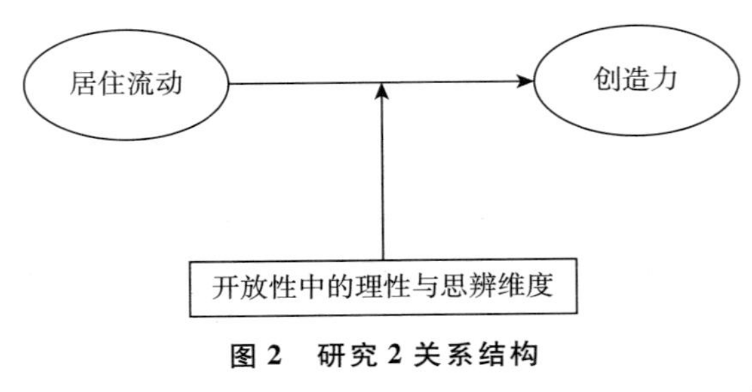

图 2　研究 2 关系结构

三　方法

（一）研究 1:开放性在居住流动和个体创造力关系中的调节效应

1. 被试

研究 1 的数据来源于中国社会科学院社会心理学研究室 2015 年的社会心态调查数据和创业心态调查数据。由于在人的一生中，居住流动这一行为多发生在青年阶段，因此本研究将重点聚集于年轻人群体，在研究 1 中，我们将以全日制学生作为样本（$N=1458$）。

2. 测量

研究 1 测量了个体的搬家次数和个体对自己搬家频率的主观评价（以下简称搬家频率评价），以分别表征个体的客观居住流动性和主观居住流动性。搬家次数询问被试在小学到高中、高中至今两个阶段的搬家次数（搬家指的是跨县级以上的城市之间的流动），然后相加得到总居住流动次数（数字），次数越多，居住流动越高；搬家频率评价询问被试，觉得自己以往的搬家频率是高还是低，选项 1 到 7 表示从非常不频繁到非常频繁，得分越高，表示居住流动越频繁。

开放性常用的测量工具是大五人格量表。研究 1 将对不同群体的信任程度作为开放性的间接测量指标。一方面，中国人人格量表中的开放性的子维度宽容与尝试对价值观进行了测量，如询问被试“生活在另一个社会的人对是与非的观念，可能与我不同”，这反映了开放性注重个体对其他群体不同价值观的接纳程度。另一方面，有研究发现人格特质中的开放性越高，对同性恋等不同群体的接受程度越高（Cullen，Wright，& Alessandri 2002）。因此综合以上两方面的考虑，本研究将个体对同性恋群体、宗教信仰不同的群体、陌生人、其他国家的人群、外地人以及农民工群体的信任接纳程度作为个体开放性的测量指标。通过五题的总分得到个体的开放性得分，这五题分别是你对“与自己宗教信仰不同的人、初次见面的人、外国人、外地人、农民工”的信任程度如何，1 到 7 表示从非常不信任到非常信任，得分越高，表示个人的开放程度越高。该量表的一致性系数为 0.77。

研究 1 用客观的日常创新行为来测量个体的创造力，测量使用的题目来日常创新行为量表（程玉洁，2012），量表通过 7 道题来测量个体的日常创新行为。题目包括“1. 设计并制作新颖美观的小玩意（如手链、挂饰、书签、贺卡、折纸、编织物等）；2. 设计并制作原创的富有艺术性的工艺品（包括雕塑、陶艺、木制工艺、玻璃或金属制作的工艺品等）”等。选项 1 到 5 表示“从不，很少，有时，经常，总是”。总分越高，说明日常创新能力越强。日常创新行为测量的一致性系数为 0.89。

3. 分析方法

研究 1 主要使用的分析方法是相关回归分析和 SPSS macro，PROCESS model 1（Hayes，2013），这一调节效应是在路径模型分析的框架下进行的多元回归分析，所有进入模型回归分析的变量都已自动进行了标准化。为了检验个体的开放性特质的调节效应是否存在，研究第一步检验了居住流动和个体的创造性之间的关系，第二步检验了个体开放性中的宽容与尝试维度在其中的调节效应，取宽容与尝试的正负一个标准差进行分析。

4. 结果和讨论

搬家次数、日常创新行为以及开放性中的宽容与尝试维度的相关关系矩阵如表 2 所示。从表 2 可以看出，首先，居住流动相关指标的一致性较好，搬家频率评价和搬家次数显著正相关（$r = 0.47$，$p = 0.001$）；其次，在大学生群体中，搬家次数和日常创新行为显著正相关（$r = 0.19$，$p = 0.01$），搬迁频率评价和日常创新行为显著正相关（$r = 0.16$，$p = 0.01$）。

表 2　研究 1 中各变量相关关系矩阵

	1	2	3	4
1 搬家频率评价	-			
2 搬家次数	0.47**	-		
3 日常创新行为	0.16**	0.19**	-	
4 宽容与尝试	-0.01	-0.04	0.07*	-
MD	2.57	1.95	16.29	20.05
SD	1.42	2.71	4.82	3.43

注：* $p<0.05$，** $p<0.01$，*** $p<0.001$。

PROCESS model 1 的调节效应检验结果显示，大学生这一年轻群体的宽容与尝试的开放性在搬家频率评价和日常创新行为的关系中起显著积极调节作用（$F=4.28$，$p=0.03$，$N=1016$）。如图 3 所示，横轴表示被试的搬迁频率评价，纵轴表示个体的日常创新行为得分，当被试的宽容与尝试得分高时，其搬迁频率评价和日常创新行为成就之间的相关系数（$r=0.75$，$p=0.001$）显著高于开放性较低情况下的相关系数（$r=0.33$，$p=0.01$）。但是研究 1 并没有发现宽容与尝试维度在搬家次数和日常创新行为间的显著调节效应（$F=0.56$，$p=0.45$，$N=1016$）。

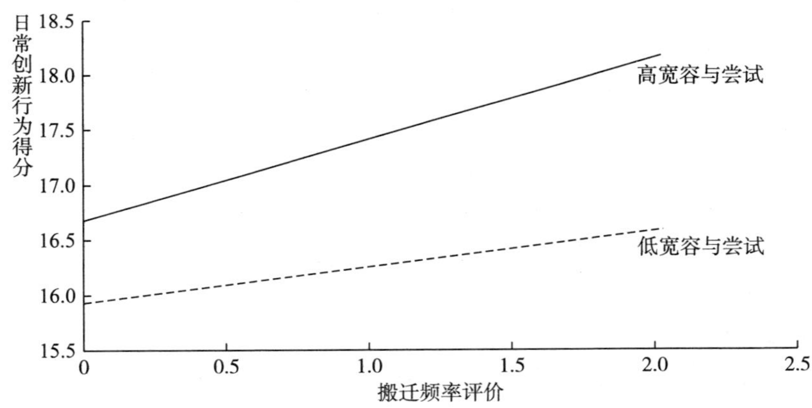

图 3　大学生群体中的宽容与尝试维度在搬家频率评价和日常创新行为中的正向调节效应

研究 1 的结果显示，在大学生群体中，搬家频率评价、搬家次数和日常创新行为都呈显著的正相关。宽容与尝试维度能够正向调节搬家频率评价和日常创新行为的正相关关系，这一结果验证了环境心理学的经典理论，即个体在面对外部环境变化，或者主观感知到外部环境变化时，个体的差异特质会对其应对策略产生不同的影响。我国的大学生群体一般会出于学业、工作等原因而进行频繁的流动，将同辈群体作为自身生活的参照群体也可能会增加个体流动的动机。在流动过程中，年轻人会接触到不同的外部物理环境以及多元的文化背景，同时年轻人也正处于从环境中快速学习的阶段，环境带来的反馈能够立即进入个体的应对调节策略中，以应对多变环境带来的各种问题。当个体对外部人群和环境的接纳和包容性更强时，更能带来居住流动和个体创造力之间的正向效应。

但是研究 1 没有发现宽容与尝试维度在搬家次数和日常创新行为中的正向调节效应。受个体参照群体、家庭背景等因素的影响，搬家频率评价和搬家次数并不总是完全一致的。同样的搬家次数，有的人会觉得自己搬家频率很高，而有的人则不这么认为。搬家次数高的个体还有可能属于被动搬家，美国的已有研究发现高居住流动会增加人的焦虑（Oishi et al.，2012），增加悲伤和孤独的感受（Oishi et al.，2013）等。这类搬家行为可能是由于家庭经济等外部原因导致的被动搬家，降低了个体的控制感，增加了个体的无力感。

综上，宽容与尝试这一维度在搬家次数和创造力中没有发现显著的正向调节效应是可以得到解释的。

（二）研究 2：理性与思辨维度在个体居住流动和个体创造力关系中的调节效应

1. 被试

研究 2 将验证开放性中的理性与思辨维度在居住流动和个体创造力间的作用。数据来源于网络问卷，研究 2 通过滚雪球方式得到 128 个样本数据，去除极端离群值后保留 123 个数据样本，男性占 39%，女性占 61%，本科生占 48.8%，被试平均年龄 28 岁。

2. 测量

居住流动的测量同研究 1，包括搬家次数和搬家频率评价。

个体创造力测量通过个体的创新行为成就来体现，测量工具为 Carson、Peterson 和 Higgins（2005）编制的创造性成就问卷（Creative Achievement Questionnaire，CAQ），问卷为自陈量表，涵盖了十个领域的创造性成就，包括视觉艺术、音乐、舞蹈、建筑设计、文学创作、幽默、发明、科学研究、戏剧、厨艺等十种，根据等级按 0 到 7 计分。

开放性测量使用中国人人格量表（QZPS）（王登峰、崔红，2003），开放性包括 6 个维度，分别是宽容与尝试、情感与审美、享受幻想、理性与思辨、理智与宽和以及求新与思变，一共36个项目，样本数据显示量表的一致性系数为0.77。

3. 分析方法

分析方法同研究1。

4. 结果和讨论

搬家次数、创新行为成就以及开放性的理性与思辨维度的相关关系矩阵结果如表4所示。其中，搬家次数和搬家频率评价呈显著正相关（$r=0.61$，$p=0.001$），说明搬家次数越多，被试主观上也越认同自己的搬家频率高。但是研究2没有发现搬家次数和创新行为成就的显著正相关关系。

表3 研究2中变量相关关系矩阵

	1	2	3	4
1 搬家次数	–			
2 搬家频率评价	0.61***	–		
3 创新行为成就	0.027	–0.22*	–	
4 理性与思辨	–0.01	0.18*	–0.06	–
M	4.05	2.15	6.33	10.7
SD	2.15	1.23	8.49	13.0

注：* $p<0.05$，** $p<0.01$，*** $p<0.001$。

研究2通过PROCESS model 1进行调节效应的检验，针对调节作用的分析取开放性正负一个标准差。研究验证了理性与思辨这一维度在搬家频率评价和创新行为成就间的显著的积极调节效应（$F=4.59$，$p=0.034$）。如图4所示，被试的理性与思辨得分高，其搬家频率评价和创新行为成就的相关关系明显高于低理性与思辨情况下二者的相关关系。调节效应的检验结果还发现了理性与思辨维度在搬家次数和创新行为成就间的边缘调节效应（$F=2.80$，$p=0.097$），结果如图5所示。从图5可以看出，理性与思辨维度得分越高，搬家次数和创新行为成就的相关关系越显著。

在居住流动的测量方式上，搬家次数和搬家频率评价呈正相关。这一研究结果和研究1一致，说明搬家次数越多，个体对自己的搬家频率评价也越高，即居住流动的客观指标和主观指标达到了较好的一致性。

其次，搬家次数和个体创新行为成就的正相关关系不显著。原因可能是研究2中对个体创造性的测量集中在视觉艺术、音乐、舞蹈、建筑设计、文学创作、幽默、发明、科学研究、戏剧、厨艺等文艺创造等方面，这类创造性行为受家庭收入等外部因素的影响较大，在中国的被试样本中，一

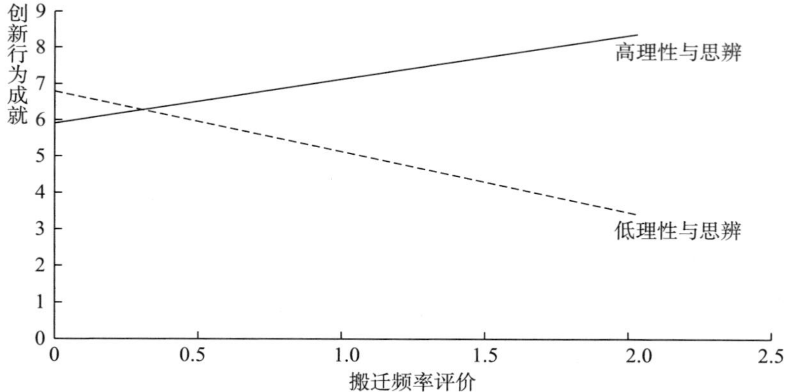

图 4 理性和思辨维度在搬家频率评价和创新行为成就中的调节效应

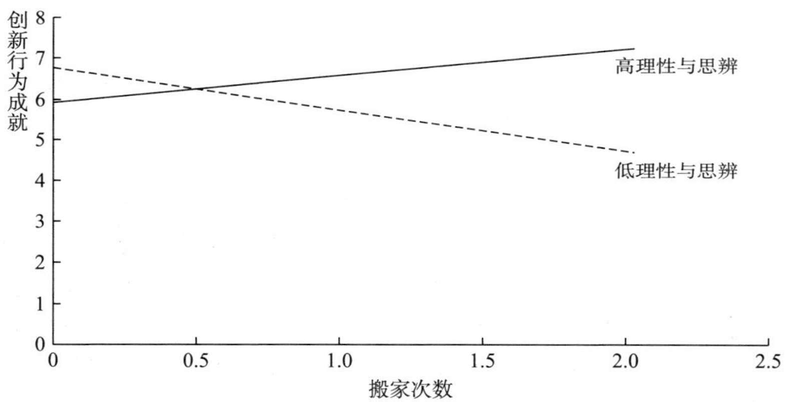

图 5 理性和思辨维度在搬家次数和创新行为成就中的调节效应

般需要家庭在孩子的教育过程中付出更多教育成本，孩子才能接触到这类艺术行为。这一结果也反映了创造性的测量需要更多地考虑日常行为中的创造性思维和创造性问题策略的解决方式。

此外，研究 2 发现了理性与思辨这一维度在搬家次数和创新行为成就间的正向调节显著。调节效应图说明，在没有调节时，搬家次数以及搬家频率评价和个人创新行为成就并不存在相关关系，但是在加入理性与思辨之后，这两者就呈显著的正相关。理性与思辨表示个体从环境中寻找规律性的倾向，在居住流动带来的复杂多变环境下，个体能对环境的信息和资源进行更高频、更深度地思考和分析，也能对个体积累的多元文化经验进行融合，促使个体探索出多角度的问题解决方式，从而激发更多的创造力。

四 讨论

居住流动现象的表面是人员和物品的流动，背后是信息、思想和价值观的交换与共享，并且伴随着现代化和后现代化带来的多元符号和多元文化的冲击，居住流动带来了更具有交互性的社会生态环境的变化，其中多元的社会生态环境为个体带来了更多的挑战。这是一个开放的、动态的交互系统。

（一）居住流动和个体创造力的关系

研究1发现了居住流动指标和个体日常创造力之间的正相关关系。社会生态心理学关注外部环境与个体之间相互影响的动态过程（Oishi，2010）。本研究从居住流动这一社会生态环境因素出发，探讨了它对个体环境适应策略变化的影响，以及个体的不同特质如何影响这种环境适应策略的变化。研究揭示了在高居住流动的环境中，个体与环境之间的动态交互作用。一方面，高居住流动导致人与人之间、人与群体之间、群体与群体之间的连接更为松散（Oishi et al.，2012）。流动着的个体更加注重自己作为单个个体在环境中的角色，个体在以前的群体文化中习得的行为模式和策略可能不完全契合新环境。由于高居住流动性的环境本身是具有较高不确定性的，个体的生存相关问题显得尤其突出，因此需要个体发展出新的策略来应对新的外部环境。个体快速适应环境的基本动机促使个体在生活中思考选择使用创造性的问题解决方式。另一方面，高居住流动的个体越被促使采用创造性的适用模式，最终的结果也会形塑外部生态环境。这也验证了地区层面的流动和创新的研究，即地区人口流动性越大，地区的创新创业能力越强。

从文化混搭的角度来看，居住地变迁的同时也伴随着社会文化的变迁，个体在城市之间的流动带来了不同群体亚文化之间的交互，这种文化混搭是对社会发展及变迁的有力回应（吴莹、赵志裕、杨宜音，2017）。已有研究也指出，文化间的混搭与碰撞可以产生创新与创意（Chiu et al.，2011）。这些研究结果指出处于单一文化背景下的个体会受到本文化中常识和规范的影响，但当个体接触到不同于本文化的概念和价值时，其思路和想法会得到拓展，从而有可能实现文化元素混搭的效果，继而有利于提升创造力（Leung et al.，2008）。

（二）开放性在居住流动和个体创造力关系中的调节效应

研究还发现了开放性中的宽容与接纳（研究1）和理性与思辨（研究2）这两个维度在个体居住流动和个体创造力之间的积极调节效应。环境心理学关于个体与环境互动模式的认为，在面对变化的外部环境时，个体会选择积极主动或消极被动的认识模式（Stokols，1978），对环境抱着较高的宽容和接纳态度的个体会关注事物的不同方面，面对不同种族、不同价值观、不同文化取向的外部事物会抱着理性、思辨的立场去积极主动地思考，这类个体在面对较高的流动时，会选择创造性的问题解决行为策略。另一方面，居住流动的增加会促进个体的自我表露，促使个体采取有策略的社交方式，而当个体的开放性较低时，个体对不同环境的主动学习和接受的动机较弱，也更少通过自我表露等方式来扩大社会网络，从而不能为后面从事创造性工作提供积累。理性和思辨维度在个体居住流动和创造性间起积极的调节效应。理性和思辨是个体喜欢思考和思辨的倾向，在面临变迁的居住环境时，这类个体会对环境带来的新信息进行快速思考，并将之整合进自己的认知地图和框架中，从而为做出应对策略做准备，在行为层面即表现出较高的创造力。

这一结果也从社会生态心理学的角度验证了移民和流动带来的多元文化经验和创造力之间的关系存在个体差异性。当移民对迁入地文化保持不接纳的心理（Kim et al.，2001），或在新文化中遭遇极高的不确定性而固守出生地的文化价值观时，多元文化经验将不利于个体创造力的发挥（Leung & Chiu，2008）。居住地的变迁本身就会使流动着的个体产生较大的不确定感和适应焦虑（Oishi & Talhelm，2012），这会促使个体思考如何解决问题。包容程度和思辨程度较高的个体，会更好地处理变迁所带来的焦虑和认知失衡。保持包容开放的态度和理性思辨的认知方式有助于个体更好地面对居住流动带来的问题，从而在固有框架下最大限度地释放创意和活力，提高与他人互动的效率和质量。

（三）总结和不足

本研究探讨了居住流动对个体创造力的影响机制，以及个体的开放性人格特质中的宽容与尝试、理性与思辨这两个维度在其中的调节效应。

首先，居住流动带来了个体的多样环境体验，有利于个体提高在复杂环境中的适应能力，从而有可能影响个体的问题创新解决能力。同时，个体的开放性特质会影响微观个体和外部环境的互动方式。相对来说，开放性较高的个体在外部环境中对连接性的线索更加敏感；而开放性较低的个体对自己曾经的经验更加关注，而对外部新的线索不那么敏感。当不同开放性维度的个体处于居住流动的场域中，开放性较高的个体基于对信息开放的需求，会产生更多的立足于新环境的创意解决办法。本研究验证了开放性在居住流动和个体创造力之间的正向调节效应。这一结果具有一定现实意义，在当下居住流动频率日益增加的环境下，个体保持开放性的学习心态，以及外部环境提供给个体的开放学习的机会，都有利于提升个体在不断变动的环境中发挥自身的创造力。

本研究呼应了跨国经验促进创造力的相关研究。这类研究发现跨国流动的多元文化经验对个体创造力和问题解决能力的正向影响，跨国行为给个体带来了多元文化经验。本研究也发现，在居住流动的情况下，个体也会面临变化多样的外部环境，而在此背景下，个体的开放程度越高，个体就会对外部环境进行越精细的统筹和考虑，越有利于其创造力的发挥。

本研究也存在一定的局限。首先，研究2采用了创新行为成就来考察个体的创造力水平，这类创造性属于历史的创新行为表现，不具有在场性和实时性，难以窥见个体在实际互动中解决问题所表现出的创造性。这一测量方式可能也导致了研究2中搬家次数和个体的创新行为成就没有显著的正相关。未来研究应增强创造力任务的日常性和抽象性，在不降低研究外部效度的前提下增加结果变量在理论框架中的说服力。其次，研究结果较多支持了开放性在主观居住流动（搬家频率评价）和个体创造力间的正向调节效应，本研究从文献中推导可能是参照群体的影响，不同的个体因为有不同的参照群体，所以对自己的流动情况有不同的认知和期待，但是这个假设还需通过研究加以证实。

总之，本研究基于个体的不同开放性特质，探讨了居住流动对个体创造力的影响，进而揭示了高开放性特质条件（高宽容与尝试、高理性与思辨）下，居住流动对个体创造力的促进效应。这一结果表明，个体在面对居住流动等外部环境变动的情况下，对环境和开放性接纳程度和理性思辨的能力，会有效提高其创造力和解决问题能力。

这一模型可以促使其他研究者继续探讨类似于居住流动这种社会生态心理学概念和个体认知行为模式的相互作用机制。在个体－环境模式中，个体和群体的互动逻辑以及个体的应对策略，都是个体在外部环境变得复杂和不可控的情况下，在问题解决过程中利用复杂场域中可识别、可利用的环境线索，从而创新性地解决问题。在行为终端出现的改变反映了个体基于环境改变所做的互动式的和适应性的调节，这就启发研究者进一步探索个人与宏观环境的相互适应和相互促进的动态过程。

参考文献

陈咏媛、康萤仪，2015，《文化变迁与文化混搭的动态：社会生态心理学的视角》，载杨宜音主编《中国社会心理学评论》第1辑，第224－263页。

程玉洁，2012，《中学生日常创造性行为的特点及其与人格的关系》，博士学位论文，北京师范大学。

戴逸茹、李岩梅，2018，《居住流动性对心理行为的影响》，《心理科学》第5期。

邓小晴，2014，《中国文化背景下多元文化经验与创造性的关系》，硕士学位论文，首都师范大学。

窦东徽、石敏、赵然、刘肖岑，2014，《社会生态心理学：探究个体与环境关系的新取向》，载《北京师范大学学报》（社会科学版）第5期，第43－54页。

师保国、申继亮，2007，《家庭社会经济地位、智力和内部动机与创造性的关系》，《心理发展与教育》第1期，第30－34页。

王登峰、崔红，2003，《中国人人格量表（QZPS）的编制过程与初步结果》，《心理学报》第1期。

王登峰、崔红，2006，《中国人的"开放性"——西方"开放性"人格维度与中国人的人格》，《西南师范大学学报》（人文社会科学版）第6期，第1－10页。

吴莹、赵志裕、杨宜音，2017，《文化混搭心理研究与现实中国社会的发展》，载杨宜音主编《中国社会心理学评论》第1辑，第1页。

Amabile, T. M. (1983). The social psychology of creativity: a componential conceptualization. *Journal of Personality and Social Psychology*, 45(2), 357.

Brown, L. A., & Moore, E. G. (1970). The intra-urban migration process: a perspective. *Human Geography*, 52(1), 1-13.

Bechtel, R. B., & Churchman, A. (eds.). (2003). *Handbook of environmental psychology*. John Wiley & Sons, lnc.

Carson, S. H., Peterson, J. B., & Higgins, D. M. (2005). Reliability, validity, and factor structure of the creative achievement questionnaire. *Creativity Research Journal*, 17(1), 37-50.

Chiu, C. Y., Gries, P., Torelli, C. J., & Cheng, S. Y. (2011). Toward a social psychology of globalization. *Journal of Social Issues*, 67(4), 663-676.

Costa, P. T. & Mccrae, R. R. (1992). Four ways five factors are basic. *Personality & individual differences*, 13(6), 653-665.

Cullen, J. M., Wright Jr, L. W., & Alessandri, M. (2002). The personality variable openness to experience as it relates to homophobia. *Journal of Homosexuality*, 42(4), 119-134.

DeYoung, C. G. (2014). Openness/Intellect: a dimension of personality reflecting cognitive exploration. In Cooper, M. L & Larsen, R. J. *APA handbook of personality and social psychology: Personality processes and individual differences* (Vol. 4, pp. 369-399). Washington, DC: American Psychological Association.

Dollinger, S. J., Burke, P. A., & Gump, N. W. (2007). Creativity and values. *Creativity Research Journal*, 19(2 - 3), 91 - 103.

Feist, G. J. (1999). The influence of personality on artistic and scientific creativity. *Handbook of Creativity*.

Hanushek, E. A., & Quigley, J. M. (1978). An explicit model of intra-metropolitan mobility. *Land Economics*, 54(4), 411 - 429.

Hayes, A. (2013). Introduction to mediation, moderation, and conditional process analysis. *Journal of Educational Measurement*, 51(3), 335 - 337.

Hayes, A. F. (2017). *Introduction to mediation, moderation, and conditional process analysis: a regression-based approach. Guilford Publications.* New York : The Guilford Press.

Huinink, J., Vidal, S., & Kley, S. (2011). Effects of residential mobility on job mobility over the life course. Working Paper.

Kang, N., & Kwak, N. (2003). A multilevel approach to civic participation: Individual length of residence, neighborhood residential stability, and their interactive effects with media use. *Communication Research*, 30(1), 80 - 106.

Kaufman, J. C., & Beghetto, R. A. (2009). Beyond big and little: the four C model of creativity. *Review of general psychology*, 13(1).

Kim, J. H. (2014). Residential and job mobility: interregional variation and their interplay in US metropolitan areas. *Urban Studies*.

Kim, B. S., Yang, P. H., Atkinson, D. R., Wolfe, M. M., & Hong, S. (2001). Cultural value similarities and differences among Asian American ethnic groups. *Cultural Diversity and Ethnic Minority Psychology*, 7(4), 343.

Leung, A. K. Y., Maddux, W. W., Galinsky, A. D., & Chiu, C. Y. (2008). Multicultural experience enhances creativity: the when and how. *American Psychologist*, 63(3), 169.

Long, L. (1988). *Migration and residential mobility in the United States.* New York: Russell Sage Foundation.

Long, L. H., & Boertlein, C. G. (1976). The geographical mobility of Americans: an international comparison (No. 64). US Dept. of Commerce, Bureau of the Census: for sale by the Supt. of Docs., US Govt. Print. Off.

Leung, A. K. Y., & Chiu, C. Y. (2008). Interactive effects of multicultural experiences and openness to experience on creative potential. *Creativity Research Journal*, 20(4), 376 - 382.

Oishi, S. (2010). The psychology of residential mobility implications for the self, social relationships, and well-being. *Perspectives on Psychological Science*, 5(1), 5 - 21.

Oishi, S., Krochik, M., Roth, D., & Sherman, G. D. (2012). Residential mobility, personality, and subjective and physical well-being an analysis of cortisol secretion. *Social Psychological & Personality Science*, 3(2), 153 - 161.

Oishi, S., Kesebir, S., Miao, F. F., Talhelm, T., Endo, Y., Uchida, Y., Yasufumi, s., & Norasakkunkit, V. (2013). Residential mobility increases motivation to expand social network: But why? *Journal of Experimental Social Psychology*, 49(2), 217 - 223.

Oishi, S., & Schimmack, U. (2010). Residential mobility, well-being, and mortality. *Journal of Personality and Social Psychology*, 98(6), 980.

Oishi, S., Schug, J., Yuki, M., & Axt, J. (2015). The psychology of residential and relational mobilities. In Gelfan, M. J., Chiu, C., & Hong, Y. *Handbook of advances in culture and psychology*, 5, 221 - 272. New York: Oxford University Press.

Oishi, S., & Talhelm, T. (2012). Residential mobility: what psychological research reveals. *Current Directions in Psychological Science*, 21(6), 425 - 430.

Owen, D., & Green, A. (1992). Migration patterns and trends. *Migration Processes and Patterns*, 1, 17 - 38.

Rhodes, M. (1987). An analysis of creativity. In Isaksen, S. G. *Frontiers of creativity research: Beyond the basics*, pp. 216 - 222. Buffalo, NY: Bearly.

Rossi, P. H. (1955). *Why families move: a study in the social psychology of urban residential mobility*. New York: The Free Press.

Sampson, R. J. (1991). Linking the micro-and macrolevel dimensions of community social organization. *Social Forces*, 70(1), 43 - 64.

Simonton, D. K., & Ting, S. S. (2010). Creativity in Eastern and Western civilizations: the lessons of historiometry. *Management & Organization Review*, 6(3), 329 - 350.

Sternberg, R. J., & Lubart, T. I. (1999). The concept of creativity: prospects and paradigms. In Stemberg, R. J. *Handbook of Creativity*, 1, 3 - 15. Cambridge University Press.

Stokols, D. (1978). Environmental psychology. *Annual Review of Psychology*, 29(1), 253 - 295.

Torrance, E. P. (1974). *The torrance tests of creative thinking—norms—technical manual research edition—verbal tests, forms A and B—figural tests, forms A and B. Princeton,* NJ: Personnel Press.

Chinese Social Psychological Review
Vol. 19

Table of Contents & Abstracts

Abstract: Zhongyong and creativity are complex concepts. The relationship between the zhongyong and creativity is a controversial issue. This study examined the relationship between the zhongyong and multiple creative tests through psychological measurement and priming task. In Study 1, one hundred and eighty-six undergraduates were measured with Zhong-Yong Belief/Value Scale, Zhong-Yong Thinking Style Scale, Innovative Behavior Questionnaire and multiple creative thinking tests (the divergent thinking test, the remote association test and the insight problem solving test), and found that the zhongyong thinking and its "multiple thinking" dimension were significantly positively correlated with the innovative behavior, but neither zhongyong thinking nor zhongyong belief/value was significantly correlated with the creative thinking. In study 2, participants were primed with eclectic thinking or integrated thinking through self-compiled problem situations, and results showed that priming integrated thinking can improve remote association test performance rather than scientific divergent thinking test performance. Moreover, priming eclectic thinking has no significant impact on either of these two creative thinking test performances. This study may contribute to clarify the relationship between zhongyong and creativity.

Key words: zhongyong belief/value; zhongyong thinking; eclectic thinking; integrative thinking; creativity

The Influence of Multiple Subcultural Experiences on College Students' Creativity

Abstract: The relationship between multicultural experience and creativity has always been the research focus. However, in this field, there are few studies based on the Chinese cultural background and reflecting the sub-cultural characteristics of urban and rural areas. Based on this, in the first study, 298 urban college students were selected as subjects finishing the questionnaires to investigate the relationship between Psychological Adaptation in Urban and Rural Culture, openness, and creativity. The results showed that urban cultural adaptation affected the total score of divergent thinking through openness. In the second study, we explored the impact of urban/rural cultural experience priming on creativity and creativity rating by experimental method. The results showed that rural cultural initiation promoted the fluency of creative thinking and the accuracy of Alien Painting Test, While urban cultural initiation promoted the uniqueness of creative thinking and the technical level of Alien Painting Test. Both urban and rural cultural priming promoted the creativity and comprehensive impression of Alien Painting Test. Urban cultural priming promoted participants' evaluation of new and ineffective pictures, while rural cultural priming inhibited the evaluation of such pictures. To some extent, the research results support the promoting role of urban-rural dual cultural experience in creativity. And these findings are of reference values in seeking training methods of innovative thinking.

Key words: urban and rural subcultural experience; psychological adaptation in urban and rural culture; creative thinking

The Influence of Individualism/Collectivism on Team Creativity: The Mediating Role of Tacit Knowledge Sharing

Abstract: University research teams are the main force of knowledge production, and the youth group has become the main part of the university research teams. Exploring the influence factors on group creativity in youth teams can help stimulate the vitality of the teams and promote the development of individual members. Based on the knowledge sharing theory, this study examined the role of individualism/collectivism on team creativity from the individual level. Research tools included basic information scales, individualism/collectivism scales, tacit knowledge sharing questionnaires, and team creativity questionnaires. The results showed that: (1) both collectivism and individualism were positively related to team creativity, but the relationship between collectivism and team creativity was stronger than that of individualism and team creativity; (2) tacit knowledge sharing was significantly positively related to collectivism and team creativity, while negatively related to individualism; (3) tacit knowledge sharing partly mediated the relationship between collectivism and team creativity.

Key words: individualism; collectivism; tacit knowledge sharing; team creativity

Lay Conception of Entreprenerus among College Students

Zhang Jing-huan Zheng Wen-feng Zhai Xuan-kai / 62

Abstract: Six studies were designed to explore the everyday concept of entrepreneurs in college students. The central and peripheral features, which constitute the everyday concept of entrepreneurs, were found using an open-ended questionnaire and an 8-point scale (study 1 and 2) firstly. Secondly three laboratory experimental studies were designed to test the discriminability of the concept of entrepreneurs from three perspectives using reaction time (RT), recall and recognition task and features identification task (study 3, 4 and 5). Finally, the sixth study was done to test if these features can be used to distinguish entrepreneurs from other influential persons, such as leaders, scientists. The results showed that: (1) The everyday concept of entrepreneurs was composed of 34 feature words, which were divided into central and peripheral features. (2) College students identified an entrepreneur faster and more proper when using central features than using peripheral features in the RT paradigm. (3) College students falsely recalled and recognized more central features than peripheral features in false memory task. (4) College students identified a person as an entrepreneur easier when the person was described using central features than using peripheral or neutral features. (5) College students can distinguish entrepreneur from other influential persons, such as leaders, scientists, using their everyday concept. These findings are of great significance to the entrepreneurship education for college students.

Key words: entrepreneur; lay conception; central features; prototypical features.

The Linear and Nonlinear Effects of Big Six Personality Traits of College Entrepreneurs on Entrepreneurial Performance: The Mediating Effect of Entrepreneurial Self-Efficacy

Abstract: In the wave of "mass entrepreneurship and innovation", Chinese college students' entrepreneurial willingness is rising, but the survival rate of entrepreneurship projects is not optimistic. It is necessary to explore how the personality characteristics of college students affect their entrepreneurial performance. To explore the linear and non-linear relationships between personality traits of colleageentrepreneurs and their entrepreneurship performance and the mediating role of entrepreneurial self-efficacy, 208 college entrepreneurs were investigated using Big Five Personality Scale and CPAI-2 Interpersonal Relatedness Scale. The results show that Extraversion, Agreeableness, Openness and Interpersonal Relatedness have a positive linear predictive effect and Neuroticism has a negative linear predictive effect on individual growth satisfaction. Entrepreneurial self-efficacy mediates the relationships between personality traits and personal growth satisfaction. In addition, Conscientiousness and Interpersonal Relatedness have a positive U-shaped curvilinear relationship with subjective entrepreneurial performance. This study explores the linear and non-linear effects of entrepreneurs'personality traits, especially indigenous personality traits, on entrepreneurship performance and the mediating role of entrepreneurial self-efficacy in the unique cultural background of China. It has certain practical significance to guide college students to start their own businesses.

Key words: big five personality ; interpersonal relatedness; entrepreneurial self-efficacy; entrepreneurial performance

The Different Moderating Effect of Entrepreneurial Risk Perception in the Relationship between Female and Male College Students' Creative Self-efficacy and Entrepreneurial Intention

Ying Xiao-ping Wang Jin-kai / 113

Abstract: From the perspective of the evolutionary psychology, based on the data collected from the 312 college students, this study explored the relationship among college students' entrepreneurial risk perception, creative self-efficacy and entrepreneurial intention. The results showed: (1) The entrepreneurial intention of females was lower than that of males; (2) The creative self-efficacy was positively associated with entrepreneurial intention; (3) The entrepreneurial risk perception of females was negatively associated with entrepreneurial intention; (4) The female entrepreneurial risk perception moderated the relationship between creative self-efficacy and entrepreneurial intention.

Key words: creative self-efficacy; entrepreneurial intention; entrepreneurial risk perception; evolutionary psychology; gender difference

Are You Really Creative in Your Boss's Eyes? Effects of Subordinate's and Supervisor's Characteristics on Employee Creativity Evaluation

Zhou Yi-yong Bai Xin-wen Qi Shu-ting / 127

Abstract: Creativity evaluation, as a key factor transferring ideas to implement and promoting innovation development, determines whether individual and organization can select high quality idea or creative potentials. How to interpret the creative evaluation process and improve its accuracy draws great attention in both creativity literature and practical management. This study aims to explore the factors that influences how supervisor evaluates employee's creativity from an interpersonal level. Two field survey studies support our hypothesis: (1) Employee's two different motivations moderated the evaluation process in opposite patterns. Sales Orientation (SO) negatively moderated supervisor's rates to employee's creativity in that for subordinates with higher (vs. lower) sales orientation, the displayed level of creativity was negatively associated with creativity evaluation scores. On the contrary, Customer Orientation (CO) positively moderated this process such that employees with higher (vs. lower) CO was rated as more creative by the supervisors. (2) There was a three-way interaction among employee's motivation, job performance and supervisor's performance approach orientation (PAO). Specifically, employees with high job performance obtained higher scores of creativity evaluation when their supervisors were characterized as high in PAO.

Key words: creativity; creativity evaluation; job performance; performance approach orientation

The Influence of Awe on Creativity: Cognitive Flexibility Plays a Mediating Role

Abstract: This study used video and VR to induce subjects' awe. It explored the influence of awe on creativity from two aspects of creative thinking, namely divergent thinking and convergent thinking. It introduced the negative effect of awe for the first time, and introduced the variable of cognitive flexibility to further explore its internal mechanism. The results showed that: (1) different side of awe can enhance the creativity of individuals, which is manifested in positive awe to enhance the flexibility and originality of divergent thinking, and negative awe to enhance the fluency and convergent thinking; (2) awe affects the performance of creativity through cognitive flexibility, in which cognitive flexibility plays a mediating role.

Key words: awe; creativity; cognitive flexibility

The Changing Landscape of 3-year-old Children's Curiosity and Parents' Intelligent Involvement in Urbanizing China

Abstract: Children's curiosity, which promotes learning and innovation, serves very important functions in adaption to complex and flexible urban lives. In the context of social change, it is inevitable impacted by ecological environment and parent socialization. Based on the four-wave dataset of China Family Panel Survey from 2010 through 2014, the present research tested the rural-urban difference in 3-year-old children's (n = 1432) curiosity and the effect of parents' intelligent involvement. The results showed that both children's curiosity and their parents' intellectual involvement were higher in urban versus rural areas, and this difference declined over time because of the increasing shift in rural areas. In addition, the rural-urban difference in children's curiosity was significantly mediated by parents' intelligent involvement. The current findings demonstrate the changing landscape of children's curiosity and parents' intelligent involvement, suggesting that early parent socialization should be seriously concerned in children's curiosity development.

Key words: child curiosity; intelligent involvement; urbanization

The Relationship of Creative Self-efficacy and Creative Achievements: the Moderating Role of Grit

Abstract: The study explored the relationship among grit, creative self-efficacy and creative achievements in Chinese culture. Data were collected from 122 participants. The results showed that by controlling for the gender, age and education, creative self-efficacy had significantly positive effect on creative achievements; grit and its perseverance of effort and consistency of interest didn't have significantly effect on creative achievements . Grit and two dimensions moderated the relationship between creative self-efficacy and creative achievements. Individuals had higher grit, higher perseverance of effort and higher consistency of interest, their creative self-efficacy could finally promote higher creative achievements. The finding provides theoretical and practical implications for improving individuals' creativity.

Key words: creative self-efficacy; perseverance of effort; consistency of interest; creative achievements

The More You Move, the More Creative You Tend to Be? Positive Moderating Effect of Open to Experience

Abstract: This research focuses on a key variable in social ecological psychology: whether residential mobility will affect individual creativity, and tries to explore the moderating effect individual's open to experience, especially tolerance and trial, as well as rationality and speculation. The results show that there is a positive correlation between residential mobility and individual creativity, and study 1 validates the positive moderating effects of tolerance and trial dimensions on relocation frequency evaluation and daily innovation behavior; study 2 validates the positive moderating effects of rationality and speculation dimensions on relocation frequency, relocation frequency evaluation and innovation behavior achievement. Residential mobility has brought about a more complex and diverse external environment. When individuals maintain open attitude and rational cognitive style, it will help enhance individual creativity.

Key words: residential mobility; open to experience; tolerance and trial; rationality and speculation; social ecological psychology

《中国社会心理学评论》投稿须知

《中国社会心理学评论》是由中国社会科学院社会学研究所主办的学术集刊。本集刊继承华人社会心理学者百年以来的传统，以“研究和认识生活在中国文化背景下的人们的社会心理，发现和揭示民族文化和社会心理的相互建构过程及特性，最终服务社会，贡献人类”为目的，发表有关华人、华人社会、华人文化的社会心理学原创性研究成果，以展示华人社会心理学研究的多重视角及最新进展。

本集刊自2005年开始出版第一辑，每年一辑。从2014年开始每年出版两辑，分别于4月中旬和10月中旬出版。

为进一步办好《中国社会心理学评论》，本集刊编辑部热诚欢迎国内外学者投稿。

一、本集刊欢迎社会心理学各领域与华人、华人社会、华人文化有关的中文学术论文、调查报告等；不刊登时评和国内外已公开发表的文章。

二、投稿文章应包括：中英文题目、中英文作者信息、中英文摘要和关键词（3~5个）、正文和参考文献。

中文摘要控制在500字以内，英文摘要不超过300个单词。

正文中标题层次格式：一级标题用“一”，居中；二级标题用“（一）”；三级标题用“1”。尽量不要超过三级标题。

凡采他人成说，务必加注说明。在引文后加括号注明作者、出版年，详细文献出处作为参考文献列于文后。文献按作者姓氏的第一个字母依A－Z顺序分中、外文两部分排列，中文文献在前，外文文献在后。

中文文献以作者、出版年、书（或文章）名、出版地、出版单位（或期刊名）排序。

例：

费孝通，1948，《乡土中国》，北京：生活·读书·新知三联书店。

杨中芳、林升栋，2012，《中庸实践思维体系构念图的建构效度研究》，《社会学研究》第4期，第167~186页。

外文文献采用 APA 格式。

例：

Bond, M. H. (ed.) (2010). *The Oxford Handbook of Chinese Psychology*. New York, NY: Oxford University Press.

Hong, Y. Y., Morris, M. W., Chiu, C. Y., & Benet-Martinez, V. (2000). Multicultural minds: A dynamic constructivist approach to culture and cognition. *American Psychologist*, 55, 709 - 720.

统计符号、图表等其他格式均参照 APA 格式。

三、来稿以不超过 15000 字为宜，以电子邮件方式投稿。为了方便联系，请注明联系电话。

四、本集刊取舍稿件重在学术水平，为此将实行匿名评审稿件制度。本集刊发表的稿件均为作者的研究成果，不代表编辑部的意见。凡涉及国内外版权问题，均遵照《中华人民共和国版权法》和有关国际法规执行。本集刊刊登的所有文章，未经授权，一律不得转载、摘发、翻译，一经发现，将追究法律责任。

五、随着信息网络化的迅猛发展，本集刊拟数字化出版。为此，本集刊郑重声明：如有不愿意数字化出版者，请在来稿时注明，否则视为默许。

六、请勿一稿多投，如出现重复投稿，本集刊将采取严厉措施。本集刊概不退稿，请作者保留底稿。投稿后 6 个月内如没有收到录用或退稿通知，请自行处理。本集刊不收版面费。来稿一经刊用即奉当期刊物两册。

中国社会心理学评论编辑部

主编：杨宜音

主办：中国社会科学院社会学研究所

联系电话：86 - 010 - 85195562

投稿邮箱：ChineseSPR@126.com

邮寄地址：北京市东城区建国门内大街 5 号中国社会科学院社会学研究所中国社会心理学评论编辑部，邮编 100732

图书在版编目(CIP)数据

中国社会心理学评论. 第19辑 / 杨宜音主编. -- 北京：社会科学文献出版社，2020.10
ISBN 978-7-5201-7108-3

Ⅰ.①中… Ⅱ.①杨… Ⅲ.①社会心理学-研究-中国-文集 Ⅳ.①C912.6-53

中国版本图书馆CIP数据核字(2020)第152054号

中国社会心理学评论 第19辑

主　　编 / 杨宜音
本辑特约主编 / 应小萍

出 版 人 / 谢寿光
责任编辑 / 张小菲

出　　版 / 社会科学文献出版社·群学出版分社（010）59366453
地址：北京市北三环中路甲29号院华龙大厦　邮编：100029
网址：www.ssap.com.cn
发　　行 / 市场营销中心（010）59367081　59367083
印　　装 / 三河市龙林印务有限公司

规　　格 / 开 本：787mm×1092mm　1/16
印 张：15.75　字 数：282千字
版　　次 / 2020年10月第1版　2020年10月第1次印刷
书　　号 / ISBN 978-7-5201-7108-3
定　　价 / 99.00元